“一带一路”倡议与中国经济发展

“一带一路”背景下
中国对外直接投资的产业升级效应及对策研究

王长义◎著

中国财经出版传媒集团
经济科学出版社
Economic Science Press

图书在版编目（CIP）数据

“一带一路”背景下中国对外直接投资的产业升级效应及对策研究/王长义著. —北京：经济科学出版社，2020.5
（“一带一路”倡议与中国经济发展）
ISBN 978-7-5218-1491-0

Ⅰ.①一… Ⅱ.①王… Ⅲ.①对外投资-直接投资-产业结构升级-研究-中国 Ⅳ.①F832.6

中国版本图书馆 CIP 数据核字（2020）第 063954 号

责任编辑：于海汛　冯　蓉
责任校对：隗立娜
责任印制：李　鹏　范　艳

“一带一路”背景下中国对外直接投资的产业升级效应及对策研究
王长义　著
经济科学出版社出版、发行　新华书店经销
社址：北京市海淀区阜成路甲 28 号　邮编：100142
总编部电话：010-88191217　发行部电话：010-88191522
网址：www.esp.com.cn
电子邮件：esp@esp.com.cn
天猫网店：经济科学出版社旗舰店
网址：http://jjkxcbs.tmall.com
北京季蜂印刷有限公司印装
710×1000　16 开　15.25 印张　250000 字
2020 年 8 月第 1 版　2020 年 8 月第 1 次印刷
ISBN 978-7-5218-1491-0　定价：52.00 元
（图书出现印装问题，本社负责调换。电话：010-88191510）

前言

PREFACE

2013 年 9 月和 10 月，习近平在出访哈萨克斯坦和印度尼西亚时先后提出共建“丝绸之路经济带”和“21 世纪海上丝绸之路”（简称“一带一路”）的重大倡议。“一带一路”倡议是党中央、国务院适应国内外形势的深刻变化，统筹国际、国内两个大局与改革开放的基本国策做出的重大决策。为了推进实施这一重大倡议，中国政府成立了推进“一带一路”建设工作领导小组，并在中国国家发展改革委设立领导小组办公室；2015 年 3 月，中国发布《推动共建丝绸之路经济带和 21 世纪海上丝绸之路的愿景与行动》；2017 年 5 月，首届“一带一路”国际合作高峰论坛在北京成功召开；中国还先后举办了博鳌亚洲论坛年会、上海合作组织青岛峰会、中非合作论坛北京峰会、中国国际进口博览会等。在这些一系列措施的推动之下，中国与“一带一路”沿线国家互利合作不断深化，政策沟通、设施联通、贸易畅通、资金融通和民心相通取得明显成效。其中，一方面，中国对“一带一路”沿线国家的直接投资得到了快速发展，2018 年，中国企业对沿线国家实现非金融类直接投资 156 亿美元，同比增长 8.9%，占同期总额的 13.0%；2013 ~2018 年，中国企业对沿线国家直接投资超过 900 亿美元。另一方面，随着多年来“走出去”战略的稳步实施，对外直接投资已经成为我国经济增长的重要动力，成为我国深度参与国际分工、解决资源短缺、提升国内技术水平的重要方式。国外先行经验和众多研究表明，对外，特别是对发达国家和地区的直接投资，能够为母国产业发展带来技术优势和竞争实力，已经成为一国开放经济条件下国内产业升级的一条有效途径。当前，我国经济进入增速换挡、提质增效的关键时期，如何有效地通过对外直接投资促进国内产业结构的转型升级显得尤为重要。在“一带一路”倡议的推进下，中国对以发展中国家和地区为主的“一带一路”沿线国家直接投资对国内产业升级能否产生积极影响？若有影响，其影响机理和影响因素与现有研究中对发达国家直接投资的影响机理和因素是否异同？对这些问题的研究不但对于我国实施“一带一路”倡议具有重要的现实意义，而且对拓展对外直接投资研究领域具有重要的理论意义。本书以中国对“一带一路”沿线国家的直接投资为考察对象，旨在从理论和实证两大角度分析“一带一路”沿线国家直接投资对我国产业升级的影响，以便为我国有关政府部门和企业提供决策参考。

在结构安排上，本书一共包括六章。其基本结构和主要内容如下：第一章是导论，主要介绍本书研究的背景及意义、研究方法、研究思路及研究的主要内容。第二章是文献综述，一共分为三部分：首先从宏观和微观两个角度对产业升级及其影响因素的研究文献进行述评，然后围绕对外直接投资的母国产业升级效应文献进行综述，最后是本章对已有文献的简要述评。第三章是基于区域经济合作视角的对外直接投资的母国产业升级效应分析，分为三部分：一是从微观和宏观两大维度分析对外直接投资影响母国产业升级的作用机理，二是提出基于区域经济合作视角下的对外直接投资影响母国产业升级的理论分析框架，三是从区域合作理论的视角分析中国对“一带一路”沿线国家直接投资对国内产业升级的影响机理。第四章是“一带一路”沿线国家直接投资的现状及问题。一共包括四部分：一是“一带一路”背景下的中国对外直接投资新格局，二是中国对“一带一路”沿线国家直接投资的空间格局，三是中国对“一带一路”沿线国家直接投资的产业格局，四是中国对“一带一路”沿线国家直接投资存在的问题及挑战。第五章是“一带一路”沿线国家直接投资产业升级效应的实证分析。本章包括两部分：首先围绕中国对“一带一路”沿线国家直接投资与国内产业升级的关系进行了详细地统计分析，然后采用灰色关联分析及GM（1，1）模型计量分析了我国对“一带一路”沿线国家直接投资的国内产业升级效应，基于总体投资布局、投资区域、经济发展水平、投资动机等不同角度具体测算了对外直接投资与产业升级的关联度，并利用GM（1，1）预测模型考察了我国对“一带一路”沿线国家直接投资影响国内产业升级的动态变化特征。第六章是“一带一路”倡议下利用对外直接投资促进中国产业升级的对策。本章从政府而后企业两大层面较为系统地提出了利用中国对“一带一路”沿线国家直接投资促进国内产业升级的政策性建议。

本书是山东财经大学国际经贸学院学术专著计划“中国自贸区战略和‘一带一路’倡议”的系列成果之一，本书的写作得到学院领导和同事的鼎力相助，在此表示衷心感谢。山东建筑大学副教授陈利霞女士为本书的资料搜集投入了大量的精力和时间，并撰写了第二章、第三章、第六章的部分内容，在此深表谢意！感谢经济科学出版社对全书进行的仔细编辑与修订，特别感谢责任编辑冯蓉女士的辛苦付出与帮助。

王长义

2020年8月21日

目录

CONTENTS

第1章　导论 …………………………………………………………… 1

1.1　研究背景及意义 …………………………………………………… 1
1.2　研究目的 ………………………………………………………… 4
1.3　研究方法 ………………………………………………………… 5
1.4　研究思路及研究内容 ……………………………………………… 6

第2章　文献综述 ………………………………………………………… 9

2.1　关于产业升级的研究 ……………………………………………… 9
2.2　对外直接投资与母国产业升级研究 ………………………………… 26
2.3　文献评述 ………………………………………………………… 47

第3章　对外直接投资的母国产业升级效应：基于区域经济合作视角的分析 ……………………………………………… 48

3.1　对外直接投资影响母国产业升级的作用机理 ……………………… 48
3.2　基于区域经济合作视角的对外直接投资与母国产业升级：一个理论分析框架 …………………………………………………… 64
3.3　中国对"一带一路"沿线国家直接投资与国内产业升级：区域经济合作视角的分析 ……………………………………………… 72

第4章　"一带一路"沿线直接投资的现状及问题 ………………………… 86

4.1　"一带一路"背景下的中国对外直接投资新格局 ………………… 86
4.2　中国对"一带一路"沿线国家直接投资的空间格局 ……………… 97
4.3　中国对"一带一路"沿线国家直接投资的产业格局 ……………… 113

4.4 中国对“一带一路”沿线国家直接投资存在的问题及挑战 …… 129

第5章 “一带一路”沿线国家对外直接投资产业升级效应的实证分析 …… 140

5.1 “一带一路”沿线国家对外直接投资影响国内产业升级的统计分析 …… 140
5.2 “一带一路”沿线国家对外直接投资影响国内产业升级的实证分析 …… 146

第6章 “一带一路”倡议下利用对外直接投资促进中国产业升级的对策 …… 167

6.1 政府层面 …… 167
6.2 企业层面 …… 206

参考文献 …… 218

第 1 章

导　　论

1.1　研究背景及意义

1.1.1　研究背景

当前及未来一个相当长的时期内，我国经济社会发展面对的是一个复杂多变的国内外环境。从国际上看，一方面，世界经济进入“后危机时代”以来，经济增长缓慢，国际市场需求萎靡不振，国际贸易保护主义愈演愈烈，并将长期处于较高水平，我国经济发展的国际需求环境充满了不确定性。同时，国际金融危机之后，欧美发达国家纷纷实施“再工业化”战略，吸引制造业资本、技术密集高端环节回流本土，这不可避免地对我国产业结构升级、价值链提升产生负面影响。从国际竞争格局看，随着经济发展水平的提高，我国在机械、电子等资本、技术密集型产品领域与发达国家的竞争将逐渐加剧，国内战略性新兴产业的发展难以再寄希望于发达国家的技术转移；而在劳动密集型产品和劳动密集型环节领域又面临发展中国家和地区的低成本竞争，开放型经济发展的国际空间受到发达国家和发展中国家的双重挤压。此外，美元汇率持续走强、大宗商品价格下跌等因素不可避免地将对我国人民币汇率、跨境资本流动等产生直接影响，进而影响国内经济的运行。另一方面，国际经济环境的变化也给我国开放型经济带来了一定的发展机遇，虽然世界经济增长缓慢，但在有关国际组织和世界主要国家的共同努力下仍在深度调整中曲折复苏，特别是新兴市场的崛起为我国提供了新的国际市场空间。据统计，2008～2014 年这 6 年多时间里，新兴市场国家的经济增长贡献了全球经济净增长的60%。根据 IMF 测算，按购买力平价计算，2013 年新兴市场和发展中国家占全球 GDP 的比重超过 50%，较 2008 年提高 5 个百分点，2025 年该比重将升至 64%[①]。新兴市场国家的经济增长产生了对商品、服务以及各类基础设施、建设设备的需求。而经过 40 多年改革开放，我国恰恰具备了对外投资的外汇资金实力，工程建设企业参与对外承包业务的竞争力也不断增强。对外工程承包的发展还将同步带动我国出口贸易和对外投资的发展，深化我国与新兴市场国家和其他发展中国家的经济技术合作。尤其值得注意的是，随着欧美等发达国家纷纷采取“再工业化”战略，新一轮科技革命和产业变革兴起，世界新科技和产业革命以计算机、互联网和生态技术、生命科学、基因技术为标志，意味着人类社会正在从工业社会向信息和智能社会发展。移动互联网、可再生能源、物联网、3D 打印、智能制造等新兴产业加速发展，而移动互联网、云计算、大数据等信息技术在金融、商贸、制造、教育、医疗等更多领域普及应用和融合发展将不断催生新业态、新模式和新产业，传统产业将全面转型升级。在全球产业加快重组的同时，依托信息化、智能化、小型化、分散化、个性化的新型生产组织方式将逐渐取代分工明确、规范严格的标准化大工厂生产组织方式而成为主流，国际分工方式也面临着变革。全球产业重组和产业链布局调整的加快和国际分工的新变化，将为我国国内产业结构的调整和优化升级提供新的契机。正如 2015 年 10 月 29 日通过的《中共中央关于制定国民经济和社会发展第十三个五年规划的建议》指出，当前“和平与发展的时代主题没有变，世界多极化、经济全球化、文化多样化、社会信息化深入发展，世界经济在深度调整中曲折复苏，新一轮科技革命和产业变革蓄势待发，全球治理体系深刻变革，发展中国家群体力量继续增强，国际力量对比逐步趋向平衡”。有利的国际经济环境为我国经济发展提供了契机。

从国内看，随着我国经济步入新常态，经济增长减速、生产要素价格上升、产能过剩、全要素生产率出现下降、资源要素短缺局面短期内难以根本扭转、面临稳增长、调结构、防风险等一系列的挑战和任务，经济提质增效、转型升级的要求更加紧迫。经济新常态下，“认识新常态、适应新常态、引领新常态，是当前和今后一个时期我国经济发展的大逻辑”。

---

① IMF. 2014 World Economic Outlook, http://www.imf.org/external/chinese/pubs/ft/weo/2015/02/pdf/textc.pdf.

适应新常态、引领新常态就要顺应国内外经济环境的变化，构建全方位对外开放新格局，转变经济增长方式，调整经济结构和产业结构，推进产业升级。2014 年国务院政府工作报告明确指出，要构建开放型经济新体制，推动新一轮对外开放，在国际市场汪洋大海中搏击风浪，倒逼深层次改革和结构调整，加快培育国际竞争新优势；要加快产业结构调整，推进转型升级，推动我国发展“从国际产业分工中低端向中高端提升”。中国共产党第十七届五中全会更是明确提出，加快实施“走出去”战略，积极推动我国具备条件的企业通过对外投资等方式在全球进行产业布局，充分利用国内国外两个市场、两种资源，实现可持续发展。中国共产党第十八次全国代表大会报告提出，当前我国依然面临着产业结构不合理、转变经济发展方式任务艰巨等一系列问题。2015 年、2016 年国务院政府工作报告相继提出，构建推进新一轮高水平对外开放，构建全方位对外开放新格局，顺应国内经济提质增效升级的迫切需要，要坚定不移扩大对外开放，在开放中增强发展新动能、增添改革新动力、增创竞争新优势；推进“丝绸之路经济带”和“21 世纪海上丝绸之路”合作建设。加快互联互通、大通关和国际物流大通道建设。当前我国要大力加强产业结构调整力度，优化产业空间布局，培育新兴产业和战略性产业，推进我国产业结构向中高端迈进，重新塑造我国产业链、价值链和供应链地位。与此同时，要进一步加快“走出去”战略实施进度，大力推进我国企业对外投资，积极参与国际竞争，充分发挥有效投资在稳定我国经济增长、调整产业结构中的关键作用。

联系以上国内外环境的变化，随着我国经济进入发展新常态，产业结构优化升级已经成为我国经济在新常态下持续健康发展的重要保证，而通过高水平的对外开放，利用对外直接投资推动国内产业升级不但成为新时期对外直接投资肩负的重要责任，而且要求对外直接投资成为国内经济结构调整和产业升级的重要途径之一。作为全方位对外开放格局重要组成部分的“一带一路”倡议，已经成为新时期我国重大的改革开放战略，随着“一带一路”倡议的实施，必将为我国对外直接投资带来巨大的机遇。在这种背景下，有必要把对外直接投资与国内产业升级联系起来，研究“一带一路”倡议下中国对外直接投资对国内产业升级的影响，不失为一个重要的现实问题。

1.1.2 研究意义

2013 年，习近平主席访问中亚和东盟国家时，提出共建“丝绸之路经济带”和“21 世纪海上丝绸之路”（“一带一路”）的倡议。新时期下，“一带一路”倡议的提出和实施，不仅是中国经济发展进入“新常态”和深化改革的现实需求，也是中国统筹国内国际两个大局，形成全方位对外开放格局的战略需要。2015 年 3 月，中华人民共和国国家发展和改革委员会、中华人民共和国外交部、中华人民共和国商务部联合发布的《推动共建丝绸之路经济带和 21 世纪海上丝绸之路的愿景与行动》明确指出：“基础设施的互联互通是‘一带一路’建设的优先领域……投资贸易合作是‘一带一路’建设的重点内容……鼓励本国企业参与沿线国家基础设施建设和产业投资。”这意味着，随着“一带一路”倡议的实施，不仅将加强中国与沿线国家的多方合作，也将为中国企业对外直接投资（简称 OFDI）带来更多的发展机会，预示着中国对“一带一路”沿线国家的 OFDI 将逐渐成为中国 OFDI 主要的增长极。

随着“走出去”战略的大力实施，我国 OFDI 获得了快速发展，已经成为国家经济增长的重要动力，成为我国深度参与国际分工、解决资源短缺、提升国内技术水平的重要方式。国外先行经验和众多研究表明，对外，特别是对发达国家和地区的 OFDI，能够为母国产业发展带来技术优势和竞争实力，已经成为一国开放经济条件下实现国内产业升级的一条有效途径。当前我国经济进入增速换挡、提质增效的关键时期，如何有效地通过 OFDI 实现国内产业结构的转型升级显得尤为重要。在“一带一路”倡议的推进过程中，中国对沿线国家的 OFDI 势必会大幅提高。那么，中国对以发展中国家和地区为主的“一带一路”沿线国家的 OFDI 对国内的产业升级效应是否存在？对国内的产业发展能否产生积极影响？若有影响，其影响机理和影响因素与现有研究中对发达国家 OFDI 的影响机理和因素是否异同？这些问题的研究对“一带一路”倡议的有效实施和推进，对国家指导和规范对外直接投资活动，利用对外直接投资服务于政府的一些宏观目标具有重要的现实意义。此外，关于“一带一路”倡议下我国对外直接投资的国内产业升级效应的直接研究目前还比较少，开展这方面的研究对拓展对外直接投资理论和产业升级理论具有一定的理论意义。

1.2 研究目的

研究的总目标是评价和分析“一带一路”背景下我国对外直接投资对

国内产业升级的影响，提出利用我国对“一带一路”沿线国家直接投资促进国内产业升级的对策，为政府和有关机构提供决策服务。具体目标可分为以下5个方面。

(1) 在文献回顾的基础上，分析目前学术界对对外直接投资影响母国产业升级的研究现状及发展动态。

(2) 基于已有文献，在归纳和演绎的基础上，提出基于区域合作视角的对外直接投资影响母国产业升级的理论框架，为后续的实证研究提供理论基础。

(3) 分析中国对“一带一路”沿线国家直接投资的现状及存在的问题，发现和比较中国对“一带一路”沿线国家直接投资的空间布局和行业差异。

(4) 计量分析中国对“一带一路”沿线国家直接投资的产业升级效应，以洞悉和明了对外直接投资的产业升级效应存在着区域、经济发展水平、投资动机的差异。

(5) 系统地提出“一带一路”背景下中国对外直接投资促进国内产业升级到对策建议。

1.3 研究方法

1.3.1 规范分析方法

本书从整体上采用文献分析、理论归纳和演绎等规范分析方法对“一带一路”背景下中国OFDI的产业升级效应展开全方位的分析。本研究首先对产业升级理论、对外直接投资理论等理论及其实证文献进行查询、梳理和分析，厘清现有研究的局限和不足，明晰本书的研究对象、方向和切入视角，然后进一步通过理论归纳和演绎，提出不同情势下对外直接投资影响母国产业升级的传导机制和路径，归纳出区域经济合作视角下对外直接投资影响产业升级的理论分析框架。整体研究框架结构搭建上秉承提出问题、分析问题和解决问题的研究思路，从现状、机制、影响程度等三大方面层层递进地研究了“一带一路”背景下中国OFDI的产业升级效应，并在此基础上提出了系统的政策建议。整体研究设想按照理论为基础、现状分析为依托、实证分析为手段和政策建议为落脚点思路展开，保证整体章节安排前后协调一致、有序对应，规范研究和探讨“一带一路”背景下中国 OFDI 的产业升级效应及对策。

1.3.2 统计分析方法

本书对中国对外直接投资总体状况及其存在的问题、中国对“一带一路”沿线国家的直接投资空间格局（东南亚、南亚、中亚、西亚中东、中东欧和蒙俄六个地区）的直接投资现状及其存在的问题、中国对“一带一路”沿线国家直接投资的行业分布状况及其存在的问题进行了描述性统计分析和推断性统计分析，围绕中国对外直接投资与国内产业升级的关系、中国对“一带一路”沿线国家直接投资与国内产业升级的关系进行相关性统计分析。

1.3.3 计量分析方法

本书在分析中国对“一带一路”沿线国家直接投资对国内产业升级的具体影响中引入了灰色关系分析方法，通过构建灰色关联模型，采用时间序列年度数据，基于“一带一路”沿线国家直接投资整体布局、区域差异、经济发展水平和投资动机的角度，具体测算了不同情况下对外直接投资影响我国产业升级的程度。为了进一步洞悉中国在“一带一路”沿线国家直接投资对国内产业升级影响的动态变化，通过灰色关联 GM（1，1）模型预测，对未来 5 年中国对“一带一路”沿线国家直接投资与国内产业升级的关系进行了趋势分析。

1.4 研究思路及研究内容

本书基于经济学、管理学、统计学等学科基础，应用产业经济、国家直接投资流量、区域经济合作理论等，遵循“文献阅读与评析—理论归纳与演绎”的规范研究和“模型构建—模型应用—结果分析”的实证研究。并对研究内容进行如下安排。

第 1 章：导论。本章主要介绍本书的选题背景和研究意义，对相关概念进行了界定，提出本书的研究方法、研究思路和主要内容，对全书起到提纲挈领的作用。

第 2 章：文献综述。本章通过阐述并分析产业升级、对外直接投资的母国产业升级效应以及“一带一路”背景下中国对外直接投资与国内产业升级的关系等国内外研究成果，一方面厘清现有研究的局限和不足，明晰本书的对象、方向和切入视角，另一方面为后续章节的系统分析提供坚实的理论基础、数据和资料支撑。

第 3 章：基于区域经济合作视角的对外直接投资的母国产业升级效应。采用归纳和演绎相结合的规范分析方法首先从微观和宏观两大维度分析了对外直接投资影响母国产业升级的作用机理，然后具体分析区域经济合作对国际直接投资和产业发展的影响，在此基础上构建基于区域经济合作视角下的对外直接投资影响母国产业升级的理论框架，并据此分析中国“一带一路”的区域合作性质、特征以及其影响对外直接投资的母国产业升级效应的路径和方式。

第 4 章：中国对“一带一路”沿线国家 OFDI 的现状及问题分析。本章采用定性和定量分析相结合的方法，分析中国对外直接投资的发展现状及存在的问题以及“一带一路”倡议对中国对外直接投资的影响。在此基础上，全面而又具体地分析中国对“一带一路”沿线国家的直接投资空间格局及其存在的问题，基于地理范畴的视角把“一带一路”沿线国家划分为东南亚、南亚、中亚、西亚中东、中东欧和蒙俄 6 大地区，分析和比较了中国对这 6 大地区直接投资的区域性和行业性差异。

第 5 章：中国对“一带一路”沿线国家 OFDI 产业升级效应的实证分析。本章首先围绕中国对“一带一路”沿线国家直接投资与国内产业升级的关系进行统计分析。然后采用灰色关联分析及 GM（1，1）模型计量分析我国对“一带一路”沿线国家直接投资的国内产业升级效应。基于总体投资布局、投资区域、经济发展水平、投资动机等不同角度具体测算对外直接投资与产业升级的关联度，并利用 GM（1，1）预测模型考察了我国对“一带一路”沿线国家直接投资影响国内产业升级的动态变化特征。

第 6 章：“一带一路”倡议下利用对外直接投资促进中国产业升级的对策。为更好利用中国对“一带一路”沿线国家直接投资服务于国内产业升级，需要政府和投资企业做好一系列相关工作。其中，政府方面，应从加强对外直接投资顶层设计，完善对外直接投资的促进和保障体系，加强企业对“一带一路”沿线国家投资的引导与监管，积极推动“一带一路”

境外经贸合作区建设，积极推动“一带一路”沿线国家贸易投资便利化等方面着手推动企业对外直接投资服务于国内产业升级。企业方面，应从制定明确的企业对外直接投资的战略规划、提高自身的自主创新能力和品牌整合力度、建设高端人才队伍、开展跨国并购，加强企业公共外交、积极应对海外投资风险、积极履行企业社会责任等方面着手。

第 2 章

文献综述

本章围绕着产业升级、对外直接投资的母国产业升级效应、“一带一路”倡议下中国对外直接投资与国内产业升级的相关性研究等国内外方面的理论和实证研究文献进行了梳理、归纳和总结，厘清现有研究的局限和不足，明晰本书的研究对象、方向和切入视角。

2.1 关于产业升级的研究

学术界对于产业升级的研究主要集中于产业升级的内涵、产业升级的动因与实现机制、产业升级的影响因素、产业升级与经济发展的关系等诸多方面。下面从宏观和微观两个维度对现有文献进行梳理和分析。

2.1.1 基于宏观维度的产业升级研究

宏观维度的产业升级就是产业结构升级，初始是围绕社会整体产业层次结构变化的研究，是以产业结构理论为基础，考察的是产业结构合理化与高度化的过程。经典产业结构理论早在 17 世纪就对产业结构有所研究，只是并未采用“产业结构”这一概念①，后来的理论研究将产业结构定义为产业间的技术经济联系与联系方式，并进一步划分为狭义的和广义的产

① 经济领域的产业结构概念始用于 20 世纪 40 年代。早在 17 世纪英国资产阶级古典政治经济学创始人配第就发现：世界各国国民收入水平与经济发展阶段差异的关键原因在于产业结构的不同，商业收入大于工业，工业收入大于农业，即商业附加价值大于工业，工业附加价值大于农业。

业结构理论。狭义的产业结构理论是从“质”的角度对产业间技术经济联系与联系方式的发展趋势进行动态研究，揭示经济发展过程中起支配与主导地位的国民经济各产业部门不断替代的规律与相应的“结构”效益；广义的产业结构理论是从“量”的角度对一定时期内产业间联系与联系方式的技术经济数量比例关系进行静态分析，即研究产业间“投入”与“产出”量的比例关系的理论，还包括产业关联理论①。

经典产业结构理论中，对产业结构升级的研究主要涉及三个方面：产业结构升级的内在规律，产业结构升级的动因与实现机制，产业结构升级与经济发展的互动。在产业结构变化和升级的内在规律方面，20 世纪 30 年代德国经济学家霍夫曼在其《工业化阶段和类型》中对工业化过程中工业部门结构演变规律进行了剖析，进而提出了著名的霍夫曼定理，指出随着一个国家的工业化程度的不断加深，消费品部门与资本品部门的净产值之比趋于下降。1935 年，费希尔在《安全与进步的冲突》中首创三次产业分类法，将全部经济活动分成第一产业、第二产业和第三产业，但费希尔没有在此基础上分析三次产业变化与经济发展之间的关系。借助三次产业分类的思想，英国经济学家科林·克拉克于 1957 年在其著作《经济进步的条件》中用三次产业分类法将产业划分为三大部门，即农业、加工生产自然产物的产业化及创造无形财物的部门。同时，克拉克通过大量实证检验，总结出三次产业结构变动规律及其对经济发展的影响，被誉为现代产业结构论的研究先驱。在继承克拉克研究成果的基础上，西蒙·库兹涅茨（Simon Kuznebs，1971）进一步搜集和整理了 20 多个国家的数据，对经济增长中的产业结构变化做了深入分析，提出农业、工业、服务业的三类产业划分②。并且，库兹涅茨还指出，随人均收入变化，三次产业总产值和劳动力分布都将随之变动，即随着在农业部门中产值与劳动力的比重呈现出下降趋势，在工业部门中该比值呈现出先上升后缓慢下降的趋势，在服务业部门中该比值呈现出先缓慢上升后迅速上升的趋势。此后，钱纳里（Chenery，1986）继续研究了第二产业内部结构升级的情况，发现在不同经济发展阶段制造业内部结构转换与发展具有不同特点，即钱纳里工业化阶段理论。后来很多学者对工业化理论进行研究，概括起来，可以将工业化进程大致分为三个阶段：工业发展由以轻工业为中心向以重工业为

① 苏东水：《产业经济学（第三版）》，高等教育出版社 2010 年版，第 44 页。
② ［美］西蒙·库兹涅茨：《各国的经济增长》，商务印书馆 1985 年版。

中心推进的“重工业化”阶段[①]；“重工业化”进程中工业结构以原材料工业为中心向以组装、加工工业为中心演进的“高加工度化”阶段；工业结构“高加工度化”过程中工业结构进一步表现出“技术集约化”趋势的阶段。还有学者从生产要素的角度对产业进行划分和分析。亚当·斯密（Adam Smith，1776）在《国富论》一书中提及，根据不同产业在生产过程中的依赖度，可将产业大致划分为四类，即资源密集型产业、劳动密集型产业、资本密集型产业以及技术密集型产业或知识密集型产业。这种产业分类强调的是各产业生产过程中投入要素组合的差异，以及不同投入要速的强度，以便对产业进行比较，是一种相对分类。之后，有学者尝试依据要素比例、技术条件、个性化服务等特点提出可将工业分成三类的方法。部分学者还借助量化指标测算产业要素密集度，如利用资本与劳动力或资本与产出的比重等测度劳动密集度等。从生产要素密集度视角看产业升级，可视为各要素密集度的逐次转移，即劳动密集型产业占比下降，而资本、技术或知识密集型产业占比上升的梯度式演进过程。

产业结构升级的动因与实现机制方面，主要集中于研究供需结构、国际贸易和国际投资等因素对产业结构升级的影响和内在机制。克拉克（Colin G. Clark，1940）认为，劳动力在产业间的配置主要受人均收入增长的影响，具体包括需求因素和效率因素。库兹涅茨在分析社会产业结构调整的驱动因素方面，比较注重产业之间相对收入水平的差异程度，即比较劳动生产率，具体归纳起来包括国内需求结构、对外贸易结构和技术水平等变量[②]。罗斯托（Rostow，1960）提出了主导产业及其扩散效应理论和经济成长阶段论，对产业结构升级的机制进行了早期研究[③]。波特（Porter，1990）[④] 根据生产要素对产业竞争优势的重要性将其分为两类：一类是初级生产要素，包括天然资源、气候、地理位置、非技术与半技术人力、融资等；另一类是高级生产要素，包括现代化通信的基础设施、高等教育人才、各大学研究所等。他认为，产业的发展一般要经历一个由低到高的过程，开始初级生产要素的优势会具有重要的作用，但随着竞争的升级，这一优势将不复存在。产业必须通过提高生产要素的知识含量来维

---

① 德国经济学家霍夫曼提出被称为“霍夫曼工业化经验法则”的工业化阶段理论，发现工业化进程首先伴随着“重工业化”的现象。

② 西蒙·库兹涅茨：《各国的经济增长》，商务印书馆 1985 年版。

③ 罗斯托，郭熙保、王松茂译：《经济增长的阶段：非共产党宣言》，中国社会科学出版社 2001 年版。

④ Porter M. E.，The Competitive Advantage of Nations，New York：Free Press，1990.

持产业的活力。因此，产业升级是将要素从劳动密集型产业转移至资本与技术密集型产业，从而使资本与技术密集型产业获得充裕资源，进而得到发展，取得比较竞争优势。产业升级的实质是由于经济生产要素禀赋的相对比重随着资本累积及人力资本的提升而变化，并促使产品移向知识、资本较为密集环节的过程。格里菲（Gereffi，1999）将产业升级与国际贸易联系起来，认为产业升级是一个企业或者经济体向更具获利能力的资本以及技术密集型经济领域转移的过程[①]。日本经济学家赤松要（Kaname Akamatsu，1932）对开放条件下产业结构升级的实现机制进行分析，提出了"雁行形态理论"，认为要在本国产业发展与国际市场间建立密切联系，加快产业结构国际化，促进产业结构升级[②]；弗农（Raymond Vernon，1966）的产品生命周期理论[③]和小岛清（Kiyoshi Kojima，1978）的边际产业扩张理论[④]也涉及了国际贸易和投资对产业结构升级的影响机制。

在产业结构升级与经济发展的互动方面，结构主义（以克拉克、库兹涅兹、罗斯托和钱纳里等人为代表）作为一种更广泛的观点，以"次优论"为假设前提，考察了非均衡条件下的结构转变与需求因素，并将其纳入经济增长的一个因素。产业结构转变与经济增长具有内在联系，二者相互作用，主要表现在两方面：一是产业结构合理化与高度化，即产业结构演进升级不断推动经济向前发展；二是经济增长、人均国民收入水平的提高影响产业结构的变动与演进。结构主义认为，随着一国收入水平的提高，国内产业结构演进不断沿着第一、第二、第三产业优势地位顺向递进的方向演进，工业化进程不断推进。

国内学者基于宏观维度围绕着产业升级的驱动和影响因素、实现路径和机制等方面的研究成果也非常丰富。周叔莲等（2001）指出，创新从供给和需求两方面影响产业生产效率及生产要素的配置，进而推动产业结构变革，其中技术供给对产业结构的影响更具直接性，且能创造新需求[⑤]。谭黎阳（2002）等学者认为创新是产业结构升级的根本因素和直接动

---

① Gary Gereffi. International Trade and Industrial Upgrading in the Apparel Commodity Chain [J]. Journal of International Economics, 1999, 48.

② 赤松要：《我国产业发展的雁行形态——以机械仪表工业为例》，载于《一桥论丛》1956年第36卷（第5期）。

③ Vernon. R. International Investment and International Trade in the Product Cycle [J]. Quarterly Journal of Economics, 1966, 5: 190-207.

④ Kojima K. Direct Foreign Investment: A Japanese Model of Multinational Business Operations [M]. London: Croom Helm, 1978.

⑤ 周叔莲、王伟光：《科技创新与产业结构优化升级》，载《管理世界》2001年第5期。

力[①]。杨德勇和董左卉子（2007）从资本市场的视角对资本市场融资与产业结构升级的关系进行了实证分析，证明资本市场规模的扩大对我国产业发展和结构变迁起到明显的促进作用[②]。孙军（2008）对需求因素、技术创新与产业结构演变的关系进行了理论与实证分析，结果发现，后发国家内部高层次的需求空间和政府对技术创新的鼓励政策及其产业结构升级有着十分重要的影响[③]。周振华（2003）强调，推动产业升级的主要因素有需求结构、企业创新能力和协调资源有效配置的能力。芮明杰（2005）从需求因素、供给因素和环境因素三个方面对产业结构变化的影响因素进行归纳。其中，需求因素包括：个人消费需求、中间需求和最终需求的比例、积累与消费的比例；供给因素包括：自然资源禀赋、人力资源供给状况、资金供给状况、技术供给状况；环境因素包括：政府的产业政策、国际贸易、国际投资。姜泽华和白艳（2006）认为，产业结构升级和产业升级是两个不同的概念，首先是主体不同，产业升级的主体是单个产业，产业结构升级的主体是产业结构；其次是内涵不同，产业升级的内涵是指单个产业形成、发展和衰退的过程，产业结构升级的内涵是指产业结构不断从低级形态向高级形态转变的过程或趋势。产业结构的升级过程具体包括两方面内容：一是各个层次和各种范围产业结构升级过程中的经济联系；二是各个层次和各种范围产业结构升级过程中的比例关系和数量关系。产业结构升级受社会需求、科技进步、制度安排、资源供给等因素的影响[④]。高燕（2006）认为产业升级通常表现为一定时期内产业结构的变动和产业结构效益的提高，并研究了产业升级的测度问题[⑤]。张若雪（2010）理论和实证分析了人力资本、技术与我国产业升级的关系，指出中国产业结构水平较低、升级缓慢的根本原因是国内劳动力绝对数量较大和相对素质较差导致陷入“低技术”均衡（即由于技术进步缓慢，我国产业长期处于全球产业分工链的低端，陷入了“低技术均衡”），而要打破“低技术”均衡并推进产业结构的调整升级，一方面要依靠技术创新，另一方面要依靠人力资本水平的提高[⑥]。张国强等（2011）以中国各省份1978～2008年

---

① 谭黎阳：《论科技进步对产业结构变迁的作用》，载《产业经济研究》2002年创刊号。

② 杨德勇、董左卉子：《资本市场发展与我国产业结构升级研究》，载《中央财经大学学报》2007年第5期。

③ 孙军：《需求因素、技术创新与产业结构演变》，载《南开经济研究》2008年第5期。

④ 姜泽华、白艳：《产业结构升级的内涵与影响因素分析》，载《当代经济研究》2006年第10期。

⑤ 高燕：《产业升级的测定及制约因素分析》，载《统计研究》2006年第4期。

⑥ 张若雪：《人力资本、技术采用与产业结构升级》，载《财经科学》2010年第2期。

动态面板数据为基础，从国家和区域层面考察了人力资本及其结构对产业结构升级的影响。结果发现：人力资本对我国及东部地区的产业结构升级有显著促进作用；人力资本分布结构不利于产业结构升级且效应显著；人力资本内部结构与产业结构的显著性相关得到东部地区数据的支持，而在我国及中西部地区的效应不够明显，这主要是由我国投入导向的增长模式和劳动力质量水平不高所决定的。结论表明，人力资本水平提升及结构优化将会加速我国产业结构转型与升级，形成未来我国持续、稳定发展的强大动力①。张银银和邓玲（2013）通过分析创新驱动传统产业向战略新兴产业转型升级的机理，揭示出创新驱动产业转型升级的有效路径②。郑健壮和徐寅杰（2012）从产业内转型、产业间转型、产业间转型升级和产业的升级四个方面详细分析了转型升级的具体路径③。洪银兴（2014）分析了我国产业结构转型升级的方向和动力，他认为，我国的产业结构应该由外需型结构转为内需型结构，产业结构定位要由比较优势转向竞争优势，通过产业创新培育产业的竞争优势；内需型产业结构的重要特征是服务业尤其是现代服务业的快速增长，创新和市场是产业结构调整的两个杠杆，市场选择和优胜劣汰淘汰过剩产能，产业创新支持战略性新兴产业的发展④。高巧依（2015）基于产品内分工视角分析了浙江省渔业转型升级的内涵，探索转型升级的技术路径，重点关注渔业综合效益的提升、产业链附加值提升及链条完善、产业技术及效率改进⑤。还有一些学者围绕对外开放与我国产业升级的关系进行了研究。张其仔（2008）从比较优势演化的角度研究了中国产业升级路径的选择问题，认为一个国家的产业升级路径由其比较优势演化路径所决定，不同的国家因其当前的产业结构不同，未来的产业结构演化路径就会有所差异。比较优势的演化路径不一定是线性的、连续的，可能出现分岔和断档，由此，产业升级的路径也不一定是线性，也可能出现分岔和断档⑥。张其仔和李颢（2013）进而认为，中国要想有效地实现产业升级就需要发现潜在的比较优势产业。两位学者以全

---

① 张国强、温军、汤向俊：《中国人力资本、人力资本结构与产业结构升级》，载《中国人口·资源与环境》2011 年第 10 期。

② 张银银、邓玲：《创新驱动传统产业向战略性新兴产业转型升级：机理与路径》，载《经济体制改革》2013 年第 5 期。

③ 郑健壮、徐寅杰：《产业转型升级及其路径研究》，载《浙江树人大学学报》2012 年第 4 期。

④ 洪银兴：《产业结构转型升级的方向和动力》，载《求是学刊》2014 年第 1 期。

⑤ 高巧依：《浙江省渔业产业发展转型升级路径研究》，载《农业经济问题》2015 年第 3 期。

⑥ 张其仔：《比较优势的演化与中国产业升级路径的选择》，载《中国工业经济》2008 年第 9 期。

球产品贸易数据库为基础对比较优势演化理论的产品空间的异质性前提进行验证，分析了中国和全球多数国家的产品空间演化，同时还运用产品空间理论对中国近期的潜在优势产业进行了预测，对不同邻近性阈值条件下产业的演化轨迹进行了充分讨论。其基本结论是，中国产业升级的能力是有限的，当期具有比较优势的产业种类和近期具有潜在比较优势的产业种类虽然高于全球平均水平，但长期看，具有潜在比较优势的产业种类数却小于全球平均水平，潜在比较优势产业演进的可持续性并不比全球平均水平高；在产业升级过程中，中国面临两难选择，产业升级的步伐如果过快，对当期的经济增长就会造成冲击，如果过慢则无法维持可持续的经济增长。考虑到中国产业升级能力的特性，实现产业结构调整和产业升级的最佳策略，就是要充分发挥中国产业多样化的优势，发挥组合效应，实现包容性升级①。杜传忠和郭树龙（2011）利用1997～2009年我国30个省份的面板数据分析了国内产业结构升级的影响因素，基本结论是，资本投入、需求和外商直接投资等因素对产业结构的升级具有正向作用，而劳动力数量、技术水平、开放水平中的进出口贸易对产业结构的升级作用并不显著②。唐清泉和李海威（2011）分析了我国产业结构转型升级的内在机制，并实证分析了经济增长与R&D投入产出弹性、产业结构的关系，结构表明，研发创新是影响产业结构和促进产业转型升级的重要因素，研发创新是工业经济增长的主要动力，大中型工业企业正处于效率驱动向创新驱动的转换阶段，而第三产业仍然主要依靠资本投入拉动，但第三产业的规模及与第一、二产业的配合协同都对经济产出的生产弹性产生显著的正向影响③。唐德祥和孟卫东（2008）通过考察技术创新与产业结构优化升级的关系，得出R&D支出对产业结构优化升级具有显著的促进作用④。宋大勇（2008）实证分析表明，外商直接投资明显推进了我国东部地区的区域产业结构升级，但对中西部地区以及东北地区产业结构升级的作用效果不明显⑤。吴进红（2006）等实证分析了地方对外贸易与产业结构升级之

---

① 张其仔、李颢：《中国产业升级机会的甄别》，载《中国工业经济》2013年第5期。

② 杜传忠、郭树龙：《中国产业结构升级的影响因素分析——兼论后金融危机时代中国产业结构升级的思路》，载《广东社会科学》2011年第4期。

③ 唐清泉、李海威：《我国产业结构转型升级的内在机制研究》，载《中山大学学报（社会科学版）》2011年第5期。

④ 唐德祥、孟卫东：《R&D与产业结构优化升级——基于我国面板数据模型的经验研究》，载《科技管理研究》2008年第5期。

⑤ 宋大勇：《外商直接投资与区域产业结构升级——基于省级区域面板数据的实证研究》，载《经济体制改革》2008年第3期。

间的关系，结果表明，对外贸易对产业结构升级有明显的促进作用①。殷阿娜和王厚双（2014）通过构建我国开放型经济的绩效评估指标体系，从规模发展、质量提升和资源环境效益三个层面对开放型经济发展的绩效进行了评估，结论印证了中国开放型经济目前面临的发展困境和转型升级的必要性和紧迫性，并提出中国开放型经济转型升级的路径：商品贸易出口由低附加值的数量发展模式向高附加值的质量发展模式实现转型；贸易结构由商品贸易主导向服务贸易发展实现转型；利用外商投资由低效率的数量发展模式向高效率的质量发展模式实现转型；国外资本“引进来”发展战略向国内资本“走出去”集约型发展战略实现转型②。袁荫贞（2014）针对珠三角工业区的转型升级过程中存在的问题，认为可以从政府、社会服务体系和工业区三个层面提出合理的路径选择建议③。

2.1.2 基于微观维度的产业升级研究

近年来，越来越多的学者认识到企业对产业升级推动的主体作用，研究逐渐深入到企业层面，出现了多种角度对产业升级的阐释。

1. 生产要素视角的研究

从生产要素转移的视角来阐述产业升级，认为企业逐步向资本密集型和技术密集型企业的转移和发展带动了产业升级。如波特（1990）认为，产业升级是通过产业内部各企业的要素转移，使资本和技术密集型产业获得丰富的资源，进而依托资源优势来取得竞争优势，获取更大的利润优势。本（Poon，2004）根据其对制造企业的研究，提炼出产业升级是制造企业从生产劳动密集型的低价值产品转向生产资本或技术密集型的高价值产品这样一种经济角色的转换过程。丁焕峰（2006）也提出，通过产业内的各个企业的技术创新创造出更大的利润，并带来社会对新技术、新产品的需求，进而促使生产要素向该产业流动，促成该产业发展与升级。

在涉及产业升级的微观驱动因素研究中，众多研究认为企业的技术进步、技术创新、自身资源配置能力的提升等推动了产业升级。坎特威尔和

---

① 吴进红：《对外贸易与江苏产业结构升级》，载《南京社会科学》2006 年第 3 期。

② 殷阿娜、王厚双：《中国开放型经济转型升级的路径研究》，载《经济问题探索》2014 年第 4 期。

③ 袁荫贞：《珠三角地区工业区转型升级的紧迫性及路径选择》，载《湖南社会科学》2014 年第 2 期。

托兰惕诺（Cantwell and Tolentino，1990）基于发展中国家的研究得出，由技术进步引发的企业生产率增长是产业升级的重要动因①。波特（2003）通过实证发现，创新投入提高了劳动生产率，从而吸引更多的生产要素的投入，促进了经济的增长。蒂尔曼等（Tilman et al.，2008）的研究结果表明，我国企业通过技术模仿和原始创新，使得产业结构更加合理，成为世界上主要的产品提供者。我国学者周振华（1995）提出一方面，在技术创新的主导下，企业新技术的开发与应用促使企业的相对生产成本降低，由此带动企业内部的生产率增长，进而带动产业升级；另一方面，企业合理配置资源，不断提升资源配置的协调能力，将带来企业生产效率的提升，并由此带来产业的合理化②。丁焕峰（2006）也认为，创新引起生产要素在各部门之间的转移，导致不同部门的收缩和扩张，从而促进产业有序发展。孔曙光和陈玉川（2008）指出，产业升级的微观机理表现在三个方面：一是科学技术促使生产设备、生产工艺的更新换代，成为产业升级的物质基础；二是科技进步明显提高劳动者的素质，从而促进新的经济形态的形成；三是科技进步促进产品的升级换代，产生大批以新产品为主的产业。

2. 价值链视角下的产业升级研究

价值链视角下的产业升级研究始于波特（1985）提出的价值链理论③，该理论指出企业的竞争优势来源于企业内部价值链的优化，之后很多学者从价值链的角度研究企业的竞争优势。格里菲和塔姆（Gereffi and Tam，1998）提出产业升级是企业从低利润和劳动密集型实体向高利润或资本与技术密集型实体发展的过程，并进一步分析了在这一过程中企业在贸易和产品网络中地位的改变④。

20世纪90年代中期，格里菲与一些学者以价值链理论为基础，提出了全球商品链（global commodity chain，Gcc）理论，集中探讨了包括不同价值增值部分的全球商品链的内部结构关系。格里菲（1999）从全球商品链的角度研究产业升级，认为产业升级可看成一国（地区）的企业以及产

---

① Cantwell J.，P. E. E. Tolentino，Technological Accumulation and Third World Multinationals [J]. International Investment and Business Studies，1990：1－58.

② 周振华：《经济增长中的结构效应》，上海人民出版社1995年版。

③ 迈克尔·波特，陈小悦译：《竞争优势》，华夏出版社1997年版。

④ Gereffi Gary，Tam Tony. The Industry Upgrading and Organizational Chains [M]. Duke University Press，1998.

业整体在价值链上或者不同价值链间的攀越过程，其意义不仅是统计上的产业结构变迁，更重要的是增加价值的获取，以及企业附加值、国家税收、劳动者收入、企业与国家形象乃至自然环境等一系列条件的改善，嵌入全球生产链条的发展中国家企业可以按照“委托加工—自主设计制造—品牌生产—链条转换”这样一条路径实现产业升级。产业升级具体包括四个层面：企业内升级（产品层次上的升级），涉及生产商品从廉价到昂贵、从简单到复杂，以及订单规模由小到大的过程；企业网络内升级，涉及生产过程从大量标准化产品生产到差别化商品生产；本地或本国经济内部升级，指从简单地来料加工到更多前后向产业联系的 OEM 和 OBM 生产方式的过程；区域内升级，包括从双边不对称的地区内贸易到包括商品链所有阶段（原材料供应、生产、配送和消费）的更完全更发达的区域内劳动力分工①。汉弗莱和施迈斯（Humphrey & Schmitz，2002）进一步提出了由低级到高级的“四层次升级分类方法”，即产业升级包括：流程升级，重组生产体系或引入高级技术，从而提高投入产出率；产品升级，引入新的产品线增加产品附加值，提高产品质量；功能升级，放弃价值链中低附加值的部分，或向价值链中高附加值部分延伸；价值链升级，将从一个特定价值链中获得的竞争力应用于新的价值链领域②。

在企业升级的动力机制方面，早期的研究是带有规范性质的“装配加工 - OEM - ODM - OBM”的升级路径模式，后续研究多数围绕以下两方面展开：一是发展了许多升级术语并力图在价值链治理模式与升级可能性间建立某种联系；二是试图区分全球价值链下能获得更多和更稳定利润的价值链角色与位置以及这些角色与位置是怎样被决定的③。皮普金（Pipkin，2011）对危地马拉与哥伦比亚的 14 个典型企业进行对比分析，提出了企业显著升级的三个前提条件：①良好的声誉；②高速增长的生产效率，并有着相对较长的经营历史或稳定性；③相对较强的生产能力和专业化、个性化的服务④。

我国学者基于价值链视角的产业升级研究发展也非常快。张耀辉

---

① Gary Gereffi. International Trade and Industrial Upgrading in the Apparel Commodity Chain [J]. Journal of International Economics, 1999, 48: 37 - 70.

②③ Humphrey J., Schmitz H. How does Insertion in Global Value Chains Upgrading in Industrial Cluster? [J]. Regional Studies, 2002: 933 - 57.

④ Pipkin Seth. Local Means in Value Chain Ends: Dynamics of Product and Social Upgrading in Apparel Manufacturing in Guatemala and Colombia [J]. World Development, Elsevier, 2011, 39 (12): 2119 - 2131.

(2002) 认为，价值链系统中产业升级实质是产业创新的过程①。潘悦讨论了跨国公司直接投资对产业升级的影响，认为产业升级是一种阶梯式过程："最终产品加工、组装生产和出口—零部件分包生产和出口—中间产品生产和出口—国外品牌产品生产和出口—自创品牌生产和出口"②。当前，全球价值链理论已成为跨国公司制定全球战略的重要依据③，企业只有嵌入到全球价值链中才能带来产业升级的机会，实现产业梯度上升。此外，由于贸易成本提高，处于低端产业链的企业必须通过"干中学"效应和自主创新的引导功能来推动技术进步和实现产业升级④。参与国际分工是嵌入全球价值链的基本方式，刘志彪等（2005）学者深入研究了国际分工与产业升级的问题，认为我国代工企业升级模式应该从 OEM 向 ODM 再向 OBM 转化，并提出我国企业应向自有品牌转型的国际战略⑤。刘志彪和张杰（2009）进一步研究认为，中国的产业升级，要在战略层面上充分重视从被"俘获"与"压榨"的全球价值链（GVC）中突围的问题，加快构建以本土市场需求为基础的国家价值链（NVC）的网络体系和治理结构，拥有巨大本土市场且消费结构正处于高级化阶段的中国，实现国家价值链与全球价值链的协调，是全球化条件下实现产业升级的最重要的问题和战略⑥。黄永明等（2006）认为，中国纺织服装企业在国际分工体系中可以从技术能力、市场扩张以及市场结合三个方面实现产业升级⑦。赖磊(2012) 研究了珠江三角洲地区价值链治理模式，认为全球价值链下的代工企业可以通过建立关系网络和加大学习投入等有效途径实现产业升级⑧。刘仕国等（2015）认为⑨，全球价值链升级本身就是产业升级的重要内

① 张耀辉：《产业创新：新经济下的产业升级模式》，载《数量经济技术经济研究》2002年第1期。

② 潘悦：《在全球化产业链中加速升级换代——我国加工贸易的产业升级状况分析》，载《中国工业经济》2002年第6期。

③ 刘曙光、杨华：《关于全球价值链与区域产业升级的研究综述》，载《中国海洋大学学报(社会科学版)》2004年第5期。

④ 孙军、梁东黎：《全球价值链、市场规模与发展中国家产业升级激励分析》，载《经济评论》2010年第4期。

⑤ 刘志彪：《全球化背景下中国制造业升级的路径与品牌战略》，载《财经问题研究》2005年第5期。

⑥ 刘志彪、张杰：《从融入全球价值链到构建国家价值链：中国产业升级的战略思考》，载《学术月刊》2009年第9期。

⑦ 黄永明：《全球价值链视角下中国纺织服装企业的升级路径选择》，载《中国工业经济》2006年第5期。

⑧ 赖磊：《全球价值链、知识转移与代工企业升级——以珠三角地区为例》，载《国际经贸探索》2012年第4期。

⑨ 刘仕国等：《利用全球价值链促进产业升级》，载《国际经济评论》2015年第1期。

容，首先全球价值链可促进产业的产出升级：一是全球价值链的产品升级，即在产品序列中由增加值率较低的产品向较高的产品升级、反映产品复杂性的提高、质量的提升和类别的增多；二是全球价值链的链条升级，相当于产业内部的跨门类升级。其次，全球价值链可促进产业的技术升级：全球价值链的过程升级属于产业的“技术升级”包括过程重组和技术进步，比如提高存货的回报、减少废物（公司内）、更多更准时地配送货物/服务（公司间）。最后，全球价值链可促进产业生产组织的升级：一方面，全球价值链的功能升级属于产业的“生产组织升级”，其方式主要有两种，一种是提升既有功能的增加值含量（如公司的外包、会计和质量功能），另一种是沿着前向的产业联系和后向的产业联系，延展价值链以覆盖增加值更高的功能（如由制造环节扩展到包括设计、研发、品牌、销售等）；另一方面，全球价值链上的过程升级和链条升级也可促进生产组织升级。同时，刘仕国等还指出，产业升级的途径很多，其中投入升级最为重要，如“全球价值链—国际贸易—产业创新和知识扩散—产业投入升级”“全球价值链—国际投资—产业创新和知识扩散—产业投入升级”等途径。

3. 模块化视角下的产业升级研究

随着信息知识时代的到来，模块化思想对于产业结构变革具有革命性的意义，当今产业已进入模块化设计、模块化生产、模块化消费的模块化大发展时期①，模块化已成为新经济条件下产业结构的本质②。所谓模块化（modularity），根据日本经济学家青木昌彦③的理解，就是把复杂的系统（或产品）分拆成不同模块（module）并使模块之间通过标准化接口进行信息沟通的动态整合过程。在设计层面，这意味着产品或复杂的生产系统可以拆分为诸多具有独立功能的标准模块，同时各模块按照一定的系统规则进行组合；在组织层面，生产上形成了一种广泛的分工协作网络体系（Schilling & Steensma，2001）；在产业价值链层面，模块化导致的分工使不同企业基于自身比较优势，从事一个或若干模块的生产，由此分列于

---

① Baldwin C. Y.，Clark K. B. Managing in an age of modularity [J]. Harvard Business Review，1997，75（5）：84－93.

② 青木昌彦、安藤晴彦，周国荣译：《模块时代：新产业结构的本质》，上海远东出版社2003年版。

③ 青木昌彦、安藤晴彦，周国荣译：《模块时代：新产业结构的本质》，上海远东出版社2003年版，第3～26页。

产业价值链的不同位置。产业模块化能有效提高产业的灵活性，因而能有效实现产品的个性化定制和缩短产品研发时间，进而促进产业升级。安东尼奥和理查德等（Antonio & Richard[①]，2007）将产品模块化因素加入SCPC（供应链—产品共同发展）模型中，提出产品模块化有利于提高制造业的生产能力、灵活性和售后服务，从而提高产品绩效，促进产业升级。并以香港制造业为例，利用结构方程模型验证了理论假设。福尔迪克等（Voordijk et al.，2006）[②] 认为产业模块可以从产品模块化、过程模块化和供应链模块化三个层次进行分析。并以建筑产业为案例验证了模块化理论分析产业演化问题的有效性。埃塞拉格（Ethirag，2004）[③] 指出，在模块化产业中，不管是“瓶颈”模块企业还是“非瓶颈”模块企业，都有强烈的动机进行研发设计投入，解决产品的问题，提高产品的绩效，促进产业升级。模块化思想引起了产业创新模式的根本性变革[④]，鲍尔温等（Baldwin et al.，2001）以计算机产业为例论述了通过模块分割、替代、扩展、排除、归纳、移植可实现多样性技术创新[⑤]，奥兹曼（Ozman，2011）分析了模块化对处于不同发展期产业开放式创新的驱动作用[⑥]。国内学者张纯洪等认为模块化技术在产业中的应用是技术发展与市场需求共同驱动的[⑦]。苏敬勤等指出，产业模块化的发展推动了产业技术系统的层级化发展，后发国家与发达国家的模块化产业技术具有不同的发展模式，发达国家模块化产业的技术发展模式是“由核心技术向外围技术”的协同发展，而后发国家模块化产业的技术发展模式是“由外围技术向核心技术”的协同发展[⑧]。叶洪涛指出，全球化背景下，模块化分工通过产业转

① Antonio，K. W. Lau，Richard，C. M. Yam，Tang. Supply Chain Product Co-development，Product Modularity and Product Performance：Empirical Evidence from Hong Kong Manufactures [J]. Industrial Management & Data Systems，2007，107 (7)：1036 - 1065.

② Voordijk H.，Meijboom B.，Haan J. Modularity in Supply Chains：a Multiple Case Study in the Construction Industry [J]. International Journal of Operations & Production Management，2006，26 (6)：600 - 618.

③ Ethirag S. K. Allocation of Inventive Effort in Complex Product System [J]. Strategic Management Journal，2007，28 (6)：563 - 584.

④ 党兴华、郑登攀：《模块化技术创新网络的自组织演化模型研究》，载《研究与发展管理》2010 年第 4 期。

⑤ Carliss Y Baldwin，Kim B Clark. The Power of Modularity [M]. Cambridge MA：MIT Press，2001，37.

⑥ Ozman Muge. Modularity，Industry Life Cycle and Open Innovation [J]. Journal of Technology Management & Innovation，2011，6 (1)：26 - 37.

⑦ 张纯洪、吴迪：《模块化生产对汽车产业的影响及其后发优势分析》，载《科学学研究》2008 年第 4 期。

⑧ 苏敬勤、吕一搏、傅宇：《模块化背景下后发国家产业技术追赶机理研究》，载《研究与发展管理》2008 年第 3 期。

移的形式可推动后起国家或地区的产业升级①。程文和张建华②认为，模块化技术作为一种新型的产业内分工技术，对产业结构升级有着重要的影响，并通过扩展豪斯曼和克林格（Klinger）提出的产品空间结构模型，深入分析了模块化技术发展对于产业结构升级的微观作用机理。

综上所述，微观层面的产业升级多从企业竞争力以及价值链的角度关注企业竞争力的提高、生产率提高、产品附加值增加、价值链内部以及价值链之间从低附加值到高附加值环节的企业内升级。主要表现在两个方面：一方面，企业内流程升级，即重组生产体系或引入高级技术，从而提高投入产出率；另一方面，企业内产品升级，即引入新的产品线或技术，或通过自主研发增加产品附加值，提高产品质量。

实质上，产业升级是一种要素流动，是要素从相对低价值向相对高价值的产业、行业、价值链或企业流动的量变到质变的动态过程，产业升级的过程就是产品、企业、产业和经济优化发展的过程。在这个过程中，一方面，产业部门数量增加，产业关联复杂化，主要表现为部门之间中间产品的种类增多，交易规模上升；另一方面，技术矩阵水平提高，即以知识密集型为主体的产业关联逐渐取代以技术或劳动密集型产业为主体的产业关联③。

首先，企业是产业升级的主体。市场经济的主体是企业，产业的主体也是企业。正是由于千千万万个企业追求利润最大化的经济行为推动了产业的发展与产业结构的变革。如果说国民经济是大海，那么产业就是河流和小溪，企业就是无数个水滴，河海的涌动源于水滴的凝聚，正是企业的技术创新、发展和集聚对产业升级起着根本性的推动作用。

其次，产业升级的二维性决定了产业升级既是一个自下而上的过程，也是一个自上而下的过程。一方面，企业作为产业升级的主体推动着产业升级的进程，这是一个自下而上的机制；另一方面，政府作为宏观调控的主体，对产业升级的方向与进程起着至关重要的引导与监督的作用，这又决定了产业升级是一个自上而下的过程，无形的市场与有形的调控结合起来，共同作用于产业升级的过程。

最后，产业升级是一个动态的概念。产业升级建立在一定经济与社会发展阶段的基础上，反过来又作用于经济和社会的发展，二者的互动将产

① 叶洪涛：《基于模块化分工的中国产业升级研究》，载《经济与管理》2010 年第 12 期。

② 程文、张建华：《中国模块化技术发展与产业结构升级》，载《中国科技论坛》2011 年第 3 期。

③ 吴进红：《开放经济与产业结构升级》，社科文献出版社 2007 年版。

业结构不断推向更高阶段。

2.1.3 产业升级的影响因素

由以上产业升级理论可以看出，产业升级的决定与影响因素很复杂，涵盖经济、政治、文化和历史因素，也涉及需求、供给、国际贸易、制度与政策战略因素，多种因素相互联系、相互交织，共同决定和影响产业升级的轨迹。

1. 需求因素

封闭经济条件下，在决定与影响产业升级的主要因素中，需求因素是其中的重要因素之一。凯恩斯曾说过，有效需求是经济发展和经济优化的发动机。需求对产业升级的影响作用主要表现在两方面：一是需求总量构成产业生存与发展的前提。一方面，足够大的需求总量为产业生产与扩张提供沃土，有了一定的需求规模，产业才具备壮大的必要条件；另一方面，需求总量的增大有利于企业降低生产成本，为产业发展带来规模经济效应，为升级创造条件。二是需求结构直接影响产业结构的构成。首先，消费需求结构直接引导产业结构的方向。消费需求结构主要受收入水平、人口数量、经济发展水平与周期、技术水平等因素的影响，主要包括个人消费结构、中间与最终需求的比例。个人消费结构是指个人在生活中的消费支出比例关系，直接影响最终产品生产部门，同时间接影响中间产品生产部门，从而影响产业结构变动与升级，在需求结构中，个人消费结构对产业升级影响最大。中间需求与最终需求的比例也是一种重要的需求结构，中间需求指对尚需投入生产过程且在生产过程中一次转移全部价值的中间产品（原材料、零部件等）的需求；最终需求指对不再需要进入生产过程，供人们消费、投资的最终产品的需求。中间需求与最终需求的比例受专业化协作水平、生产资源利用率、最终产品性能与制造技术的复杂程度等因素的影响，这一比例变动必然导致产业结构发生相应变动。其次，投资直接推动产业结构的方向，投资结构直接影响产业结构构成，因此，政府常采用一定投资政策调整投资结构，进而促进产业发展与升级。最后，消费与投资的比例关系也对产业升级产生重要影响。消费与投资的比例关系变动决定了消费资料与资本资料产业的比例关系变动，进而对产业结构变化产生影响，霍夫曼工业化经验法则很好地说明了这一点。

2. 供给因素

供给因素对产业升级的影响作用主要表现在四方面：要素禀赋、技术进步、商品供应和环境因素。

要素禀赋主要包括三方面，即自然资源、人力资源和资金供给。第一，自然资源供给。一国资源供给的状况对该国产业结构优化升级产生重要影响。自然资源状况和产业结构的形成与升级有着密切联系。那些自然资源丰富的国家，往往形成资源开发型的产业结构。如果一个国家国土辽阔、资源丰富，那么该国也可能成为资源开发和加工利用全面发展的产业结构。资源匮乏的国家就不可能形成资源开发型的产业，只能成为资源加工型的产业结构。由于自然资源禀赋是经济发展的基础因素，又是人力因素难以改变的，因而对产业结构的形成和升级有很大的制约作用。当然，自然资源短缺的国家可以借助科学技术和对外贸易来克服资源不足的弱点。第二，人力资源供给。人力资源即劳动力资源，它是人口总量的重要组成部分。人口因素影响着劳动力的供给程度和人均资源拥有量以及可供给能力的程度。从人口与资源平衡的角度来讲，过度的人口增长会把国内有限资源转化为衣食供给以满足人们基本的生活需要。结果，一方面减少了其他资源的供给，另一方面又减慢了农业人口向非农产业的转移，阻碍了产业结构的高级化。所以，依据一国经济发展的条件和水平，保持适当的人口增长率，提高人口素质，对产业结构高级化有着重要的影响。人口众多和人力资源丰富的国家应该多发展劳动密集型产业。可见，人力资源的多寡和劳动力素质的高低，在很大程度上影响产业结构优化升级的方向。第三，资金资源供给。资金资源是指货币资金资源。货币资金既是企业经营的第一推动力和持续推动力，也是产业形成与发展的第一推动力和持续推动力。资金资源供应对产业结构变动的影响，一方面包括资金的充裕程度对产业结构的影响，另一方面包括资金在不同产业部门的投向对产业结构的影响。前者是从资金总量方面对产业结构优化升级的影响，后者是从资金投向方面对产业结构优化升级的影响。

3. 技术进步

技术进步是推动一国产业升级的最重要因素之一，技术进步不断拓宽劳动对象，提高劳动生产率，促进产业发展变革，引发新需求，从而推动产业结构发生相应的改变与升级。技术进步对产业结构升级的作用具体表现在：①技术进步不断开拓新的生产技术和形成新产业。随着技术进步以及社会分工和专业化的发展，在原有产业中分解出新的产业。同时，将科技成果用于更新改造生产技术和工艺设备，使生产手段更加现代化，生产过程更加合理化，进而形成相应的新产业。在技术进步推动下产生的新产业的发展，往往不只是一个产业，而是一个产业群。②技术进步推动传统产业的技术改造。用新技术、新设备、新工艺、新产品取代老技术、老设备、老工艺、老产品，使各种传统产业逐步转移到新的技术基础上。③技术进步推动产业结构的更新换代。各个产业之间的技术进步是不平衡的，有的快，有的慢，有的停滞不前。因科学技术突破而产生的新兴产业，往往有较高的生产效率，迅速发展壮大，而那些技术没有重大突破的传统产业会出现衰落，甚至被其他产业所取代。于是，产业结构发生结构性的变化，实现产业结构的更新换代。

商品供应情况也对产业升级产生一定影响，一般情况下，产品后向关联系数越大，对产业升级影响越大。对产业升级产生较大影响的商品包括原料零部件品、中间产品、进口品等，由于这些商品的供给与基础和上游工业、后向关联产业的技术水平以及产业发展水平关系密切，因此与这些商品相关产业的技术与发展水平影响着产业结构的变动与升级。

环境因素包括国内与国际范围内的政治、经济、文化、法律、社会等诸多环境因素，对一国的产业结构变动与升级都具有重要影响。近年来，随着环境污染问题日益凸显，经济学家也开始将生态环境因素纳入经济发展分析框架中，生态环境污染对产业发展的制约作用已受到学术界的重视。

4. 制度因素

制度因素与产业政策因素都被视为产业升级的外生变量，制度经济学的研究表明，制度安排对产业结构升级有着重要的作用。首先，制度影响产业资源配置方式。选择资源配置方式是一国主权的体现，它构成一国经济体制的实质内容。资源配置方式有两种，即市场配置和计划配置。市场配置是以市场为主要手段配置资源，产业结构演变是按市场需求的变化而变化。计划配置是以政府的计划为依据配置资源，政府是资源配置的主角，产业结构演变方向反映政府调整经济的方向。其次，制度影响产业升级的方向。制度是影响宏观经济运行的主要因素，政府以经济、行政、法律等手段引导经济按照预测的方向发展，产业结构也会沿着此方向变化。最后，制度影响产业结构升级的状态。为了保证经济的平稳运行和达到预期经济目标，可以实行比较严格的进入许可制，形成制度管制。如果制度管制符合产业结构演变规律，产业结构升级就会呈现协调状态。如果制度管制不符合产业结构演变规律，就会导致产业结构升级出现比较严重的非协调状态。另外，制度变革为产业革命铺平了道路，因为制度变革降低了交易成本，优化了生产要素自由流动与配置，加速了产业升级与经济发展。产业政策是产业升级的直接因素之一，反映着政府经济与产业调整的目标，包括财政、货币等政策，政府通过调整总需求与总供给以及需求、供给、贸易与投资的结构进而影响产业结构升级。

5. 国际贸易

对产业升级的影响主要通过出口促进本国需求增长，通过进口增加国内供给，进而作用于产业结构。具体来说，资源、商品与劳务等的出口推动国内相关产业发展；国内稀缺要素与商品的进口弥补了本国该要素与商品相关产业的不足，对某些新产品与技术的进口以及国内产业升级具有推动作用。当然，国际贸易也可能会对某些产业起到抑制作用。

6. 国际投资

国际投资对产业升级的影响表现在两个方面，一是吸引外资对国内产业升级的影响，二是对外直接投资对国内产业升级的影响。吸引外资对国内产业升级的影响主要表现在：外资企业改变了东道国的产品数量与品种，改变了东道国中间产品的供应结构与最终产品的销售结构，进而直接影响东道国产业结构的变动；吸引外资也可以填补本国的资金缺口，进而影响东道国产业升级状况；吸引外资所带来的技术创新也可以间接影响东道国的产业结构。

另外，随着产业经济学的发展，一些新的决定和影响产业升级的因素日益凸显，其中最突出的包括产业集群和市场竞争。产业集群已成为现代产业发展的重要地理特征，它可以产生技术外溢效应，实现信息共享，有效促进集群内企业的战略合作；公平而有序的市场竞争条件，是促进要素高效自由流动的重要条件，它们都对产业升级具有积极促进作用。

2.2 对外直接投资与母国产业升级研究

关于一国对外直接投资与国内产业升级的关系，国内外学者进行了大量的研究，其已经形成比较系统的研究方法和比较全面的研究结论。下面从理论研究和实证研究两个角度对现有文献进行梳理，以期为本研究提供更好的理论依据、经验证据和数据支撑。

2.2.1 关于对外直接投资与母国产业升级的理论研究

1. 国外研究

国外关于对外直接投资与母国产业升级关系的理论研究，主要集中于一系列国际直接投资理论中。无论是经典的、传统的国际直接投资理论，如垄断优势理论、内部化理论、产品周期理论、边际产业扩张论等，还是非传统的、新兴的国际直接投资理论，如邓宁的投资发展周期理论、坎特威尔和托兰惕诺的技术创新产业升级理论等，都基于不同角度直接或间接地论述了对外直接投资对母国产业升级的影响。

海默（Hymer，1976）指出，一国企业通过对外直接投资获取并巩固自身的垄断优势，无疑可以增强本国企业的国际竞争力，进而对国内相关产业的发展产生积极影响①。巴克利和卡森（Buckley and Casson，1976）基于不完全市场假设提出的“内部化理论”认为，跨国公司通过对外直接投资可以更有效地获取发展所需的技术、管理经验和诀窍等“知识中间产品”，降低交易成本，而对这些“知识中间产品”利用、扩散和再创新的同时，实现了产品及其技术的优化升级，从宏观上有利于产业结构的调整②。弗农（1966）将产品生命划分为创新期、成长期和成熟期三个阶段，指出当产品生命周期处于成长期和成熟期时，企业会进行对外直接投资，以延长产品生命周期，提升获利空间，同时也为母公司在国内让出更多的市场和资源进行新产品的研发，不断推动跨国公司的技术进步和产品的更新，进而促进国内产业升级③。路易斯（Lewis，1978）提出的发达国家对外直接投资“劳动密集型产业转移论”，不仅分析论证了第二次世界大战后，由于人口自然增长率下降和非熟练劳动力供给不足，引起劳动力

---

① Hymer S. International Operation of National Firms：A Study of Direct Foreign Investment ［M］. MIT Press，1976：13 – 15.

② Buckley P J，Casson M C. The Future of the Multinational Enterprise ［M］. London：Macmillan Press，1976：33 – 34.

③ Vernon R. International Investment and International Trade in the Product Cycle ［J］. Quarterly Journal of Economics，1966 （5）：77 – 79.

成本上升，促使发达国家通过对外直接投资将其某些劳动密集型产业转移到发展中国家，而且也阐明了发达国家在向发展中国家转移劳动密集型产业的同时，相应也加快了其国内产业结构升级的步伐。小岛清（1978）在对日本企业对外直接投资实践进行总结的基础上，提出了"边际产业扩张论"，更明确地指出：一国开展对外直接投资应从本国已经或即将处于比较劣势的产业即"边际产业"（marginal industries）开始，向该产业比较优势尚未显现且具有潜在比较优势的国家进行投资，这不仅有助于本国贸易的增加，而且能够促进双方产业结构的调整和升级，实现投资国与东道国产业结构调整的"双赢"[①]。小泽（Ozawa，1981）沿着小岛清的研究思路提出"动态比较优势投资理论"，他认为，在边际产业的国际转移过程中，劳动力等无差异的生产要素由于难以跨国界转移，往往会转移母国的其他优势产业，而边际产业中某些特定的生产要素则会发生部分转移。该理论强调对外直接投资的产业选择应能发挥母国的比较优势，并指出日本经济结构的快速转换与其对外直接投资的模式密切相关，同时政府的政策在企业进行对外直接投资与产业升级方面也将起到重要作用。

以上经典的国际直接投资理论都是基于发达国家企业的对外直接投资实践的考察进行分析的，随着国际投资引发的国际产业转移在不同发展水平国家之间的"梯度"推进，以及国际分工不断深化所导致的以"产品价值链"为基础的全球"生产网络"的形成与拓展，不仅发达国家的对外直接投资形式不断创新、投资行为和动机日益多元化，而且发展中国家也在积极借鉴先行国家的经验，鼓励本国企业主动参与到跨国投资活动中来，来自发展中国家的一大批跨国公司越来越活跃在国际直接投资舞台上，并且对发展中国家产生了日益重要的影响。这时，传统的国际直接投资理论，已不能充分解释 20 世纪 80 年代以后世界各国尤其是发展中国家的对外直接投资行为。对国际直接投资实践更具阐释力的理论或学说也就不断涌现，而且越来越多地涉及对外直接投资对投资国产业升级的促进作用这一主题。

威尔斯（Wells，1983）提出的"小规模技术理论"和拉尔（Lall，1983）提出的"技术地方化理论"都摒弃了跨国企业只能依赖垄断技术优势打入国际市场的传统观点，为发展中国家进行对外直接投资提供了理论依据。坎特维尔和托伦蒂诺（Cantwell and Tolentino，1990）提出的技

① Kojima，K. Direct Foreign Investment：A Japanese Model of Multinational Business Operations [M]. London：Croom Helm，1978.

术创新和产业升级理论认为，虽然发展中国家企业技术创新主要是建立在“学习经验”的基础上，但跨国公司通过技术的不断积累，技术能力会逐步得到提高，对外直接投资逐步从传统产业扩展到高新技术产业，从而促进产业升级①。小泽（1992）把经济发展、比较优势和对外直接投资作为相互作用的三种因素结合于一体，提出了“一体化国际投资发展理论”，他认为国与国之间经济发展阶段的差异性和动态比较优势的互补性为发展中国家通过对外直接投资实现经济转型和赶超创造了机会，发展中国家通过逐步从劳动导向型的对外直接投资转向技术导向型的对外直接投资，将促进国内产业结构的转型升级进程②。邓宁（Dunning，1993）在详细考察当代发达和发展中国家跨国公司对外直接行为的基础上，提出了战略性资产获取动机投资学说，首次从战略性资产的角度论证了企业开展对外直接投资对投资者及投资国的重要意义。该学说认为，企业对外直接投资不仅是利用优势的过程，而且也是构筑新的竞争优势的过程，在经济全球化的新型竞争条件下，对外直接投资不再以垄断优势为先决条件，拥有局部竞争优势的后发企业可以通过对外直接投资的方式获得创造性资产，形成新的竞争优势。而通过对外直接投资所取得的创造性资产比企业自我积累形成的“自然资产”（natural assets），对于投资国产业结构调整和升级具有更加重要的战略意义。赫蒙和勒尔（Moon and Roehl，2001）提出的“对外投资不平衡理论”，从公司资产组合平衡的角度，论证了对外直接投资在公司竞争优势形成与产品升级发展中的意义。该理论指出，存在资产相对不平衡（如缺乏技术优势、无法形成规模经济等）的企业，可以通过对外直接投资在国外市场寻求补偿性资产，从而使其资产组合达到平衡，竞争力得到显著增强。因此，对外直接投资是处于相对劣势的企业增强竞争实力的有效途径，也是一国落后产业实现升级的有效途径。马修斯（Mathews，2006）通过分析亚太地区跨国公司的典型案例，从全球化背景下的资源观出发，基于发展中国家的后来者视角，提出了“LLL分析框架”（linkage－leverage－learning framework）③。该分析框架认为，作为后来者的新兴经济体的跨国公司，通过外部“资源联系”“杠杆效应”“干

---

① Cantwell J.，Tolentino P. E. E. Technological Accumulation and Third World Multinationals［J］. International Investment and Business Studies，1990：1－58.

② Ozawa T. Foreign Direct Investment and Economic Development［J］. Transnational Corporations，1992（1）：27－54.

③ Mathews J. A. Dragon Multinationals：New Players in 21st Century Globalization［J］. Asia Pacific Journal of Management，2006，23：5－27.

中学”进行对外直接投资，可以获得新的竞争优势并促进本国产业结构优化升级。发展经济学者进一步将日本经济学家赤松要20世纪50年代完成的“雁形产业发展模式”，应用于对东亚各国第二次世界大战后产业转移和产业结构优化升级过程的研究，所提出的东亚地区“雁形产业梯度转移”理论，为后起国家通过“承接—消化、吸收、创新—再转移”的产业转移过程，实现本国产业结构优化升级，提供了现实的成功范例和理论基础（池尾爱子，2008）。

2. 国内研究

相对国外学者的研究，国内学者就对外直接投资与国内产业升级的研究起步较晚，但发展很快。国内学者在基本沿袭国外研究思路和方法的基础上，多以我国企业的对外直接投资为研究对象，主要围绕对外直接投资影响母国产业升级的综合效应、作用机制与传导途径、对外直接投资的产业和区位选择及投资策略等方面进行了多角度的理论研究。

关于对外直接投资影响投资国产业升级的综合效应的研究，江小涓、杜玲（2002）认为，对外直接投资会通过企业内部、产业内部、产业之间等三个层次对投资国产业结构优化和升级产生影响。魏巧琴、杨大楷（2003）认为，对外直接投资的内部作用和外溢作用，能够对投资国产业结构产生积极影响。汪琦（2004）、曹秋菊（2006）和宋维佳（2008）等认为，对外直接投资通过获取国外资源，促进投资国要素资源结构优化，通过转移传统或“边际”产业，促进新兴产业发展，通过产业关联效应和引进竞争机制，促进产业整体素质优化。欧阳峰（2005）认为，开展对外直接投资体现了一国从“比较优势”到“竞争优势”的国际产业转移发展规律，对外直接投资可以排除“退出壁垒”、绕过“贸易壁垒”，既可以节约综合生产费用，又可以开辟国际市场，是支持产业扩张和产业结构调整以及优化升级的有效途径。冯志坚和谭忠真（2007）的研究提出，与投资国企业的前后向联系、对投资国企业的知识外溢、对投资国商务活动的竞争效应、与投资国大学和研究中心等机构的联系，是发展中国家跨国公司利用对外直接投资提高本国产业竞争力的具体途径，而从提高产业竞争力到产业重组则是实现投资国产业升级的必经之路。卢平（2009）认为理性的对外直接投资能使投资者获得先进技术，取得后发优势，将竞争机制引入所在行业，推动产业结构优化和升级。

对外直接投资影响母国产业升级的作用机制与传导途径方面的研究。

崔彩周（2007）研究后认为，对外直接投资一方面通过国际贸易渠道间接对投资国产业结构优化和升级产生影响，另一方面通过优化生产要素配置、外国先进技术传导效应、提升产业素质和促进产业互动演进等途径对投资国产业结构优化和升级产生直接效应。马静和陈明（2008）则认为，对外直接投资对投资国产业结构优化和升级的影响是通过一系列中间环节实现的，并且发挥作用的路径也有所不同。我国企业对外直接投资对国内产业结构优化和升级的作用机制表现在：一是通过对外直接投资向海外转移传统产业中尚可利用的生产能力，释放部分沉淀生产要素以支持新兴产业的发展；二是通过对外直接投资尤其是那些针对发达国家的“技术寻求型”投资，借助“干中学”和“逆向技术溢出”机制，提升我国的研发能力和管理水平，加快产业结构优化升级的步伐；三是通过对外直接投资促使相关产业与配套服务效率的提高，加快我国产业结构调整竞争和关联机制的形成。肖黎明（2009）的研究也得出类似的结论，即对外直接投资对投资国产业结构调整的促进作用主要通过传统产业跨国转移机制、对发达国家逆向投资的技术获取机制和国际间的产业关联互动机制来实现；赵伟和江东（2010a）通过对发达国家和新兴工业化经济体对外直接投资典型案例的分析后认为，一国对外直接投资将通过产业转移效应、产业关联效应和产业竞争效应等机理促进投资国产业结构升级。其中，产业转移效应与产业后向关联效应主要为发达国家的案例所支持，产业前向关联效应则为新兴市场经济体的案例所支持。就美、日两个典型大国的以往经历来看，美国对外直接投资引发的产业升级以效率增进为主要特征，而日本以贸易扩张为特点的对外直接投资所引发的产业升级，则呈现明显的结构优化特征。赵伟和江东（2010b）认为，对外直接投资将通过微观动因、宏观效应和间接传导机制三个途径促进投资国产业结构升级，微观动因包括获取国外低成本要素资源、绕开贸易壁垒、扩大海外市场、提高企业运营效率以及获取关键技术和核心资产，宏观效应包括产业转移、产业关联、产业竞争及技术进步效应。间接传导机制是指对外直接投资通过影响贸易结构和供需结构，进而对投资国产业升级产生促进作用，即沿着“对外直接投资—贸易结构改善—产业升级”和“对外直接投资—供需结构优化—产业升级”两条间接传导路径发生作用。杨建清和陈思（2012）基于我国对外直接投资的特点，分别从“逆梯度”型直接投资和“顺梯度”型直接投资两个方面来分析对外直接投资促进我国产业升级的作用机理。张春萍（2013）详细分析了对外直接投资对母国产业升级的作用机制和我国对外直接投资对国内产业升级的具体作用，认为对外直接投资对母国产业升级主要通过传统产业转移效应、新兴产业成长效应、产业关联效应和产业竞争效应四种途径发挥作用，而这些作用机制的强弱又与对外直接投资的区域选择和产业布局等因素密切相关。潘素昆和袁然（2014）认为，不同投资动机的对外直接投资促进产业升级的机理不同，市场寻求型对外直接投资可以通过扩大国际贸易、转移传统产业而促进母国产业升级，资源寻求型对外直接投资通过打破资源短缺对新兴产业发展的限制而促进国内产业升级，而技术寻求型对外直接投资可以通过获得先进的技术和充足的研发资金而促进产业升级。陈琳和朱明瑞（2015）认为对外直接投资主要通过传统边际产业转移和资源的再配置、产业关联与配套产业成长、反向技术外溢与企业竞争力提升三个渠道引致母国产业升级。

关于我国对外直接投资产业和区位选择、投资促进策略等方面的相关研究。李述晟（2013）认为，在产业选择上，我国整体产业结构处于较低水平，在国际分工中处于产业链低端，因此对外直接投资过程中应侧重于海外技术和资源能源的获取，以此带动国内产业结构升级和优化；在区位选择上，应在保持资源型国家战略投资的基础上加大对技术先进国家的学习型投资。雷鹏（2012）着重阐述了对外直接投资与产业安全的关系，通过构建“双目标”模型提出，我国对外直接投资总体上要采取渐进性、多元化和动态性的产业选择战略，并就不同产业类型的选择战略分别做了研究。他着重强调对高新技术产业和服务业的对外直接投资，认为其是未来我国经济增长的潜力。宋维佳（2008）持有相同观点，认为在投资过程中仍然应选择以资源开发业为重点投资产业，将服务业作为投资策略选择的同时，将高新技术产业作为战略性产业。马静和陈明（2008）以及宋伟良（2005）在分析我国对外直接投资产业选择现状的基础上，结合国家经济发展的时代特征和产业发展的阶段性特点，认为我国对外直接投资应聚焦在资源开发产业、劳动密集型和成熟适用技术产业、高新技术产业以及服务业等方面。还有一些学者依据产业选择相关标准有针对性地对不同产业的对外直接投资做了重点区分。李新（2014）依据产业组合的区位比较优势、产业内垂直贸易量、结构高度化同质性等三个基准，提出我国在对外直接投资过程中坚持以资源开发业作为预防性产业，以劳动密集型和成熟适用技术产业为主导产业，以服务业为策略产业，以高新技术产业为战略产业。在此基础上，还提出了亚洲、欧洲、美洲等相关区位的产业选择策略。尹德先（2012）认为，应该依据动态广义优势基准、产业关联度基准、结构高度化同质性基准及东道国的外资政策基准，以战略目标为导向，加大对资源类产业、制造业和服务业等相关产业的投资力度。王玉宝（2009）认为我国对外直接投资应遵循资源获取、产业比较优势、产业递进、产业内垂直贸易量以及技术寻求等基准，并对不同国家和地区对外直接投资产业选择策略进行了研究。陈漓高和张燕（2007）根据产业地位划分法把我国行业分为先导、主导、支柱以及瓶颈等四类，依据产业结构的同质性、比较优势和贸易创造条件、国内投资促进或压缩等四个基准提出了我国对外直接投资产业选择的基准圈。赵春明和何艳（2002）依据边际产业、产业相对优势、产业结构高度同质化以及对国内相关产业的辐射效应等基准，认为我国对外直接投资应加大对制造业的投资力度，重点投资于生产能力过剩、适用技术成熟、小规模生产的制造业；在区位选择上应遵循“就近原则”和“地区渐进原则”，投资于东盟和苏联等国家和地区。

在区位选择上，陈亮恒（2015）认为，我国企业在参与对外投资过程中对国外环境不熟悉，缺乏相应的对外投资经验。因此，在区位选择策略上，要优先考虑区位优势明显的发展中国家，同时要重视并积极开展在科技创新、产品研发、管理经验等方面具有较大优势的发达国家，以实现全方位的对外投资分布格局；在产业选择策略上，应选择与国内其他产业联系较为密切的具有相对优势的产业作为对外投资重点，以促进国内产业结构的转型和升级。李逢春（2013）运用灰色关联分析方法发现，我国流向亚洲地区的对外直接投资的产业结构升级效应较为明显，欧洲、北美、非洲地区则依次下降。因此，他提出我国对外直接投资应首选邻近的国家或地区，充分利用周边国家的资源、市场等优势条件，促进产业结构优化升级。方明娟（2008）提出，要把发展中国家作为我国对外直接投资的主要区位，特别是要大力发展对发展中国家制造业的投资，逐步建立制造业的国际生产体系。刘剑判和姚程飞（2012）提出，应结合亚洲、非洲、欧洲、美洲等不同区位特点和我国各行业发展实际，有针对性地作出我国对外直接投资的产业选择；技术寻求型投资应主要投资于美国、日本、欧盟等发达国家，资源寻求型投资要结合资源分布情况和东道国地缘政治、区域冲突等因素，市场寻求型投资应重点选择欧美等发达国家。魏浩（2008）认为，我国对外直接投资主要包括基础资源寻求型、边际产业转移型和核心技术寻求型等三种类型，不同类型的对外直接投资区位应有所侧重。具体而言，基础资源寻求型和边际产业转移型对外直接投资应主要集中于发展中国家，而美国、日本、欧洲等发达国家和地区则是核心技术寻求型对外直接投资的主要目的地。周新生（2007）认为我国在对外直接投资过程中应采取不同的产业策略：亚洲市场是我国在较长时期内对外直接投资的主要战略目标；美洲市场要加大高新技术学习型投资，实现多投资目标；欧洲市场要结合欧盟产业政策，选择高新技术行业，以学习型投资为主；非洲市场要有选择地投资于进口替代型的资源开发业，转移成熟产业和生产能力过剩产业，以实现产业的梯度大转移。欧阳晓（2006）认为，我国对外直接投资过程中既要坚持以传统产业为基础，又要优先发展高新技术产业。据此，他提出我国大型企业应投资于发达地区，中小型企业应投资于发展中国家和地区；相对于传统产业投资于周边国家，高新技术产业应以发达国家为主要投资区域，以培植产业竞争优势，从而促进产业结构的优化升级。

以上国内外理论研究论证对外直接投资对母国产业的影响，虽然理论依据不同、实践基础不同、研究角度有差异，但在研究结论基本一致，即都不同程度地认为，对外直接投资对母国产业结构调整和升级产生积极的影响。

2.2.2 关于对外直接投资与母国产业升级的实证研究

1. 国外研究

在国外实证研究方面，对外直接投资对于母国的产业升级既有正向的推动作用，也有反向的抑制作用。从正向作用看，希利（Hiliey，1999）通过研究日本20世纪70～90年代对东盟直接投资的实践发现，通过对外直接投资日本将其处于比较劣势的纺织和机械工业转移到东盟国家，从而促进了日本国内生产要素从劣势产业到优势产业的转移。道林等（Dowling et al.，2000）在研究日本等国在其工业化进程中的有关现象后发现，一国对外直接投资与其国内产业结构变迁密切关联，特别是具有比较优势的赶超型国家，其对外直接投资与本国产业结构升级存在正向相关关系。布罗斯多姆等（Blomström et al.，2000）也以日本为研究个案做了相关研究，他们通过实证分析发现，自从1985年日元贬值以来，日本许多公司纷纷在海外设立子公司，积极进行对外直接投资，而与此同时日本国内产业结构不断优化，逐步实现了由低级向高级的发展进程。斯伟特里奇等（Svetlicic et al.，2000）认为，斯洛文尼亚对发达国家的对外直接投资通过学习效应使本国企业竞争力增强，促进了传统产业结构优化调整。阿德文库拉（Advincula，2000）的研究发现，韩国产业结构调整和优化升级与本国企业对外直接投资的方式向国外转移低端生产环节密切相关，对外直接投资行为有助于韩国企业实现从价值链低端向高端过渡，从而促进国内相关产业结构升级。朱利安尼（Giuliani et al.，2005）从价值链升级的角度研究对外直接投资的集聚效应对产业升级的影响，发现二者间存在正相关关系，并且 OFDI 集聚效应对产业升级的影响程度与产业特征相关。萨尔瓦多等（Salvador et al.，2005）通过对爱尔兰的对外直接投资数据研究后也发现，由于跨国公司对中间投入品的需求一部分会从投资国的国内市场获得，从而引致投资国国内产业结构优化升级。库格勒（Kugler，2006）在研究哥伦比亚 1974 ~ 1998 年制造业相关数据后发现，东道国生产商对聚合资本形成的净影响取决于关联性与外溢性之间的相互作用，而跨国企业可通过产业间的技术溢出效应将知识转移到国内下游企业或上游供应商，进而促进母国产业结构升级。伊利亚（Elia et al.，2009）以意大利 1996 ~ 2002 年相关公司数据为研究样本，在具体研究对外直接投资对本国就业和技能构成相关影响时发现，对外直接投资可通过改变母国劳动力结构，促进新技术整合优化母国产业结构。联合国贸易和发展会议（UNCTAD，2006）通过对发展中和转型国家（地区）的多国（地区）研究也表明，OFDI 能增强本国（地区）产业的国际竞争力，典型案例有印度的信息技术软件产业、中国台湾地区的计算机和半导体产业、新加坡的医药制造业等，这些有 OFDI 的产业还将通过产业关联和技术溢出效应，提高境内其他产业的竞争力。德斯里韦里等（Deschryveree et al.，2013）利用芬兰的数据证实母国企业通过绿地投资能够影响母国的研发资本、研发劳动在产业中的再分配，进而促进母国产业变动。罗伯特（Robert，2000）通过研究得出部分新兴工业化经济体通过对外直接投资的方式实现了经济体内产业结构升级。图纳等（Tuna et al.，1995）则研究香港案例，认为香港对外直接投资通过产业集聚的方式对其制造业结构存在着调整作用。斯特凡诺等（Stefano et al.，2009）通过印度企业数据发现，对外直接投资对母国低技术劳动具有显著抑制效应，但对母国高技术劳动具有显著促进作用，进而促进母国高技术和高附加值产业发展。瑞奇（Ritchie，2009）以东南亚发展中国家为例，认为产业升级最有可能在能够利用国外资产创建本国技术能力的国家实现。

从负向作用看，一些实证研究发现，一国对外直接投资不利于母国国内投资、人口就业、资源配置等，从而会对母国的产业结构造成负面影响，甚至造成国内产业空心化等问题。布鲁姆斯托姆（1997）通过对美国经济的研究发现，对外直接投资造成美国失业率的上升。斯劳特（Slaughter，2000）同样以美国为研究对象，发现在过去20年间美国跨国公司的对外直接投资行为对其国内产业结构升级不存在影响。明纳（Minoru，2006）基于对日本制造业和出口导向型产业内就业人数的分析而得出结论，由于对外直接投资、生产基地向境外转移带来产业空心化，进而造成日本国内制造业就业人数下降和产业萎缩。基姆（Kim，2007）以中国为考察对象，指出长期产业转移会形成产业空心化及其对资源输出国经济发展的影响，对外直接投资是产业空心化出现的根本原因。考林等（Cowling et al.，2011）通过回顾日本的产业发展，也认为对外直接投资存在产业空心化效应。刘等（Liu et al.，2015）通过对中国台湾制造业企业对外直接投资的实证分析，认为垂直型对外直接投资会造成母国失业和产业空心化。

2. 国内研究

国内实证研究方面，学者们主要以中国对外直接投资与国内产业结构调整和升级为考察对象，同样得出不一样的结论。认为对外直接投资可以明显促进国内产业升级结论的实证研究主要有：郑磊（2012）利用2005～2009年中国对东盟国家的投资数据，运用灰关联度法分析对外直接投资对中国产业升级的影响，结果表明，中国对东盟主要通过技术寻求型和市场寻求型对外直接投资实现产业结构优化升级；王英和周蕾（2013）利用2005～2011年我国29个省份的面板数据，运用广义最小二乘法分析了我国对外直接投资的产业升级效应，结果表明，对外直接投资显著促进了我国产业升级；杨建清、周志林（2013）的实证研究也得出了我国对外直接投资有效地促进国内产业结构优化和升级的结论。霍析（2014）运用行业面板数据模型，以2010～2012年我国农副业、采矿业、制造业、租赁和商务服务业、计算机服务和软件业、技术服务业6个行业为研究对象，通过研究发现，上述六个行业对外直接投资的产业结构调整效应显著。更多的实证研究发现，对外直接投资在促进国内产业升级方面具有明显的时间效应以及产业和地区差异。冯春晓（2009）通过构建测度制造业产业结构合理化与高度化的指标，分析制造业对外直接投资对其产业结构优化的影响，认为两者之间存在长期稳定关系，但制造业对外直接投资对产业结构的优化作用非常微弱，制造业出口在一定程度上还阻碍产业升级。潘颖等（2010）根据1990～2007年的数据，运用协整理论、Granger因果关系对我国对外直接投资与国内产业升级的关系进行研究后发现，对外直接投资短期内不能促进产业升级，而从长期来看可以促进产业升级。李逢春（2012，2013）的实证研究表明，较高的对外直接投资水平可以快速促进投资企业所在国或地区的产业升级。在区位选择上，亚洲区域的对外直接投资推动产业升级的效应较明显，欧洲和北美次之，非洲的效应最小；在产业选择上，制造业对外直接投资的推动效应最大，资源类的推动效应次之，金融业的效应发挥不明显，商务服务业等劳动密集型行业的推动效应最弱。王滢琪和阚大学（2013）实证结果表明，我国不同地区对外直接投资的产业升级效应存在差异：在东部地区，对外直接投资促进了所在地区的产业升级，而中部与西部地区对外直接投资的产业升级效应则不明显。杨仙丽（2013）利用2003～2012年的数据进行实证研究发现，浙江省对外直接投资的产业升级效应较为明显，但短期影响程度不明显。姜甘伟（2013）通过研究也发现，我国对外直接投资可促进国内产业升级，但目前这种影响效应很小。潘素昆等（2014）理论分析了不同投资动机的对外直接投资促进产业升级的不同机理，并实证分析发现，技术寻求型、市场寻求型和资源寻求型三种类型的对外直接投资均为我国产业升级的原因，但存在滞后性，技术寻求型对外直接投资对我国产业升级的促进作用最为明显，其次是市场寻求型和资源寻求型对外直接投资。陈琳等（2015）采用我国2003～2012年间30个省、自治区、直辖市的面板数据，实证检验对外直接投资的产业间和产业内升级效应，结果显示，对外直接投资显著地促进了各地区的产业结构优化，但对产业内升级效应不显著，而且并没有促进第二和第三产业内的生产率提升。贾妮莎和申晨（2016）利用马氏距离匹配法为2005～2007年522家对外直接投资的制造业企业找到可供比较的对照组，运用倍差法（DID）实证检验了制造业企业对外直接投资的产业升级效应。研究结果表明：中国企业对外直接投资总体上促进了制造业领域高中端技术企业增加值份额的提升，对低端技术企业增加值份额的推动作用并不明显，进而推动了制造业产业升级；企业投资于发达国家有利于促进制造业产业升级；企业投资于发展中国家的制造业产业升级效应尚未凸显。此外，还有一些国内学者以境外发达经济体和发展中经济体为考察对象实证分析了对外直接投资的产业升级效应。李国平（2001）详细研究了日本的对外直接投资后，得出对外直接投资较为成功地推进了日本产业结构的高级化的结论。燕敏（2007）以日本与韩国为研究案例，选取1970～2006年日本数据和1980～2006年韩国数据，基于现代协整理论进行了相关研究。结果表明，日本和韩国的对外直接投资对其国内产业结构的调整与升级影响密切。金明玉和王大超（2009）在研究韩国数据时也得出了类似的结论。张海波（2011）专门研究了包括中国在内的东亚新兴经济体1980～2009年有关投资情况，发现对外直接投资流量对母国产业结构的影响大多不显著，而在存量方面其影响则较为显著。陈建奇（2014）通过研究认为，日本对外直接投资的产业结构升级效应不显著，而韩国、中国台湾等地对外直接投资的产业结构升级效应则较为显著。

2.2.3 “一带一路”背景下对外直接投资与国内产业升级的相关性研究

关于“一带一路”背景下对外直接投资与产业升级关系的研究文献中，直接涉及这方面研究的还比较少，杨英和刘彩霞（2015）基于2003～2013年的数据，围绕中国对“一带一路”沿线64个国家的直接投资与国内产业升级的相互关系进行了实证研究，研究结果发现，中国对“一带一路”沿线国家的直接投资对中国产业升级影响不显著，中国的产业结构调整会反过来加速企业“走出去”，推动对“一带一路”沿线国家的直接投资。目前，有关“一带一路”背景下对外直接投资与产业升级关系的研究主要是我国对外直接投资、产能合作、区域合作等方面的相关性研究。

1. 关于“一带一路”背景下我国对外直接投资问题的研究

这方面的研究主要集中在“一带一路”建设对我国对外直接投资的影响、我国对“一带一路”沿线直接投资面临的风险及其管控、我国对“一带一路”沿线直接投资环境评价、我国对“一带一路”沿线国家直接投资动因、效率、影响因素以及促进我国对“一带一路”沿线国家直接投资的措施等方面。郑蕾和刘志高（2015）通过采用集成统计数据、实地调研和高层访谈等方法，提出中国对“一带一路”沿线国家投资战略的分析框架，分析了中国对沿线国家和地区直接投资的空间分布和产业选择，指出了投资面临的困境和挑战，并提出中国对沿线地区的空间差异化投资引导战略。李闻芝（2015）阐明了“一带一路”建设对高度依赖进口的油气产业升级的重大战略意义。丁志帆和孙根紧（2016）分析了中国对“一带一路”沿线国家直接投资的空间格局和面临的风险，提出推进对外直接投资空间格局重塑的对策。金芳（2016）探讨了“一带一路”背景下中国对外直接投资步入新阶段的发展格局，即以“一带一路”为空间载体的国际投资流将突破传统国际直接投资的“大三角”结构，以基础设施投资为先导的国际投资流将带动优势产能与基础产能互补合作的新模式，以人民币资产为依托的国际投资流将助力中国资本的国际循环，以政策沟通和民心相通为支撑的国际投资流将开创利益共享的新局面。王继源等（2016）运用投入产出 Leontief 需求拉动模型实证分析了“一带一路”沿线国家基础设施投资对我国经济增长的影响，研究发现，当地水电气供应、交通运输和邮政电信部门的各 1 美元总投入，在最大情况下会分别拉动我国 0. 3072、0. 3979、0. 4142 美元总产品，0. 078、0. 105、0. 103 美元 GDP，国内的金属冶炼、电器制造、运输设备、通用制造、金融、商务服务、批发、交通运输等行业都会产生明显的拉动效应。廖萌（2015）分析了“一带一路”建设背景下我国企业“走出去”的机遇与挑战，指出，“一带一路”背景下，我国企业“走出去”的重点领域是基础设施建设，核心目标是投资贸易合作，重要抓手是产业合作，金融支持是“一金一行”。“一带一路”为我国企业“走出去”提供契机的同时也带来挑战，如当地政策和政局变动、低水平海外投资及沿线国家经济文化发展差异等。李宇等（2016）借助德尔菲法（delphi technique），针对“一带一路”沿线国家投资环境构建评价体系，从社会经济发展水平、交通基础设施建设水平、信息化水平、资源赋存、政治环境和安全环境六方面对“一带一路”投资环境进行了综合评价，发现俄罗斯、蒙古国、巴基斯坦、中亚和欧洲的德国、荷兰、意大利、匈牙利为优先投资区域，东欧国家、印度、伊朗等国为重点投资区域，并在此基础上针对“一带一路”建设提出一系列投资对策。张建平和樊子嫣（2016）分析了“一带一路”国家贸易投资便利化问题，指出“一带一路”国家贸易投资便利化水平参差不齐，分化严重，总体上需要改善和提升，提出未来“一带一路”国家需加强便利化政策沟通，加强贸易投资便利化的机制化与能力建设，推进基础设施互联互通，组建“贸易投资便利化委员会”，促进“一带一路”各国加快“一站式”建设，营造良好的贸易投资环境。崔日明和黄英婉（2016）从国家视角出发，结合国家正在推行的“一带一路”倡议的总体规划和最终目标，通过构建贸易投资便利化综合评价指标体系测算了“一带一路”沿线国家的贸易投资便利化水平。研究结果发现，东南亚的新加坡、马来西亚的贸易投资便利化水平非常高；泰国、印度尼西亚、越南、菲律宾等东南亚国家、中亚和中东欧国家整体的贸易投资便利化水平一般；南亚及独联体国家的贸易投资便利化水平较差；西亚国家的贸易投资便利化水平差异较大，既有像阿联酋、卡塔尔、阿曼、以色列、巴林等贸易投资比较便利的国家，也存在约旦、亚美尼亚、土耳其、沙特阿拉伯等贸易投资一般便利的国家，甚至还有也门、伊朗等贸易投资不便利的国家。张亚斌（2016）构建了投资便利化测度体系，他运用均值主成分分析法测度了“一带一路”沿线50个亚欧非国家的投资便利化水平，并基于拓展引力模型实证分析了其对中国对外直接投资的影响。研究表明：各国投资便利化水平差异非常显著，欧洲发达国家普遍高于亚洲和非洲国家，中亚、南亚、东欧和非洲是投资便利化亟待改善的重点地区；国内生产总值、劳动力规模、自然资源禀赋、双边投资协定和投资便利化对中国对外直接投资有显著促进作用；税负水平、距离成本呈现出显著的负向效应；商业投资环境对促进投资增长贡献最大，东南亚为投资潜力最大的地区，投资便利化的改善对亚洲和非洲等欠发达地区投资增长的空间更大。王珏和黄光灿（2016）在构建基础设施、金融环境、规制环境、科教环境的指标框架下，采用灰色关联分析法，利用2010～2013年中国对哈萨克斯坦、吉尔吉斯斯坦、塔吉克斯坦、俄罗斯、印度和巴基斯坦“丝路六国”直接投资便利化的影响因素进行实证分析，发现基础设施建设的关联度始终最大，金融环境与规制环境的关联度出现反向变动；完善基础设施和规制环境的建设有利于直接投资便利化的推进。张茉楠（2016）分析了中国对“一带一路”沿线国家贸易和投资所面临的壁垒，提出推进“一带一路”贸易投资便利化的建议。宁丹虹和乔元波（2016）利用1992～2013年的外商直接投资（FDI）数据，借助空间计量模型，把“一带一路”沿线国家分为东南亚和南亚，中西亚，欧洲三个区域进行分析，首次同时从时间（短期效应和长期效应）和空间（邻国和中心两个渠道）两个维度考察这些国家FDI流入的演变模式。研究表明，三个区域均存在：邻国渠道为长期效应，中心渠道长期效应不显著，短期效应随区域中心的选择而异。李春梅和李翼宏（2016）分析了“一带一路”倡议所涉及的沿线国家对我国经济发展带来的机遇与挑战，并在此基础上对“一带一路”沿线国家直接投资产业的升级发展提出一些对策。周五七（2015）分析了中国对“一带一路”沿线国家直接投资的基本情况，指出中国对“一带一路”沿线直接投资面临的问题与挑战，并提出了发展对“一带一路”沿线国家直接投资的战略选择。王凡一（2016）分析了“一带一路”背景下我国对外投资的前景、面临的风险，提出了加强对外投资风险防范的对策。杨飞虎和晏朝飞（2015）分析了“一带一路”倡议对我国对外直接投资的影响，并提出了“一带一路”背景下我国对外直接投资的实施机制。高臣和马成志（2015）借鉴霍夫斯泰德的文化维度理论，结合“一带一路”涉及的国家地理分布，从四个维度分析中国与“一带一路”沿线国家的文化差异，提出中国企业“走出去”的跨文化管理策略。谭畅（2015）、钟春平和潘黎（2015）分析了“一带一路”背景下中国企业海外投资面临的各种风险，并提出了企业应对境外投资风险的主要对策。田泽和许东梅（2016）基于我国对外直接投资对东道国经济影响的角度，利用2008～2014年我国对“一带一路”35个重点国家直接投资的面板数据，运用超效率DEA和Malmquist指数法对投资效率及其变化进行综合评价。研究表明，我国对沿线国家投资总体效率不高且国别差异较大，多数国家的投资规模收益处于投资有效或递增阶段，同时，考察期内我国对沿线国家投资效率呈现略有下降趋势，技术进步率是制约投资效率提高的主要因素。聂娜（2016）分析了中国参与共建“一带一路”的对外投资风险来源及其分布，并提出相应的对策。李媛和倪志刚（2016），基于SWOT视角分析中国对“一带一路”沿线国家投资的现状以及面临的机遇和挑战，并提出相应的对策。倪沙等（2016）基于2009～2014年中国对“一带一路”沿线国家的直接投资数据，利用投资引力模型，实证分析了中国对沿线国家直接投资的影响因素，并对投资潜力进行了测算。检验分析表明，中国对沿线国家直接投资同中国GDP、沿线国家GDP、沿线国家对中国产品市场接受程度正相关；同沿线国家劳动力成本负相关；沿线国家同中国建立区域经济一体化组织会拉动中国对其直接投资，但是若同属世界贸易组织（WTO）成员国效果则相反；对于不同类型国家的实证检验表明，中国对沿线发展中国家直接投资受东道国制度环境影响较大。另外，中国对沿线国家投资存在过度和不足。孟庆强（2016）利用2003～2013年中国对“一带一路”沿线42个国家的直接投资数据实证考察了中国的投资动机。结果表明：市场寻求动机、效率寻求动机和自然资源寻求动机是中国对“一带一路”沿线国家直接投资的主要动机；同时，“一带一路”沿线国家广阔的基础设施建设市场和较高的关税也是诱发中国企业对“一带一路”沿线国家投资的重要因素。朱雅妮（2015）以中国—东盟自由贸易区为例，研究了

“一带一路”对外投资中的环境附属协定模式，指出“一带一路”倡议要求中国在对外投资的过程中突出生态文明理念，但已有的中国—东盟环境合作存在区域环境法律缺乏拘束力、执行力低下等不足，阻碍了“一带一路”倡议的推进。为实现“一带一路”倡议，中国—东盟自贸区应采用符合实际情况的环境附属协定模式，在实体内容上，环境附属协定应包括环境保护水平、环境监督措施等典型条款；在程序问题上，环境附属协定应引入专门的环境争端解决机制。刘宁和龚新蜀（2015）以上合组织国家为研究对象，分别运用变异系数 TOPSIS 法和面板回归模型实证分析了中国对“丝绸之路经济带”重点国家 OFDI 的投资环境和出口效应。研究表明，上合组织国家投资环境差异较大，近五年投资环境排名未发生变化。我国对上合组织国家投资的出口效应为出口引致效应，但引致效应还不显著；对不同国家投资的出口效应差异大，出口引致效应与出口替代效应并存；各国投资环境评价结果与出口效应结果基本一致，投资环境好的国家投资的贸易效应也较好。隋广军等（2017）基于“一带一路”建设背景，采用 2003 ~2012 年 64 个沿线国家的非平衡面板数据构建计量模型，分析中国向沿线国家直接投资、沿线国家基础设施建设与沿线国家人均实际 GDP 的关系。研究发现，沿线国家的基础设施水平正不断完善，区域差异在缩小，中国向沿线国家直接投资增长 1%，即能显著促进沿线国家人均实际 GDP 增长 0. 01%，中国投资对沿线国家经济增长的贡献率约为 12%，中国对外直接投资促进沿线国家经济增长的效应约有 30% 通过完善沿线国家的基础设施水平来实现。何新易和杨凤华（2016）基于“一带一路”倡议的国家样本，以 2009 ~2014 年的中国经济季度数据为基础，将对外直接投资作为被解释变量，而将人均 GDP、外汇储备、对外贸易依存度作为解释变量进行多元回归分析，研究了对我国对外直接投资的动因。结果表明，中国对外直接投资受人均 GDP 和对外贸易开放程度的影响显著，而受外汇储备的影响不显著。王永中和李曦晨（2015）从区域分布、行业结构、企业类型等角度，分析了中国在“一带一路”沿线国家开展直接投资、承接大型工程业务和投资失败项目的特征，剖析了“一带一路”国家的投资风险，并提出相应的政策建议。卢国学（2015）分析了“一带一路”建设给中国企业“走出去”带来的机遇和挑战，进而从综合安全的视角分析了中国企业在“一带一路”建设中所面临的各种安全风险以及风险管控问题。方旖旎（2016）分析了中国企业对“一带一路”沿线国家基建投资的特征与各种风险，并提出了相应对策。黄河和斯塔罗斯金·尼基塔（Starostin Nikita，2016）分析并提出了中国企业对“一带一路”沿线国家投资所面临的各种政治风险以及管控措施。马述忠和刘梦恒（2016）从空间视角出发，构建空间计量模型，运用2003～2014年42个“一带一路”沿线国家的面板数据对中国OFDI的第三国效应进行了实证检验。研究发现，中国在“一带一路”沿线国家的OFDI存在显著的第三国效应，且具体表现为挤出效应。一方面，中国在第三国的OFDI对中国在东道国的OFDI存在显著的挤出效应；另一方面，第三国市场也会对中国在东道国的OFDI产生显著的挤出效应。本书还研究发现，中国在“一带一路”沿线国家的OFDI呈现出“一动机一导向”特征，即资源寻求动机和贸易导向特征。

2. “一带一路”背景下产能合作方面的研究

这方面的研究主要集中“一带一路”倡议对我国开展产能合作的影响、我国利用“一带一路”倡议开展产能合作的制约因素、途径及战略对策等方面。夏先良（2015）认为，开展国际产能合作在我国开创对外开放新方式和新局面、促进国内经济发展、推动产业转型升级、拓展产业发展新空间、推动经济全面深度融入全球化、打造经济增长新动力、增强中国经济影响力等方面具有重要意义，并从构筑“一带一路”国际产能合作的机制与政策体系的角度提出应制定相应的财税、金融、保险、外贸等支持政策措施，搭建情报平台和情报网络服务体系。桑百川和杨立卓（2015）从“一带一路”国家竞争性和互补性的角度阐释了我国与“一带一路”沿线国家的经贸合作方式。卓丽洪等（2015）从国际产能转移的角度分析了中外产能合作的机遇与挑战。慕怀琴和王俊（2016）从国际产能合作的实施路径角度指出了产能合作的路径与措施。杨挺等（2016）从价值链的角度分析了我国企业在“一带一路”背景下国际产能合作的方式。谭秀杰和周茂荣（2015）利用随机前沿引力模型分析了国际产能合作国家中的贸易潜力及影响因素。李雪东（2015）从国际产能合作的意义出发，指出开展国际产能合作应该秉承的原则。刘佳骏（2016）着眼于全球产业结构加速调整以及中国经济结构和产业发展向全球价值链的中高端转移的大背景，提出中国与“21世纪海上丝绸之路”沿线国家产能合作的重点领域和合作的具体途径。陈利君和杨凯（2016）认为，推动中国优势产能“走出去”，促进国际产能合作，有利于推进我国产业结构优化和转型升级，提高企业国际竞争力，拓展发展空间，与相关国家实现优势互补、互利共赢和共同发展，在此基础上提出了“一带一路”背景下中印加强产能合作的意义和加快推进中印产能合作的对策建议。郭朝先等（2016a，2016b，2016c）分析了我国与“一带一路”沿线国家产能合作的现状与存在的问题，并从建立和完善产能合作机制与支持服务体系、实施本土化策略、创新商业运行模式、培养和延揽国际化人才、加强对“一带一路”沿线国家研究等方面提出了相应对策。赵东麒和桑百川（2016）从产业国际竞争力视角对我国与“一带一路”国家10个部门的国际竞争力现状以及变化趋势进行了实证研究，发现制造业是推动我国产业国际竞争力的主要动力，是我国与“一带一路”国家产能合作的切入点；东亚、东南亚、南亚、中欧和东欧地区在一些初级产品部门具有各自的国际竞争力优势，是我国与其合作的主要方向；西亚和独联体地区在资源密集型产品部门具有极强的国际竞争力，这是确保我国能源供应和经济安全的关键所在。陈衍泰等（2016）基于2002~2014年我国对“一带一路”沿线35个国家直接投资的数据，借助负二项回归面板模型，考察了国家距离对我国企业跨国产能合作区位选择的影响。研究结果表明，地理距离对企业跨国投资仅存在“外来者劣势”，制度距离、经济距离对企业跨国投资同时存在“外来者收益”与“外来者劣势”，文化距离对企业跨国投资的“外来者收益”存在被忽视的现象。熊艾伦等（2015）分析了“一带一路”倡议对我国化解过剩产能的影响以及过剩产能转移的重点领域。刘瑞和高峰（2016）分析了“一带一路”倡议的区位路径选择与化解传统产业产能过剩问题，认为化解过剩问题应借助“一带一路”倡议的契机，当前提升中国传统产业效益和化解传统产业产能过剩问题宜采取对外投资为主、产品贸易为辅方式，推进国际产能合作可从三方面展开：推进对东南亚和南亚国家劳动密集型产业的转移，推进对中亚、西亚北非地区资本密集型产业的转移，推进与独联体（含蒙古国）之间的国家产能合作。李春梅和李晓敏（2016）分析“一带一路”背景下的中国与中亚产能合作的问题。苏杭（2015）探讨了“一带一路”背景下中国制造业的海外转移的意义、现状及模式、对策等问题。卓丽洪等（2015）分析了“一带一路”背景下中外产能合作新格局，认为产能国际转移既是化解中国过剩产能的有效宏观治理举措，也是为中国巨额外汇储备找到理想出路，助力“中国制造”走向世界，占据产业链制高点的可行路径。高煜（2015）分析了我国与“丝绸之路经济带”产业一体化的问题和障碍因素，并提出相应的对策。张梅（2016）认为，中国开展对外产能合作符合国际产业转移规律，有助于全球产业链的深度融合，是推动世界经济复苏的一剂良方，也合乎中国自身经济转型升级的需求，并分析了“一带一路”背景下中国对外产能合作的进展及挑战。孙海泳（2016）提出我国与“一带一路”沿线国家进行产能合作的指导理念与支持路径。孟祺（2016）研究了基于“一带一路”的制造业全球价值链构建问题，根据联合国工业发展组织的工业竞争力指标计算了“一带一路”分区域的制造业竞争力状况，发现中国有能力也有必要构建全球价值链，提出应优化制造业贸易结构以促进贸易平衡，扩大制造业产能合作以推动共同发展，根据不同国家要素禀赋特征差异化进行制造业产业合作等。张益丰等（2016）基于“中心—外围”理论分析了“一带一路”对我国产业整合与经济格局重构的问题，提出我国能够借助“一带一路”摆脱由西方国家主导的全球价值链体系经济束缚，形成全球价值链（GVC）与国内价值链（NVC）的产业整合与经济格局重构，建议突出产业优势，积极向价值链高端攀升，形成高端制造业与先进生产性服务业的有效集聚，这些将成为我国东部地区嵌入“一带一路”倡议的发展重点。

3. 中国与“一带一路”沿线国家的区域合作方面的研究

胡颖（2016）研究了“一带一路”倡议下中亚区域经贸合作机制问题，笔者分析和比较了欧亚经济联盟、中亚区域经济合作和上合组织三种合作机制的组织构成、合作领域、运行模式以及合作绩效，认为中亚区域主要经贸合作机制在合作领域上具有高度重叠性，在合作绩效上具有显著差异性，合作空间广阔。在促进中亚经贸合作机制对接方面，建议加强上合组织与中亚区域经济合作放在区域基础设施建设、贸易便利化和区域标准一致化等重点领域；建立中国—欧亚经济联盟自贸区，加强一体化合作；促进上合组织与欧亚经济联盟对接，加快基础设施、能源、旅游和教育等领域的互联互通建设。柳思思（2014）基于次区域合作理论，认为“一带一路”实质上是跨越边境的次区域合作，经济合作不仅体现在自由贸易上，生产要素的流通也趋于动态化，资源配置效率提升，跨边境投资、跨境技术合作活跃，作为国家间领土划分依据的边界由“政治封闭线”向“经济接触带”演化，在此过程中，国家、地方和企业三者成为跨境次区域合作的重要推动力量。竺彩华和韩剑夫（2015）详细梳理了“一带一路”沿线的 FTA 现状（包括数量、内容、对象三个方面）及中国与相关经济体的 FTA 情况，并分析了中国推进“一带一路”FTA 建设进程中所面临的机遇与挑战，提出了建设“一带一路”FTA 的理想路径，即先逐步建成立足东亚、辐射“一带一路”区域、面向全球的高标准自贸区网络，最终建成“一带一路”FTA。李向阳（2014）研究了21世纪“海上丝绸之路”的多元化合作机制问题，认为与其他区域贸易协定相比，21世纪“海上丝绸之路”的一个突出特征是合作机制的多元化，落实到具体区域，这种多元化体现为：东北亚地区应该成为“21世纪海上丝绸之路”的起点，以推动中蒙俄朝韩次区域合作为主攻方向；中国沿海地区应以两岸四地之间的区域经济合作框架为核心；在东南亚地区以打造中国东盟自贸区的升级版为基础；在南亚地区，以正在构建的孟中印缅经济走廊与中巴经济走廊为突破口；延伸到西亚地区，应加快中国—海湾阿拉伯国家合作委员会自贸区的谈判进程。李董林和张应武（2016）认为，自由贸易协定作为推动当今区域经济合作的主要制度载体已得到普遍认可，应成为建设中国“一带一路”合作倡议的重要方式，基于贸易结合度指数和双边贸易情况分析的实证结果并综合其他因素分析表明，中国应优先选择东亚的蒙古国，南亚的印度、尼泊尔、斯里兰卡、马尔代夫，中亚和东欧的俄罗斯、欧亚经济联盟，西亚的海湾阿拉伯国家合作委员会，北非的埃及作为各个区域内自由贸易协定优先合作伙伴，形成各个区域内的战略支点，并以“点”带“面”全面推进“一带一路”合作倡议的发展。冯宗宪和李刚（2015）分析了“一带一路”沿线存在的主要区域合作机制及其类型的演化，重点对中国在“丝绸之路经济带”紧邻段的中亚和俄罗斯的区域经济合作机制进行讨论，并分别从经济学角度对“丝绸之路经济带”的互联互通、贸易便利化以及21世纪“海上丝绸之路”的自贸区合作进行了深入研究，然后提出了中国与“一带一路”周边进行区域合作的路径。罗清和等（2016）分析了“一带一路”倡议与中国自由贸易区的相互联系，提出中国自由贸易区对接“一带一路”倡议的实施路径。孙久文和顾梦琛（2015）分析了“一带一路”背景下国际区域合作的现实和理论基础，探讨了“一带一路”倡议的国际区域合作特征、区域间经济增长与发展相互作用的机制，提出主导跨国产业链分工、推进沿线城市与城市群的发展、创新国际区域合作模式以及促进广泛的互联互通是中国顺利推进“一带一路”建设的国际区域合作重点方向。岳焱和应益荣（2016）认为“一带一路”倡议有助于推动区域经济一体化的发展，“一带一路”倡议的实施为人民币国际化创造了新的机会，它建立了一个金融服务网络，并形成了一系列区域金融合作机制。

2.3 文献评述

综上所述，国内外围绕着产业升级、对外直接投资以及对外直接投资与产业升级的关系进行了丰富的理论和实证研究，其研究角度的多样性、研究方法的系统性和研究结论的全面性为本课题研究提供了丰富的理论基础、经验证据和数据支撑。但具体到我国对外直接投资与产业升级关系，现有研究也存在不足，这主要表现在：①从研究的对象和内容看，现有研究主要集中于中国对全球国家或者对发达国家、欧盟、东盟等的对外直接投资与国内产业升级的关系。近年来，虽然越来越多的国内学者开始针对中国对“一带一路”沿线国家的直接投资与国内产业升级的关系进行研究，但基本上都是相关性研究，主要是“一带一路”倡议对我国对外直接投资所带来的影响极其策略性的定性分析和案例研究，鲜有“一带一路”背景下我国对外直接与产业升级关系的直接研究。②现有的理论研究多是从投资区位、投资行业、投资动机、投资模式等角度理论分析对外直接投资对国内产业升级的影响机理和机制，少有从区域经济合作的角度研究中国对外直接投资对国内产业升级的影响。

基于以上现有研究的不足，本书拟选取中国对“一带一路”沿线国家的对外直接投资与国内产业升级的关系进行系统研究，从理论上基于区域经济合作的视角分析对外直接投资影响国内产业升级传导机制和作用机理，实证分析中国对“一带一路”沿线国家对外直接投资的国内产业升级效应及，并对“一带一路”背景下利用对外直接投资促进国内产业升级提出系统性的对策和建议。

第 3 章

对外直接投资的母国产业升级效应：基于区域经济合作视角的分析

本章首先从微观和宏观两大维度分析对外直接投资影响母国产业升级的作用机理，然后具体分析区域经济合作对国际直接投资和产业发展的影响，在此基础上构建基于区域经济合作视角下对外直接投资影响母国产业升级的理论框架，并据此分析中国“一带一路”的区域合作性质、特征及其影响对外直接投资的母国产业升级效应的路径。

3.1 对外直接投资影响母国产业升级的作用机理

根据已有的研究成果，我们从微观和宏观两个维度分析对外直接投资影响母国产业升级的作用机理。

3.1.1 微观层面的作用机理

从微观层面上看，不同的投资动机、不同的投资方式下，企业对外直接投资作用于国内产业升级的过程和路径常常存在明显差异。

1. 基于对外直接投资不同投资动机下的作用机理

对外直接投资具有不同的动机（Dunning，1993），不同动机的对外直接投资对产业结构升级的影响机制不同。

第一，资源寻求型对外直接投资促进产业升级的作用机理。资源寻求型对外直接投资是企业为了获得所需关键性自然资源的有保证供应或有利价格条件的供应而进行的对外投资活动，其投资对象包括以矿产资源为代表的原材料与农产品等物质资源、廉价的非熟练劳动力资源、技术管理营销经验等，在资源丰富的国家投资建立子公司或附属企业，这类投资的区位选择通常取决于自然资源的可得性和成本以及非熟练劳动力的供应情况（Dunning，1993）。此类对外直接投资多产生于一国快速工业化阶段。由于工业化阶段，尤其是重工业的发展需要大量的工业生产原材料、资金和劳动力投入，国内资源储量和开采量难以满足迅猛增长的资源需求。因此，在快速工业化阶段，一国往往会形成巨大的资源缺口。对资源缺口的弥补可以通过资源进口得以解决，但过高的资源贸易依存度不仅使一国更易受到国际市场资源价格波动的影响，还会影响国内相关产业的发展，更为重要的是基础资源的供给关系到国家发展战略，从国家安全角度出发创造更为稳定的资源供给环境至关重要。此外，一些重要资源的进口面临困难。就中国经济运行实践而言，从1993年起，中国多种自然资源，如石油、铜和铁矿石需要从国外进口以满足国内大量需求，尤其是对石油进口的依赖度与日俱增，到21世纪初期中国的石油进口依赖度已达到60%以上①。因此，通过资源寻求型对外直接投资，一方面，可以打破资源短缺的限制，降低国内经济发展对进口资源的依赖度，积极进行国际资源合作与开发，提高国内资源利用水平，促进国内能源消费结构改善，加快新能源的开发和利用，促进自主创新和技术研发，进一步提高国内产业结构层次，使国内一些因资源短缺而无法发展的瓶颈产业得到发展，产业结构更加优化，推动国内产业升级；另一方面，资源寻求型对外直接投资通过发挥出口带动效应可以有效带动国内上游资源开采设备的出口，并促进下游工业制成品产业规模的扩大，从而提升整个行业的规模经济效应，促进国内产业升级。

第二，市场寻求型对外直接投资促进产业升级的作用机理。市场寻求型对外直接投资是企业出于对国外市场规模与成长性的乐观预期，为了有效供应东道国当地或所在区域市场，以及稳定与扩大东道国市场，在国外投资建立的生产制造、产品分销或售后服务子公司。这类投资主要取决于企业所面临的国外市场的规模和性质、相对生产成本等因素（Dunning，1993）。市场寻求型对外直接投资企业一般在国内市场趋于饱和、产能出现过剩的状况下具有较强的拓展市场的动力。同时，由于受到贸易与非贸

---

① 杨海恩：《中国石油企业对外直接投资研究》，武汉大学博士学位论文，2013年。

易壁垒的限制，这类企业更倾向于通过对外直接投资绕过贸易壁垒，进而达到进入、拓展国际市场的目的。中国自2001年加入世界贸易组织以来，出口贸易迅速扩展，从而带来国内制造业产能的快速扩张。但由于国内需求增长速度远远落后于供给增长速度，同时中国受到了来自越来越多国家的反倾销、反补贴起诉和调查，严重影响了中国出口增长，国内大量的产能难以有效利用。基于这一现实，首先，市场寻求型对外直接投资企业通过对外直接投资可以绕过贸易壁垒，在东道国直接实现生产和销售，获得更大的发展空间，保证适当的利润率，为企业进行传统产业、产品的改造和新产业、新设备、新产品的引进提供资金保障；其次，市场寻求型对外直接投资有利于企业更好地了解世界市场，掌握最新需求信息，并根据国际市场需求调整国内生产，在“干中学”的过程中弥补当前产业结构中的不足，从而刺激产业结构的逐步优化，促进产业升级；最后，随着中国经济的发展，某些传统产业，如纺织、食品、轻工等已经进入产品生命周期的后期，国内市场相对饱和，潜在需求不足，通过对外直接投资将这类传统产业转移到国外，国内企业可以获取更多的资源和发展空间，从事高新技术产品的研发和生产，促进高新技术产业发展，从而带动产业结构调整，实现产业升级。

市场寻求型对外直接投资在促进母国产业升级方面的案例在欧美国家非常典型。以美国为例，从20世纪50年代开始，美国为了占领和扩大海外市场，对欧洲和加拿大制造业中的缝纫机、电冰箱、电子和统计机器、电信设备、小汽车等行业进行市场开拓型对外直接投资。到1963年，美国厂商占法国缝纫机销售额的70%，会计用机器的75%，电子和统计机器的43%，电信设备的42%，电冰箱的25%，计算机的75%；占英国小汽车的50%以上，计算机的40%以上，石油炼制产品的40%以上，电冰箱的33%~50%；占联邦德国石油的38%，计算机的84%；到1967年，加拿大石油和天然气工业的82%，汽车工业的90%，橡胶工业的83%，化学工业的59%，均被美国企业所控制。而与之相对应的，是美国国内的制造业加工水平大幅提升①。德国在20世纪70年代中期以后通过对外直接投资的方式，将普通钢的炼钢设施迁往拉美和非洲，就地生产与销售钢材，扩大了国际市场的份额。此外，为了规避日美彩电与汽车贸易摩擦，日本的彩电生产企业与丰田、日产、本田、马自达、三菱、富士重工等汽

① 陈继勇：《美国对外直接投资研究》，武汉大学出版社1993年版，第64~65页。

车公司分别在20世纪70年代后期与80年代初期，通过对外直接投资的方式在美国进行投资生产；80年代中后期，韩国的金星公司在土耳其和英国的微波炉行业投资、三星公司在葡萄牙和英国的收音机、微波炉行业投资，大宇在法国和英国投资等，也是出于类似的目的。

第三，效率寻求型对外直接投资促进产业升级的作用机理。效率寻求型对外直接投资是指企业为改善或提高生产效率所进行的投资。这种投资一般呈连续性，企业通过在海外建立子公司实现跨国界的纵向一体化或横向一体化，依托国际化的资源和分工，在全球重组生产、销售以及服务等环节，以实现规模经济、范围经济和协同效应的效益。这与东道国廉价资源、低投融资成本和优惠政策等条件相关，这些因素可带动企业生产效率的提升。邓宁也提出，该类型的对外直接投资多出现于资源寻求型和市场寻求型对外直接投资之后，是企业为了提高现有国内外生产要素投入组合的效率而在全球范围内进行劳动和专业化的重新划分，进而实现跨国界的横向一体化或垂直一体化，以获得规模经济或范围经济的效益（Dunning，1993）。效率寻求型对外直接投资的主要特征是：一国国内劳动力、土地等要素成本快速上升，所在产业面临竞争力快速消失的困境。在这种情况下，通过将企业从不具有成本优势的国家或地区转移到劳动力、土地成本更低的地方，效率寻求型对外直接投资得以有效降低生产成本，增强竞争力。

效率寻求型对外直接投资在促进母国产业生产效率提高方面也不乏典型案例。仍以美国为例。20世纪60年代，美国国内劳动力成本上升，劳动密集型的半导体行业企业纷纷在香港地区（1961）、韩国（1964）、中国台湾（1965）、墨西哥（1967）、新加坡（1968）、马来西亚（1972）、印度尼西亚、泰国、菲律宾（70年代中后期）设立装配线，将装配环节移至国外。这使企业支付给员工的每小时工资及福利费用从国内的8.76美元降至发展地区子公司的1.74美元。与此类似，德国从20世纪60年代末开始将附加值较低的劳动密集型和资源密集型产业转移到新兴工业化国家和地区（如“亚洲四小龙”等）；日本从20世纪80年代开始将电子、汽车等组装加工企业快速向欧美和东亚转移。通过效率寻求型对外直接投资，美国、日本和欧洲等发达国家开始发展知识密集型产业，新兴工业化国家和地区则发展技术密集型产业，这就使得各国国内的要素生产率得以大幅提高。

对于中国而言，目前效率寻求型对外直接投资并不是中国对外直接投资的主要类型，究其原因，主要在于中国的大国特征和地域发展的不平衡性[①]。丧失比较优势的企业可以通过将生产环节转移到国内生产成本更低的中西部地区而延长产品的生命周期。此外，较之周边发展中国家，中国的人力资本更丰富。虽然近年来中国劳动力成本快速上升，但总体而言，中国劳动力及其他生产成本仍具吸引力。不过，从机制上分析，效率寻求型对外直接投资转移国内不具优势的产业和企业，有助于集中国内有限资源和整合多种要素，促进更具竞争力产品的研发和生产，带动重要产业的发展，进而助推产业结构调整，实现产业升级。

第四，战略资产寻求型对外直接投资促进产业升级的作用机理。战略资产寻求型对外直接投资是企业通过投资建立子公司的方式，获得国外的关键性要素或无形资产，以保持或加强本自身主体的竞争力，或者削弱竞争对数的竞争地位（Dunning，1993）。战略资产一般包括先进技术、渠道资产、顾客资产和市场信息资产等。战略资产寻求型对外直接投资主要通过以下三种途径促进母国的产业升级：一是竞争效应，即战略资产寻求型对外直接投资可以在一定程度上打破发达国家技术和渠道的垄断，有利于提升自身竞争力，以更低的价格提供更好的服务。同时，战略资产寻求型对外直接投资企业迅速形成的竞争力由于传递效应将加剧国内同行业产品的竞争程度，促进整个行业的技术进步和生产效率的提升，以实现产业结构层次的高级化。二是示范效应，即战略资产寻求型对外直接投资企业在提升自身技术和管理经验的同时，也会对同行业企业起到示范作用，有利于同行业企业的观察、模仿和再创新。此外，通过获得更多的市场信息资产，尤其是对国外消费理念的认识有助于研发更符合国际市场需求的产品，这也对国内消费形成示范效应，可提升国内消费者的消费理念和层次，进而形成推动产业结构升级的需求动力。三是利润保证。通过提升企业核心竞争力，有助于企业获得更多利润，从而为核心技术的研发、国内技术进步与创新、新兴产业的发展提供资金保障。

战略资产寻求型对外直接投资多发生在大型跨国公司的境外投资活动中，例如，20世纪90年代以来，韩国的三星、LG、现代等公司在美国的跨国研发和并购活动，迅速提升了韩国在高清晰度电视、光学半导体、通信、计算机硬盘、非储存半导体等高技术和高附加值产品领域内的技术水准。马来西亚IT产业的公司 Ingenuity Solutions 在对国外研发投资时，已

---

① 尹忠明、李东坤：《中国对外直接投资对国内产业升级的作用机理——基于不同投资动机的探讨》，载《北方民族大学学报（哲学社会科学版）》2015年第1期。

将美国等发达国家的知识基础作为目标，墨西哥的Bionova公司于1996年收购了美国的DNA工业技术公司，新加坡的Cordlife公司于2004年收购了美国的Cytomatrix公司，在这一过程中，投资国的母公司都从中获得了相应的技术与专利，支持了国内企业的高技术化进程（UNCTAD，2005）。

值得注意的是，发展中国家企业的战略资产寻求型对外直接投资活动也越来越多，由于在所有战略资产中获取国外的先进技术尤其是核心技术最为关键，许多发展中国家企业采取逆向投资方式到发达国家去投资建厂，以通过技术引进的方式使国内企业获得技术进步。根据2006年联合国贸易发展委员会对中国对外直接投资的抽样调查，战略资产寻求是中国企业跨国经营的重要动机。

第五，技术寻求型对外直接投资促进产业升级的作用机理。技术获取型直接投资是战略资产寻求型直接投资的一种，它除了具有战略资产寻求型对外直接投资促进产业升级的一般传递途径外，还通过以下三种途径促进母国产业升级。

第一种途径是逆向技术溢出效应。当发展中国家对发达国家的直接投资带有“技术获取型”动机时（Cantwell and Tolentino，1990），发展中国家的对外直接投资很有可能产生逆向技术溢出效应（Chen et al.，2012）。这种逆向技术溢出效应的实现机制具体表现在四个方面①：一是“R&D费用分摊机制”，即通过海外投资刺激东道国政府或企业分摊部分研发费用，由此使母国企业腾出部分资源用于核心项目的研究与开发。这种费用分摊的机理包括两个方面，一方面是利用东道国企业研发要素分摊母公司的研发成本，这在研发资源导向型投资者中表现得尤为突出；另一方面是利用因市场扩大而增加的产品规模降低单位产品研发费用，这在跨国公司中表现得尤为突出。二是“研发成果反馈机制”，即通过海外子公司研发形成的新技术反馈母公司，由此对投资母国技术产生影响。几乎所有研究都显示，跨国公司海外子公司研发活动不仅对母公司具有技术反馈效应，而且对同一公司其他子公司的技术也有溢出效应。三是“逆向技术转移机制”，即通过对技术先进国（一般为发达国家）的直接投资获得逆向技术转移。这一机制通常与企业并购联系在一起。通过并购或与东道国竞争对手的联合开发等途径，不仅可望掌握新技术发展动向，而且可望将先进技术反馈回国，加速逆向技术转移，进而促进母国技术进步。四是“外围研发剥离

① 赵伟、古广东、何元庆：《外向FDI与中国技术进步：机理分析与尝试性实证》，载《管理世界》2006年第7期。

机制”，即企业通过对外直接投资剥离外围技术研发并配置到海外机构，从而使母公司集中财力于核心 R&D 项目，增强母公司核心技术创新能力。这一机制与第一种机制具有异曲同工作用。通过这四种实现机制，发展中国家企业在技术先进的发达国家进行直接投资设立子公司或兼并当地企业，可以打破技术先进国的垄断，更直接地获取最核心、最先进的生产技术以及知识溢出，使子公司科研人员创新能力得以提高，子公司技术水平上升，企业间人才、知识和技术流动将子公司获取的先进技术反馈到母国总公司并加以改造和利用，进一步促进母国公司技术进步，提高母国公司生产率，带动母国公司行业地位上升，竞争和示范效应又促使母国行业内其他企业的技术进步，进而促进母国行业技术进步，促进母国产业结构升级。

第二种途径是利润汇回。对外直接投资企业通过利润汇回使母国有充足的资金用于核心技术的研发，能够推动国内技术进步与创新，促进新兴产业的发展并最终实现产业升级。

第三种途径是引进海外消费模式。一国企业到发达国家直接投资，不仅能够引进先进技术，同时还可以引进国外超前的消费理念，逐步改变国内的消费模式，增加国内消费者对高科技产品的需求，促进新兴产业成长，逐步实现产业升级。

2. 基于对外直接投资不同投资方式下的作用机理

研究显示，投资方式的不同，企业对外直接投资作用于母国产业升级的机理也有差异。下面从对外直接投资促进母国技术进步进而推动产业升级的角度，分析一国企业新建投资、跨国并购、跨国研发等三种投资方式下对母国产业升级的作用机理。

第一，企业新建投资作用于母国产业升级的机理。在一国企业采取绿地投资方式进入东道国技术、研发等资源密集地区的情况下，对外直接投资通过要素获取、转移和国内吸纳等三个阶段推动国内产业结构升级。首先，一国对外直接投资企业的海外子公司凭借靠近发达东道国技术等资源密集带的优越地理区位，能够在技术交流和技术获取方面先行一步，通过东道国内高新技术弥漫的广阔平台，有序开展与东道国本土技术密集型企业的交流与互动，如开展企业之间的产品技术研讨会、专家咨询会以及生产经营等方面的交流会，这些活动将有效促进企业之间在技术研发、创新和使用等方面的互动和交流，拓展子公司的技术视野，逐步掌握前沿技术的各项要点，为本公司新技术的开发做好准备。在明确技术发展方向的前提下，子公司着手从两个方面展开技术研发：一是模仿与复制东道国的先进技术，二是展开对领先技术的外围技术剥离活动，挖掘其内部核心元素，继而为本企业的技术研发奠定技术方面的基础。至此，东道国子公司通过企业之间的互动获取了东道国先进的技术研发理念和要素资源，提升了研发创新能力，革新了技术研发理念；在技术等要素跨国转移阶段，国内母公司对海外子公司存有经营、管理等方面的控制权，母公司与子公司之间通过各自派遣工作人员的形式加快了公司内部的跨国人员流动，作为技术资源、研发思想国际转移的载体促进了研发收益的逆向反馈，从而将国外先进的技术要素传导至国内母公司；技术吸纳阶段，母公司对外部获取的先进技术展开进一步的研发探索工作，通过技术研发专家咨询会、培训会以及国内外企业经验交流会等形式提升对前沿技术理念的认知和理解，并有序地组织内部研发人员开展针对先进技术的研发和创新活动，结合本国的技术发展和研发能力现状、产品需求结构以及经济发展程度等因素开发出相对领先的技术，带动本企业技术等级的提升。

第二，企业跨国并购作用于母国产业升级的机理。与绿地投资方式相类似，跨国并购投资方式也将通过技术获取、技术转移以及技术吸纳等三个阶段积极带动国内母公司技术水平提高，进而为产业技术水平提升和结构升级提供技术基础和研发能力保障。首先，技术获取阶段。与绿地投资方式不同，跨国并购企业通过购入被并购企业的全部资产或股权成功进入东道国市场，被并购企业的内部员工、管理机制以及领导岗位等企业要素变动不大，由此其对东道国政治、经济、文化以及其他方面的熟悉程度和融入、适应程度要明显高于绿地投资企业，可以较快地开展技术获取行为。一国企业通过开展跨国并购获得了被并购企业内部的先进技术、专利资源和研发人员，通过派遣母国研发人员进入被并购企业的研发组织能够促进人员之间的交流和沟通，加快领先技术的全方位外溢，一些前沿的研发构想和理念在研发工作人员的日常探讨和交流过程中得到深入、细致的尝试和探索，逐渐形成研发资源的共享和溢出，从而使母国相关人员在研发视野、思想意识以及创新思维等方面产生深刻变化，在获取被并购企业专利、技术资源的同时也提升了母国研发人员的研发能力和创新素质。其次，技术逆向转移阶段。并购企业通过公司内部渠道以跨国研发和工作人员及产品流动的方式将获取的技术要素、研发思想以及领先的产品反馈至国内企业。最后，技术吸纳阶段。国内企业通过内部研发人员的技术分解、提炼以及复制、模仿等工序对先进技术的外围层面进行探索，并逐步过渡到先进技术的核心环节，经过长期技术积累和研发思想的转变，逐渐实现对先进技术中心研发环节的获知和吸收，进一步将技术理念本土化，提升企业的技术层级和研发能力。

第三，企业跨国联合研发作用于母国产业升级的机理。联合研发是指技术相对落后方通过与发达东道国地区的科研院所、企业研发部门以及高校等机构合作创立研发中心，继而展开产品、生产技术等项目的联合研发活动的跨国合作行为。如今，生产资源的跨国转移行为日趋活跃，对外直接投资作为重要的要素国际流动载体在促进生产要素全球共享和优化配置等方面扮演着不可替代的角色。与绿地投资和跨国并购等对外直接投资进入方式相比，联合研究路径具备自身特有的优势。首先，从先进技术的获取方式来看，建立合作研发中心为技术落后国企业实现技术获取和技术赶超创造了良好的机遇，使这些企业能够更为直接地、广泛地和深入地融入发达东道国全球领先的技术研发过程，进一步拓展本国相关研发工作人员的视野、知识结构乃至研发思想，如果说国际并购和绿地投资路径实现的技术互动和获取是间接的话，那么联合研发途径将引致直接的且有针对性的技术资源获取行为，这对于像我国这样的研发能力和技术水平有待提升的发展中国家来讲具有重大现实和战略意义；其次，从技术外溢深度和范围来看，由于在研发中心内部两国研发工作人员时常就技术突破、技术改进以及技术分解等核心话题展开摸索和研讨，由此形成良好的研发、创新氛围，有助于技术要素的深度和全面外溢，从而为技术落后一方提供了千载难逢的技术资源获取良机。

与绿地投资和跨国并购等路径相类似，联合研发作用于母国产业升级也经过技术获取、技术转移和国内技术吸纳三个阶段。在技术获取阶段，通过与东道国企业合作建立研发中心，母国投资企业进一步拉近了与世界领先企业的距离，接近了先进技术资源的研发密集区，凭借在产品、技术等方面的合作研发活动，母国企业更深入、更广泛地融入东道国的整个研发链条中，并在以下四个方面促进先进技术的获取。一是研发要素吸纳。在与东道国研发人员的合作过程中，研发理念的传递、领先技术资源的共享以及技术外溢效应的释放推动了母国企业对东道国研发要素的吸纳，使这些资源融合到母国企业的生产、经营和管理等各个方面。二是研发人员的培育和研发费用的分摊。受限于高昂的研发费用和匮乏的高素质研发人员，母国企业在技术研发方面存在基础性不足，而合作研发中心的成立则较好地解决了这些问题，东道国相关企业的加入能够在一定程度上分摊部分研发费用，同时提供高素质的研发人才并协助母国企业开展人才培养工作，以此缓解母国企业的不利研发局面。三是理念逆向反馈。在合作研发过程中，两国研发人员不可避免会对一些具体环节问题持有不同的看法和意见并形成研发理念的反馈，这样在研发人员的不断讨论和互动中新的想法和理念将逐步产生，促进了母国研发人员研发思想的革新和先进研发要素的获取与消化。至此母国企业获取并逐步消化了东道国先进的技术研发理念和要素资源。在技术转移阶段，与绿色投资和跨国并购不同，联合研发路径的技术转移阶段略显滞后。由于母国研发企业不具有独立转移和扩散先进技术的权利，因此该途径的技术转移是分阶段逐步进行的。在初期阶段，研发人员的培养工作还在进行中，此时母国企业开始着手将国内富有潜力的研发人员选派至东道国并加以培养，同时准备将东道国富有研发经验和先进理念的本土员工派遣至母国内；中后期阶段，经过两国之间在人员选派等方面的互动行为，母国企业通过国际人员流动将在东道国获取的研发资源转移至国内企业，实现领先研发要素的国际转移；在国内技术吸收阶段，面对来自东道国的先进技术理念和研发资源，国内企业开展技术剖析、技术突破等高端研发工作，组织内部员工进行技术培训，提高对前沿技术的认知度，同时开展对新研制技术的操作和实验，提升对领先技术的掌握和运用程度，从而有效带动国内投资企业研发能力的提升和技术进步。

3.1.2　宏观层面的作用机理

从宏观层面看，对外直接投资主要通过其产生的产业转移效应、产业关联效应和产业竞争效应等途径不同程度地促进母国产业升级。

1. 传统边际产业和过剩产业的转移效应

一国产业结构的调整和升级的过程也是生产要素不断重新组合和配置的过程，在这个过程中会导致不同产业在国民经济中的比例和结构发生变化，使一些新兴产业出现，一些传统产业逐步退出。但是，在传统产业退出时会遇到壁垒，这些壁垒主要来自生产设备及人力资本的专用性和沉淀性。同时，由于工业化和历史的原因，制造业大国很容易将大量资金投入某些行业从而导致产能过剩，这些过剩产能受不同国情、国际环境和历史阶段的影响，有的属于一国内没有发展优势的传统边际产业，有的属于一国内仍具有发展优势的产业。产能过剩会引发一国市场恶性竞争、经济效益难以提高、企业倒闭、开工不足、人员失业和银行不良资产剧增等一系列问题①。这些过剩产能不但影响了一国的宏观经济运行，而且由于占用大量资源而影响其他产业的发展，所以面临着如何化解甚至是淘汰和退出的问题。在这种情况下，通过对外直接投资将本国已经或濒临丧失比较优势的传统产业和过剩产能向其他国家和地区转移②，将通过以下途径推动国内产业升级：一是向国外转移传统产业和过剩产能将释放出大量沉淀生产要素和稀缺生产要素，促进资源向国内具有竞争优势的产业和新兴产业转移，有利于这些产业的发展；二是通过对外直接投资将获取较高的海外投资收益，这部分投资收益汇回国内投入技术革新和研发，可以支持相关产业的发展；三是向技术先进、研发能力突出和人力资本充裕的发达国家或地区进行直接投资，可以更直接、快捷地学习东道国的先进技术和管理方法，这使得对外直接投资的外溢效应和国内不同地区的产业协调效应得以释放，进而带动不发达地区形成产业层次，促进国内产业整体发展和结构调整，从而为产业结构升级创造了良好的条件；四是通过对部分发达国家的直接投资引进外国的消费理念和消费模式，引导国内消费者对高新技术产品产生需求，从而促进国内部分新兴产业的发展。

围绕着传统边际产业的对外直接投资转移，根据赤松要的“雁形模式”理论，经济学家们解释了 20 世纪 60 年代东亚经济的腾飞。20 世纪 60 年代，日本通过将国内一些劳动密集型的产业如纺织业、食品加工业等转移到韩国、新加坡、中国香港等国家和地区，不仅促进了这些新兴工业化经济体的发展，日本国内的产业结构也得到优化和升级。第二波产业转移浪潮是新兴工业化经济体将境内成熟产业转移到中国东南沿海地区和一些东盟国家。例如，20 世纪 80 年代，大批劳动密集型产业从中国香港转移到内地，无以数计的资源和劳动力从传统制造业流向服务业部门，升

① 林毅夫、巫和懋、邢亦青：《“潮涌现象”与产能过剩的形成机制》，载《经济研究》2010 年第 10 期。

② 从产业转移方向和产业间发展程度差异的角度来划分，可以将产业转移具体分为顺梯度转移与逆梯度转移。产业间的顺梯度转移指将比较劣势产业由相对发达的国家或地区转移至相对落后但转移产业在当地仍具备发展潜力和存在意义的国家或地区，由此获取廉价的劳动力资源和转移落后产能，实现产业要素的释放和优化配置成为顺梯度产业间转移的主要动机。与此不同，产业间的逆梯度转移指由不发达国家或地区面向发达国家或地区的产业转移行为，这种产业间的转移行为往往是为了获取先进的技术资源或拓展已有市场规模等目的而展开，是连接经济发展程度不同的国家和地区的重要手段。

级了整个香港地区的产业结构。根据香港劳工局的统计数据，1987～1992年，香港地区的制造业部门大约减少了40万个工作岗位，而服务业部门新创造了约45万个工作岗位。即使是保留在香港地区的母公司，也实现了价值链的升级，从低端制造升级到产品的设计、开发和营销①。

20世纪60年代东亚经济的腾飞说明，借助于对外直接投资进行产业转移能够推动投资国的国内产业升级，而且国际产业转移是化解产能过剩的一个最为有效的手段，这不仅是发达经济体消化过剩产能的共性规律，也是经济全球化过程中的重要组成部分②。工业革命以来，世界经历的多次产业转移也是发达国家过剩产能消化的过程③。这些国家通过对外直接投资进行的过剩产能转移有效地促进了本国的产业升级。具体而言：①在第一次产业革命时期，英国发生了纺纱机、蒸汽机等一系列重大技术发明。随着对殖民地的出口迅速扩大，英国除呢绒以外的制造业产品对殖民地的出口增长达200%以上。1752～1754年，美洲吸收了英国所有国内制造产品出口的25%，除呢绒以外的制造业产品出口的50%。19世纪30～40年代英国完成工业革命，到1860年前后，英国工业发展达到高峰，国内外贸易迅速扩大，成为当时的“世界工厂”和最大殖民帝国。随着英国产业高度发展，国内产业成本逐渐升高，市场容量矛盾日益突出，从19世纪下半叶开始，英国逐渐对外进行产业转移，开启了第一次国际性产业转移浪潮。随着产业转移，其国内产业得到升级，经过半个世纪的发展，传统产业所提供就业岗位和占GDP的比重均不断减少，劳动力就业结构和经济产业结构实现了从工业化向非工业化转变。尤其是金融业得到极大的发展，到19世纪，英国金融发达程度领先世界，其重点集中在银行、保险和债券市场。欧洲一些国家的储蓄大量流入英国，使英国逐步成为世界金融业霸主。②20世纪50年代，美国在第三次科技革命的大背景下对其国内的产业结构进行了重大调整，开始将钢铁、纺织等传统产业通过大规模对外直接投资的方式向日本、联邦德国等国转移，国内集中力量发展半导体、通信、电子计算机等新兴技术密集型产业。美国这次的产业转移不是产业的互补，而是产业之间的替代，是传统产业为新产业的发

---

① 陈琳、朱明瑞：《对外直接投资对中国产业结构升级的实证研究：基于产业间和产业内升级的检验》，载《当代经济科学》2015年第6期。

② 刘建江、罗双成、凌四立：《化解产能过剩的国际经验及启示》，载《经济纵横》2015年第6期。

③ 董小君：《通过国际转移化解过剩产能：全球五次浪潮、两种模式及中国探索》，载《经济研究参考》2014年第55期。

展让路。通过传统产业转移，美国的国内产业得到了升级，半导体、通信、电子计算机等新兴产业得以快速发展，并在国际竞争中占据主导地位。（3）20世纪60～70年代，德国产业通过两次大规模转移，国内产业得到了两轮“废旧建新”的重构①。第一轮“废旧建新”的重构发生在20世纪60年代初。20世纪60年代，科技革命推动发达国家加快产业升级的步伐，经过一段高速发展阶段，联邦德国劳动力成本大幅度提高，为了减轻成本压力，联邦德国开始集中力量发展钢铁、化工和汽车等资本密集型产业以及电子、航空航天和生物医疗等技术密集型产业，而把劳动密集型产业尤其是轻纺工业大量向外转移。第二轮“废旧建新”的重构发生在20世纪70年代中期。两次石油危机和两次世界经济危机加速了德国将能耗高、原料需求量大、污染环境的“重、厚、长、大”的部分资本密集型产业（钢铁、造船和化工等重化工业以及汽车、家电等）转移到发展中国家去，以便在国内发展微电子、新能源、新材料等高附加值、低能耗的“技术密集型”和“知识密集型”产业。经过两轮的产业大规模对外转移，一方面，被转移产业的生命周期得以在海外延续，创造了大量的海外投资收益；另一方面，德国国内的产业得以顺利升级。（4）20世纪80～90年代，美国、日本、德国、“亚洲四小龙”又发起了一次大规模的对外产业转移。这次国际产业转移极大程度地受到产业模块化发展的影响。所谓模块化，就是将产业链中的每一个工序分别按照一定的模块进行调整、分割，模块各自独立运行，然后依据统一的规则与标准连接成整体。20世纪80年代，美国个人计算机行业率先开始了模块化战略经营。此后，计算机行业的模块化战略发展推动了信息产业的崛起，并很快被广泛应用于通信设备等高科技产业、汽车等传统制造业和金融等服务业。国际产业转移由此呈现一系列新的发展趋势。这一阶段，美国、日本、德国大力发展新材料、新能源等高新技术产业，将产业结构重心向高技术化、信息化和服务化方向发展，伴随全球新一轮以“信息技术为核心的高技术发展”，美国、日本和欧洲发达国家发展知识密集型产业，进一步把劳动、资本密集型产业和部分低附加值的技术密集型产业转移到海外。亚洲新兴经济体承接了美国、日本、德国等国家转移出来的重化工业和微电子等高科技产业，并且把部分失去比较优势的劳动密集型产业和一部分资本技术密集型产业转移到中国和东南亚国家，带动了这些国家经济发展和产业升级，促

---

① 值得提及的是，在20世纪60～70年代，当时的日本也出现了类似德国的对外产业转移，由于在前述东亚经济增长中已有论及，故不再涉及，在此仅仅分析德国在这一时期的情况。

进了其工业化进程。这次国际产业转移是产业结构在全球范围内的演变和升级，乃为名副其实的产业全球化。

2. 产业关联效应

产业关联最早由美国经济学家赫希曼提出①，是指一产业通过供应链的关系与其上下游产业发生的联系，赫希曼将产业之间的关系视为前后向的线性关联关系，认为一个产业的规模、技术等变化会对与其关联的产业产生线性影响，这种影响通过产业前后向关联发挥。其中，前向关联是指通过需求与其他产业部门发生的由下游到上游的联系。这一关联产生的效应是，下游产业技术的发展或市场的扩大会带动为其提供原材料、设备和技术等投入要素的上游产业的同步发展或扩展。与此类似，后向关联是指通过供给与其他产业部门发生的自上游而下游的联系。这一关联产生的效应是，上游产业的扩展及技术提升会刺激下游产业的投资乃至技术提升。

从产业变迁联系视野来看，无论前向关联还是后向关联，对外直接投资都对母国产业具有某种积极效应。客观地分析，前向关联效应传导与促使母国产业升级的机理，既有量的扩展效应，又有质的提升与竞争效应。一方面，企业对外直接投资无疑会增加所在行业海外规模，进而增加对国内上游产业产出的需求，需求增加则会刺激上游产业规模扩张和技术提升；另一方面，借助对外直接投资发展的跨国经营企业面对的是激烈的国际竞争，竞争往往促使其提高对国内上游产业投入品质量的要求，从而促使上游部门以提高产品质量为目标的技术研发和创新。这方面的典型案例既可从发达国家找到，也可从新兴市场经济体找到。前者以日本家电业为代表，大量案例显示，20世纪90年代以来，日本家电业的大量对外直接投资主要集中在低端产品及非核心部件制造与装配环节，而在其国内则保留了高端产品制造及核心部件生产。海外制造的扩张刺激了国内高端及核心部件的生产和技术创新，这方面的案例从冰箱到高清晰电视机，可谓比比皆是。新兴工业化经济体的案例也不少，但以韩国最为典型。寇伽特、章和布兰施泰特（Kogut，Chang② and Branstetter）③ 等研究显示，20世纪

---

① 赫希曼，曹征海、潘照东译：《经济发展战略》，经济科学出版社1991年版。

② B. Kogut, S. J. Chang. Technological Capability and Japanese Foreign Direct Investment in the United States [J]. Review of Economics and Statistics, 1991, 73 (3): 401 -413.

③ L. Branstetter. Are Knowledge Spillovers International or Intra-national in Scope? Microeconometric Evidence from the U. S. and Japan [J]. Journal of Inter national Economics, 2001, 53 (1): 53 -79.

80 年代初，韩国对日本等发达国家的对外直接投资促成了国内电子、钟表、运输设备、精密仪器和化工等产业的大量投资及技术引进与研发，由此实现了产业升级。其中，在企业层面上，韩国三星集团的技术提升无疑是最典型的案例。一般研究认为，这家企业在 20 世纪 80 年代初面向日本的对外直接投资促成了其国内母体企业的技术提升，提升的路径不外乎引进与自主创新。

与前向关联有所不同，后向关联效应传导与促使母国产业升级的机理主要表现为专业化效应。具体而言，一国上游产业企业的对外直接投资意味着本国可集中稀缺性资源于下游产业，主要是高技术产业，这是某种形式的产业专业化。在这方面，美国、欧洲等发达国家的案例最为典型①。这些国家的企业通过“外包”及海外设立企业等方式，将低技术的上游产业移至海外，本土企业则专业化于高端产业。专业化无疑促成了高端产业的技术提升。

因此，如果一国对那些生产链条长、有明显前后向联系、辐射效应大的产业进行对外直接投资，常常会导致国内提供要素投入和配套服务的产业发生规模扩张和技术进步，并由此引发波及效应，促进国内技术水平提高，实现产业升级。

3. 产业竞争效应

产业竞争效应可以分为产业间竞争效应和产业内竞争效应两种情况。

（1）产业间竞争效应。产业间竞争主要指的是不同产业间为获取有限的自然资源、国内消费者需求以及战略资本等资源而展开的在生产效率、产品质量以及市场份额等方面的争夺。一般而言，产业间的竞争与产业结构的演变升级相伴随，随着一国经济的不断发展和社会进步程度的提高，国内外消费者需求结构将发生显著的变化，自然资源密集型和低端的劳动力密集型初级产品的需求将逐步下降，技术和资金密集型以及高端的劳动密集型产品的国内外需要会逐渐上升，由此引致国内生产结构的变化，初级产品的生产规模日趋下滑而高级制造品的生产规模将逐步扩大，不同产业间为争夺有限资源而展开激烈的竞争，但由于技术实力、生产效率以及产品质量和需求等方面的劣势，初级的以劳动力密集型为主导的产业体系将被高级的技术密集型产业体系所取代，产业结构实现了升级换代。由此

① 赵伟、古广东、何元庆：《外向 FDI 与中国技术进步：机理分析与尝试性实证》，载《管理世界》2006 年第 7 期。

来看，产业间的竞争机制将带动国内产业结构的升级。对外直接投资所引发的产业间竞争机制体现在两个方面：即国内竞争机制和国外竞争机制。国内竞争机制方面，率先进行对外直接投资的企业为支持海外子公司的发展，母公司常常要对海外子公司给以资金、技术、人员等要素支持以及发展公司内贸易，这样，对外直接投资企业及其所在行业的发展，势必引起国内产业间争夺要素、夺取市场份额以及巩固比较优势地位的竞争，这样一来，作为国内新兴的产业，就必须着手准备两方面的工作，以维持和巩固已有位势：一是不断加强本产业的研发力度，通过提升研发能力、技术进步和提高生产效率等途径稳步夯实本产业的技术基础，为本产业竞争实力的增强增添砝码；二是在本产业产品的需求满足度和质量方面。消费者的认可度和产业市场份额是决定产业间竞争形势和结果的重要因素，为此新兴产业将不断提高本产业产品的售后服务质量和与消费者需求的契合程度，生产并销售出技术上、质量上和服务上均达到消费者要求的产品，以产业间竞争为契机有力提高自身的产业技术水平和国内竞争力。国际竞争机制方面，对外直接投资企业所面临的激烈国际竞争具有传递效应，使国内产业不仅面临着内部竞争，还时刻存在着来自外部的产业间竞争，这些产业大多数都是发展成熟、技术先进的产业类型，具备较强的国际竞争实力。在此情况下，一方面，原有产业不断加大自身技术、生产效率等方面的建设，引起竞争实力的稳步提升，同时产业要素密集度类型也将发生变化，技术要素在产业生产中的比重逐步上升，产业整体技术水平提高；另一方面，在国际产业间竞争过程中，富有发展潜质的战略性新兴产业在国家相关政策的扶持和培育下逐步崛起，带动国内产业体系的不断升级。至此，在国内产业间竞争机制和国际产业间竞争机制的引导下，产业整体国际竞争力提高，推进了国内产业的结构调整和升级。

（2）产业内竞争效应。同产业内部的企业竞争将大体产生三种积极的实现机制来推动产业升级：首先，资源优化配置机制。通过产业内的有效竞争，行业内的落后企业逐渐被驱逐出国内市场，而比较优势明显、生产技术和效率水平相对较高的同产业企业则进一步加强自身在国内市场中的优势地位和垄断能力，吸引更多、更优秀的资源汇集于企业内部，促进淘汰企业内部生产要素的释放和在产业内部的优化配置，进而为本产业的升级换代提供丰裕的要素保障。其次，研发投入强度提升机制。为了加强技术优势和在产业内部的领先地位，竞争企业将不断增加研发、创新等方面的资金投入，并聘请外部高级知识人才加入公司内部，协助开展产品技术的研发、突破和再创新活动，带动所属产业技术水平和层次的同步提升。最后，人才引进和培养机制。企业竞争实力的提升和延续必须考虑到高级人才的培育和储备。为此，企业一方面通过外部招聘手段着手引进企业外部高级研发、经营和管理人才，实现企业内部人员的新陈代谢，提升人力资本存量的质量和效率；另一方面，通过对公司内部人员的选拔和培养激发员工的工作积极性和热情，进而推动企业在生产规模、效率和技术进步等领域的全面升级，为所属产业的升级奠定基础。在上述三种效应的共同作用下，企业所属产业的要素资源优化配置程度、产品技术水平、研发能力以及生产效率等方面出现显著的提升，产业整体竞争力得到明显提高，为国内产业结构的升级创造了良好的条件。特定行业企业的对外直接投资及其国际化，不仅会加剧一个行业的国内竞争，而且会将整个行业置于国际竞争环境下。具体而言，率先实现对外直接投资进而国际化的企业，由于获得国外资源与技术等要素，容易获得行业竞争者的优势地位，由此对国内同行企业形成竞争压力，进而激发整个行业的竞争。不仅如此，率先国际化的企业本身所面对的就是国际竞争，借助国际化企业，这种竞争具有某种传递效应，即通过国际化企业的活动将国际竞争传入国内整个行业。无论国内竞争还是国际竞争，都具有行业效率提升进而产业升级的效应。这方面的典型案例要数海尔公司等家电企业国际化对中国家电业技术升级所起的作用了。家电业众多案例显示，20 世纪 90 年代中后期，海尔公司等企业率先国际化，通过国外制造引入先进技术和“绿色产品”理念，提升了其国内外竞争优势。正是这类企业的突破引发了家电业的国内竞争，同时打通了国内外竞争壁垒，带动了国内家电行业标准的提高，促进了中国家电及相关行业的产业升级。

3.2 基于区域经济合作视角的对外直接投资与母国产业升级：一个理论分析框架

3.2.1 区域经济一体化与对外直接投资

区域经济一体化对国际直接投资的影响主要是通过其静态效应和动态效应对区内投资规模和投资质量的直接和间接影响方面。

1. 区域经济一体化静态直接投资效应

区域经济一体化对区内直接投资的静态效应主要指伴随着由于相对价格的变化引起的贸易创造和贸易转移而产生的投资转移和投资创造效应。1966年，金德尔伯格（Kindleberger）基于瓦伊纳（Viner，1950）提出的关税同盟导致“贸易创造”和“贸易转移”的研究框架，首次提出区域经济一体化下的投资创造和投资转移理论①。金德尔伯格认为，发达国家跨国公司的经营战略表明，区域经济一体化的贸易流向会对国际直接投资的流向和流量产生影响，形成投资创造效应和投资转移效应。投资创造是对贸易转移的竞争性反应，由于区域内自由贸易导致贸易由低成本的外部国家转到区域内成员国，外部国家的厂商为了取得因贸易转移失去的市场而转向区域内生产，区域内直接投资流入增加。除了这种贸易替代型的直接投资增加外，区域经济一体化的制度安排也在很大程度上强化了投资创造效应。一国在加入区域经济一体化后，由于采用了一体化组织成员国一起协商制定的投资政策，各个成员国在互利基础上对外资的市场准入适当让步，使原来被拒于门外的成员国的直接投资可以自由进入其他成员国市场，对区域内成员国相互间的直接投资流入增加起到激励作用。同时，区域经济一体化意味着贸易和投资壁垒的减少、投资政策的统一，这将会极大地减少和降低投资限制和风险，增加投资政策的可预见性，从而增强了区域外跨国公司进入区域投资的信心，且区域外跨国公司通过对新成员国的直接投资还可达到产品自由进入其他成员国市场的目的，这些均会促进来自区域外直接投资流入量的增加。布朗斯特罗姆和科科（Blomstrom & Kokko，1997）通过对北北型、南北型以及南南型自由贸易区的研究，认为区域经济一体化的投资创造效应主要通过两条路径得到实现：首先，区域经济一体化协定中的相关投资便利化措施改善了投资环境，对FDI流动有直接促进作用；其次，通过在区域经济一体化内部实现贸易自由化，进而通过贸易与投资的相互作用间接促进FDI在区域内的流动②。

按照金德尔伯格的定义，区域经济一体化所产生的投资转移是对贸易创造的反映，当区域经济一体化协定导致贸易创造时，一些成员国的区域

---

① Kindleberger C P. European in Integration and International Corporation [J]. Columbia Journal of World Business, 1966, 1 (1): 65-73.

② Blomstrom M, Kokko A. Regional Integration and Foreign Direct Investment [R]. NBER Working Paper, No. 6019, Washington, D. C., 1997.

内直接投资将上升，由此引起区域内直接投资布局的调整以及区域外国家直接投资的增加，产生投资转移。这意味着，随着区域经济一体化的形成以及区域内关税和非关税等贸易壁垒的减少或消除，跨国企业服务区域内市场更为可行的进入模式可能是出口而不是在区域内生产，从而导致区域外国际直接投资增加，区域内直接投资减少。然而，已有研究发现①，由于区域经济一体化内的贸易自由度越大，意味着在一体化区域内部可以实现各种生产要素的优化配置，这对区域外各种生产要素而言具有很大的吸引力，结果出现区域外生产和投资向区域内转移规模随着区域经济一体化内部贸易自由度的提高而增加的现象。同时，区域经济一体化实践的发展说明，对于跨国公司而言，在许多情况下，采用对外直接投资而非贸易的方式服务于东道国市场更加有利可图。这是因为，在东道国市场中，当地企业对当地市场、消费者偏好及经营实践等具有更深的了解，以国际化经营为目标的跨国公司要在国外市场中与当地企业竞争，就必须拥有当地企业所没有的无形资产，如工业技术和营销渠道，以便获得竞争优势。在这种情况下，跨国公司常常通过建立国外分支机构对这些无形资产进行有效开发来实现国际经营内部化，结果导致区域内直接投资规模可能会由于贸易自由化而扩大。实践中，区域经济一体化所产生的投资转移更多地体现在区域内直接投资结构的调整方面，即：先前进入区域内的企业为了利用区域一体化后市场统一所提供的生产专业化和规模经济的机会，对该区域的生产经营活动进行重新调整和布局。这种调整的过程会引发对外直接投资在区域内的空间变化。对外直接投资的区域内空间变化首先表现为区域经济一体化造成各成员国区位优势格局发生变化，从而使投资存量（往往伴随有投资增量）向区位优势更大的成员国转移，出现直接投资集聚现象。例如，在北美自由贸易区，由于墨西哥的劳动力成本比美、加低得多，因而墨西哥在劳动密集型产业上具有更大的区位优势，美国的跨国公司纷纷调整投资存量，将有关生产企业南迁到墨西哥；1986 年葡萄牙和西班牙两国加入欧共体以后，欧共体其他成员国纷纷将劳动密集型和低技术产业转向这两个国家。这种在区域内成员国之间的投资转移有利于形成企业投资在空间的集聚，这种集聚又反过来为大规模生产提供了条件：劳动力市场的集中为区域经济的发展提供了充足的劳动力资源；大量社会经济活动在区域内部的集聚，有利于技术的扩散和信息的交换，提高了市场效

① 安虎森、李瑞林：《区域经济一体化效应和实现途径》，载《湖南社会科学》2007 年第 5 期。

率，节约了交易成本，从而产生了显著的外部特征。正是这种外部性利益的存在引起了厂商和居民的空间集中。集聚效应在提高厂商、居民资源配置效率的同时，也使资源在一定的空间范围内得到更为有效的利用。正是由于这种空间集聚效应及其产生的这种外部性，再加上区域内部投资自由化，区域内部跨国界投资障碍的减少和消除使国际投资企业首先着眼于区域内部，在区域内寻找机会，从而有助于直接投资的增加。FDI 在一体化区域内的聚集现象是显而易见的，FDI 存量越大的地区，每年新增加的 FDI 投资额也越高。其次，市场空间和容量的扩大使一体化市场比以往任何一国市场更具吸引力，这使得其他一体化集团或其他国家纷纷增加对区域一体化集团的投资，对一体化市场的投资增长快于其他地区，甚至在增加对集团市场投资的同时，减少对其他地区的投资。

2. 区域经济一体化动态直接投资效应

区域经济一体化动态直接投资效应是指随着区域经济一体化的发展，其所产生的规模经济、市场扩大、经济增长等对国际直接投资的影响。

（1）市场扩大。在区域经济一体化之前，东道国有限的市场可能会限制 FDI 尤其是市场导向型 FDI 的流入。区域经济实现一体化后，取消了贸易和投资限制，扩大了市场规模，能够承担跨国公司因新开业所支付的固定成本。使跨国公司能够得到更低的关税、更大的市场和更有效的投资环境。因此，区域经济一体化的建立不仅可以使原有跨国公司增加对区内的投资，同时还会吸引更多的新投资者。

（2）规模经济。如果各国处于封闭状态，市场分得过细且缺乏弹性，只能提供狭窄的市场，不能实现规模经济利益。区域经济一体化形成之后，各国成员国原来孤立、分割的小市场组成一个统一大市场，从而为规模经济的实现创造了条件。在短期内，企业的生产、经营资源是一定的，无法根据区域一体化内部市场规模的扩大和有效需求的提高等实际情况及时得调整其生产要素的投入和生产结构，因而无法获得规模经济收益。而在中长期，企业有充足的时间根据外部市场的这一变化情况，改变其生产要素的投入量和投入比例关系，扩大产品的生产规模，从而降低平均成本，获得规模经济效益。由此可见，规模经济本身就意味着生产要素得到更大规模的投入。这些投资可能来自本国，也可能来自其他成员国或者区域外的非成员国。而来自其他成员国或第三国的投入相当大一部分以国际直接投资的形式出现。因此，区域经济一体化可以促进由于规模经济带来的国际直接投资的增加。

（3）竞争效应。区域经济一体化使原来分割的各国市场成为一个整体，区域内制约商品、劳务、资本、人员自由流动的各种非关税壁垒消除，生产要素可以自由流动，贸易可以自由进行，区域内各成员国生产商面临空前的激烈竞争。这一方面将导致区域内市场结构、企业组织形式变化，为跨国公司实行复合一体化的经营战略提供便利，促使区域内的跨国公司采取各种形式的联合，包括兼并、合资、战略联盟、技术转让等方式进行战略重组和重新布局，从而促进区域内 FDI 流入的增加；另一方面，将促使区域内跨国公司为增强竞争力而更加重视技术研发和创新，培育竞争优势，提高生产要素的利用效率。

（4）交易成本效应和资源配置效应。在区域经济一体化没有形成之前，国家间在商品贸易上存在较高的贸易壁垒，加上相互之间对贸易、投资等活动实施管理而产生一定的行政成本，生产商也因必须了解这些烦琐的行政管理手续而产生一定的信息搜寻成本，同时还要因履行这些手续而花费一定的费用和时间。过高的交易成本必然影响跨国公司投资的利润空间和投资效率。区域经济一体化是市场一体化的过程，包括从产品市场、生产要素市场到经济政策统一的逐步演化，也就是倡导市场的交易成本降低，达到产品、生产要素的自由流动。区域经济一体化之所以能降低交易费用，其原因在于：首先，区域一体化能够消除地区内各国之间的壁垒，简化贸易层次程式，加速货物自由流通，并有利于资源跨国界流动，导致在地区内更加有效的配置。其次，区域经济一体化意味着市场规模扩大，使各成员国有更大的可能获得发挥规模经济的效果，从而降低成本，提高生产效率。最后，区域经济一体化促成各成员国研发和生产的结合，减少交易费用，使相互贸易与投资扩大①。

（5）经济增长。区域一体化的本质目标就是实现经济增长。随着区域经济一体化的发展，区域内成员国间贸易扩大，加上生产要素得以自由流动和有效利用，各成员国的经济发展水平无疑会不同程度地提高。经济增长必然伴随着对投资需求的增加和消费需求的增长，从而为国际直接投资提供更多的投资机会，增强国际直接投资的吸引力。因此可以预期，区域一体化对经济增长的影响这一动态效应会使该区域成为更能吸引国际直接投资的场所，从而引起国际直接投资的大量流入。

① 屈子力：《内生交易费用与区域经济一体化》，载《南开经济研究》2003 年第 2 期。

3.2.2　区域经济一体化与产业发展

1. 区域经济一体化的产业集聚效应

产业集聚对现代经济发展具有重要的影响。

（1）产业聚集有助于降低交易成本。在现代产业发展中，随着社会分工的日益发达，企业之间的交易频率不断增加，交易成本也就相应地成为企业生产经营过程中投入的重要组成部分。而且，作为企业间交易成本重要组成部分的区位成本，会随着企业间空间上的分散化、交易频率增加而愈发提高。因此，企业间的空间接近可以降低空间交易成本，包括运输成本、信息成本、寻找成本以及合约的谈判成本与执行成本。而在产业集聚区，意味着企业的经济活动处于相同的空间范围，地理位置的临近方便了企业的生产经营活动以及企业间的相互合作，从而大大减少了企业的搜寻、谈判、执行等成本，提高了交易效率，而且基于共同的社会文化背景和价值观的合作容易建立信誉机制和相互依赖关系，从而大大减少机会主义行为。

（2）产业聚集有助于获得外部经济。外部经济对于市场容量的影响主要体现在节约企业的生产成本，从而使得企业能够承受更多的交易成本，如运输成本，从而扩大企业能够触及的市场范围。而且外部经济具有正反馈机制，产业集聚产生的外部经济效应又会吸引更多的新的企业汇聚，从而促进集聚体的进一步发展，产生更大的外部经济。在集聚区内，产业联系较强的企业因地理接近而节省相互间物质和信息的转移费用，从而降低生产成本。通过产业的空间集聚可以实现相同部门的企业数量增加，整体规模增大，而企业规模增加可以导致劳动分工的细化，交易内部化带来交易成本的节约、购买原材料方面的规模优势，从而使得企业在生产上获得随产业集聚规模扩大所带来的报酬递增。并且，产业集聚所带来的报酬递增不会导致管理成本上涨。而且，众多企业在相关部门之间实现专业化分工以及在生产与交易过程中的密切合作可以获得外部范围经济。在一定限度内，外部规模经济和外部范围经济与企业数量的增长成正相关关系，且它们都能使单个企业的生产成本得以降低。另外，产业集聚还有利于将集聚体内企业之间的外部经济内部化，如一些公用设施的使用。分散的企业需要更多的公用设施，而企业地理位置接近降低了公用设施的投资额，并且可以由多个企业分摊，这大大降低企业的成本。

（3）产业聚集有助于创新活动的开展。一个产业在特定地区的集聚可以促进知识在同产业的不同公司间扩散，从而促进研究与开发以及创新活动[①]。在区域集聚体内，高度专业化技能和知识、机构、竞争者、相关企业及客户在地理上的集中能产生较强的知识与信息累积效应，为企业提供实现创新的重要来源和所需的物质基础。而且大量同行业企业集聚一地常使企业之间的竞争压力表面化，迫使企业利用这些优越条件积极参与创新活动，以获得市场竞争力，从而更快、更好地满足客户的需求，使公司从技术溢出中获益。

（4）产业集聚有助于产业升级。新古典贸易理论认为，产业区位由自然资源、技术、劳动力等外生资源禀赋决定，产业在具有比较优势的地区集聚。各区域根据比较优势进行分工，贸易成本的减少将引起产业集聚和地区专业化。新贸易理论通过假定规模报酬递增、差异化产品和不完全竞争，认为规模经济和市场规模效应导致产业空间集聚[②]。贸易成本的下降将提升区位优势对专业化分工的影响，并促进产业空间集聚。在以新贸易理论为基础的新经济地理模型中，产业区位完全内生化[③]。产业空间集聚取决于贸易成本与规模经济的相互作用，其中又受到劳动力空间流动的影响，在劳动力完全流动的情况下，贸易成本持续下降将导致产业进一步集聚。这说明，产业集聚的形成和发展水平受制于贸易成本、生产要素流动、市场规模等因素的状况，贸易自由化和贸易成本的降低、生产要素的便利流动、扩大的市场规模等有利于产业集聚的形成和发展。作为一种制度安排，区域经济一体化不但通过贸易壁垒的弱化和消除扩大了市场规模，而且降低了区域间要素流动的障碍，减少了要素的流动费用，降低了交易成本，拓宽了受专用性约束的生产要素的流动空间，为生产要素流动所形成的经济集聚提供了空间载体，将产业聚集形成的外部经济有效地转化为区域的内部经济。而且区域经济一体化的形成有利于分散产业集聚的风险[④]。产业集聚有以下几种风险：一是结构性风险，指企业集聚老化或

① Kenneth J. Arrow. The Economic Implication of Learning by Doing [J]. The Review of Economic Studies, 1962, 29 (3): 155-173.

② Krugman P. Scale Economies, Product Differentiation and the Pattern of Trade [J]. The American Economic Review, 1980, 70 (5): 950-959.

③ Krugman P. Increasing Returns and Economic Geography [J]. Journal of Political Economy, 1991, 99 (3): 483-499; Venables A. Equilibrium Locations of Vertically Linked Industries [J]. International Economic Review, 1996, 37 (2): 341-359.

④ 杜贵阳：《斯密定理、产业集聚与区域经济一体化》，载《世界经济与政治论坛》2005年第1期。

者衰亡对区域经济的危害，当集聚走向成熟或者衰退期，企业由于其资源高度集中于一个产业或者单一产品，可能拖垮区域经济；二是周期性风险，这种风险可能出现在集聚生命周期的任一个时期，将导致集聚所在区域的经济不稳定。而区域经济一体化一旦形成，集聚的风险不再由单个地区来承担，由于一体化形成的合力，单个地区也增强了对抗风险的能力。对于产业集聚来说，由于跨地区之间的集聚合作、效率的提高，产业集聚对抗风险的能力就进一步得以增强。

2. 区域经济一体化的产业结构效应

区域经济一体化对特定地区最突出的影响是打破封闭经济和计划经济环境下的要素低流动性，对于一体化模式下的某个地区而言，其产业结构会在经济一体化融合的过程中产生外源冲击式变化。区域经济一体化对区域内某个地区的产业经济结构影响通常是外源性的，影响地区产业结构变动的动因主要包括制度安排、区域贸易和分工、区域投资①。

制度安排对区域经济一体化的作用体现在贸易壁垒和投资壁垒的减少甚至消失。区域经济一体化有效推进和惠及成员国的经济发展，常常要求成员国遵守共同的贸易协定、投资协定，甚至一些共同的产业政策等一系列的经济制度安排。从宏观上看，这些制度安排通过各种各样的产品市场和要素市场等作用于各国的产业经济，基于比较优势的动态变化，不同的产业在成员国之间发生转移，产业结构发生动态调整。从微观上看，贸易和投资便利化的制度通过影响跨国公司行为而加深不同成员国间的产业发展偏好，随着时间的推移导致不同产业在区域经济一体化内部进行重新布局。

区域经济一体化下的自由贸易和分工实际上突破了以前局限于成员国内部的生产和交换的地理局限，打破一国经济的需求与供给原始动态均衡，进出口竞争、利益博弈等形成的更大市场使得不同国家间在经济层面形同一体，贸易绝对优势和比较优势的作用被放大，本国弱势产业因产品进口而得到增强，本国优势产业通过产品出口而消化过剩产能，同时获取较高的经济价值，广泛的国内外竞争使得产业间优胜劣汰加剧。

区域内的双向和多向投资不仅局限于金融领域，同时还伴随劳动力和技术转移。例如，在东亚经济一体化发展过程中，有“亚洲四小龙”之称

---

① 王西方、代瑞娟：《刍议区域经济一体化与产业经济结构演变》，载《商业经济研究》2016年第9期。

的新加坡、韩国、中国台湾以及中国香港在经济腾飞初期就得益于来自日本等国的FDI，这些国家和地区原始的原料出口型经济模式迅速被基于劳动力价格优势和技术转让生产优势的加工再出口型贸易模式所取代，其第一产业在国民经济中的比重迅速回落，直至稳定在较低水平。

3. 对外直接投资与母国产业升级：一个理论分析框架

通过分析可得出以下结论：一方面，区域经济一体化通过投资静态效应所体现的投资创造、投资转移和投资集聚，以及通过市场扩大、规模经济、竞争效应、交易成本和资源配置效应、经济增长等投资动态效应，增强了区域内对外直接投资的吸引力，有利于区域内对外直接投资规模的扩大和投资效率的提高；另一方面，区域经济一体化产生的产业集聚效应和产业结构调整效应，为区域内产业的升级提供了有利的外部条件和基础。对于对外直接投资和产业升级两大经济活动而言，区域经济一体化相当于为双方搭建了一个良好的衔接平台，它一方面对对外直接投资影响产业升级的传导机制和路径起到优化和提升的作用，使对外直接投资的母国产业升级的基础进一步扩大（对外直接投资规模扩大）；另一方面，区域经济一体化的产业集聚效应和产业结构效应，使其在对外直接投资和产业升级之间发挥着承上启下的作用，增强了产业升级对对外直接投资影响产业发展的吸收能力。

3.3 中国对“一带一路”沿线国家直接投资与国内产业升级：区域经济合作视角的分析

3.3.1 “一带一路”的区域合作性质

“一带一路”是指“丝绸之路经济带”和“21世纪海上丝绸之路”，是中国国家主席习近平在2013年9月和10月分别访问哈萨克斯坦和印度尼西亚时提出的。“一带”指从中国出发，经中亚、俄罗斯到达欧洲，或是经中亚、西亚至波斯湾、地中海，以及中国到东南亚、南亚、印度洋的“丝绸之路经济带”；“一路”指从中国沿海港口过南海到印度洋，延伸至欧洲，或是从中国沿海港口过南海到南太平洋的“21世纪海上丝绸之路”。从区域经济合作的视角看，中国领导人提出的“一带一路”倡议不是一个简单的自由贸易区协定，而是为适应中国内外部环境变化所要构建的一种新型区域合作机制，是新时期中国经济外交的重要平台①。柳思思（2014）认为，中国“一带一路”是一种典型的跨境次区域合作，它是运用边境区位的独特性，把边境对经济发展与合作的屏蔽作用通过政府支持、网络联系、过境需求、企业集聚等转化为中介作用，挖掘边境区位优势并以此带动跨境经济合作，将边境区由一个国家内部的“边缘区”转化为具有发展潜力的“核心区”，增进其空间可达性与辐射力达到双方或多方共赢的目标②。与传统的区域合作相比，中国“一带一路”所体现的区域合作具有以下几个重要的特征。

1. 区域合作的创新性

“一带一路”是不同发展水平、不同文化传统、不同资源禀赋、不同社会制度国家间开展平等合作，共享发展成果，实现互利共赢的一种创新性的区域合作。这种创新性体现在：

（1）合作理念创新。传统区域经济合作一般体现了在市场经济策动下的自由至上的价值理念，越来越偏离社会正义③。而“一带一路”倡议以“开放合作、市场运作”为原则，强调一方面遵守市场规律和国际通行规则，另一方面尊重各国发展道路的多样选择④。概言之，“一带一路”区域经济合作在坚持“市场运作”的同时倡导“开放合作”，相比欧盟和北美自由贸易区经济等一体化区域组织的自由化和市场开放的“入场券”，显然实现了区域经济合作的理念从“自由至上”向“开放平等”的创新。这种区域合作理念是对体现西方中心主义的传统区域经济合作苛求市场化和自由化理念的突破，直接体现“一带一路”区域经济合作的开放合作与和谐包容理念。

（2）合作模式创新。“一带一路”区域经济合作模式既不同于欧盟的合作模式，也不同于北美以及其他地区的合作模式，因为当前世界范围内已有的区域合作模式基本都呈网状和块状，而“一带一路”的合作模式为

---

① 李向阳：《论丝绸之路的多元化合作机制》，载《世界经济与政治》2014 年第 11 期。

② 柳思思：《“一带一路”：跨境次区域合作理论研究的新进路》，载《南亚研究》2014 年第 2 期。

③ 刘志云：《论全球化时代国际经济立法的公平价值取向——兼论发展中国家及我国的角色定位与战略选择》，载《法律科学》2007 年第 5 期。

④ 《推动共“建丝绸之路经济带”和“21 世纪海上丝绸之路”的愿景与行动》第 3 条。

带状，它不能照抄、照搬现有的合作模式，必须要有创新。

（3）合作内容的创新。“一带一路”区域合作是以政策沟通、设施联通、贸易畅通、资金融通、民心相通等“五通”为合作内容，它改变了传统的经济一体化组织以贸易和投资为内容的合作，体现了合作内容的创新。而且，“一带一路”是一个长期渐进的过程，在不断深化区域经济合作过程中，涵盖的内容会不断扩展。

（4）合作规则创新。“一带一路”区域合作将从贸易、投资、能源、金融以及解决争端等多个方面逐步完善和酝酿对现有国际经济规则的创新与突破①。首先，在基础设施领域，应运而生的多元合作形式推动国际经济合作机制的创新；其次，在能源领域，发展中国家的参与将改善能源国际标准与规则碎片化的现状；再次，在贸易与投资领域，“一带一路”倡议的推行将带动区域内自贸区繁荣，催生自贸区协定与投资协定的生成，不仅能够在新生的贸易和投资协定中灵活创新规则，而且能够由点及面地推动投资和贸易规则一体化的完善；最后，在争端解决机制上，“一带一路”倡议涉及的贸易争端、投资仲裁，无论选择延用现有争端机制与仲裁规则，抑或是设立“一带一路”专属争端解决机制，都将要求发展中国家积极参与，体现发展中国家的智慧，反映发展中国家的主张，从而导致争端解决规则的创新。

2. 合作机制的灵活性和多元性

现有的区域经济合作机制从低级到高级大致可以划分为自由贸易区、关税同盟、共同市场、经济货币联盟、政治经济一体化等，它们一般强调规范性和机制化，通过建立互惠的贸易和投资安排，确立统一的关税政策，然后建立超国家的机构来实现深入的合作。而中国的“一带一路”难以归入上述任何一种形式之中，它注重灵活性，采取自愿、民主、务实的合作原则，在同一个区域合作框架内允许机制化合作与非机制化合作并存，既可以采取制度安排形式的区域合作，又可以采取非制度安排的区域合作，从而降低了合作起点、扩大了合作组织的弹性，体现了合作机制的多元性。这不仅适应“一带一路”沿线国家经济发展水平、政治制度、文化宗教、历史传统的多样性，而且能够与现有的区域合作相共存。“一带一路”沿线国家中存在着不同形式的多边经济合作机制，如上合组织、欧

---

① 曾文革、党庶枫：《“一带一路”战略下的国际经济规则创新》，载《国际商务研究》2016年第3期。

亚经济联盟、中国—东盟自贸区、大湄公河次区域合作、中亚区域经济合作等。“一带一路”倡导创新合作模式，随着“一带一路”建设的推进，新的、多元化的合作机制还可能包括以下几种形式。

（1）以推动贸易投资自由化为目标的自贸区区域合作机制。在这方面，尽管亚洲缺少覆盖整体的自贸区协定，但现有的众多双边自贸区协定将会成为合作的基础。

（2）以次区域为基础的合作机制。次区域合作是适应特定区域、特定领域需要而派生的一种合作形式。虽然次区域合作在推进贸易投资自由化方面的功效低于自贸区，但它有可能依托特定的载体（如跨国界河流、跨国出海口、跨国园区、跨国运输线等）在某一领域展开深度合作。

（3）以互联互通为基础的合作机制。亚洲国家地缘上的相近为互联互通提供了前提条件，同时，许多国家的基础设施发展滞后，从而制约了其经济发展与对外合作。它们迫切需要基础设施的互联互通，以克服经济发展的瓶颈。此外，互联互通也是推动区域经济合作的前提条件之一。

（4）以产业园区为载体的合作机制。如果把“21世纪海上丝绸之路”看成是一个综合运输通道，产业园区则是这种通道发展的外溢结果。离开产业园区“21世纪海上丝绸之路”就蜕变为简单的运输通道；反之，若产业园区与运输通道结合“21世纪海上丝绸之路”就演变为拉动沿途国家发展的经济走廊。

（5）以海洋为基础的多重合作机制。这是“21世纪海上丝绸之路”所特有的，其中包括维护海洋运输的安全机制、以港口为载体的物流机制、海洋资源的共同开发机制、海洋的环境保护机制、海洋争端解决机制等。鉴于“21世纪海上丝绸之路”沿途国家围绕领土和领海存在诸多争议，以海洋为基础的合作机制必然要超越纯粹的经济合作而扩展到安全与外交领域。

（6）区域金融合作机制。不论是贸易投资自由化，还是互联互通、产业园区、海洋运输与开发，最终都离不开融资做基础。在亚洲，原有的金融合作机制主要是亚洲开发银行和亚洲金融危机之后发展起来的清迈倡议机制。近年来，伴随亚洲经济内在一体化（或市场驱动型一体化）水平的提高，货币互换协议、本币结算协议、区域内货币的离岸市场、中国—东盟海上合作基金、亚洲投资开发银行等多种形式的区域金融合作机制得到迅速发展。

（7）经济发展政策合作机制。过去年间，无论是从深度看还是从广度看，亚洲区域一体化的进程都令人瞩目，由此带来的一个重要结果是区域内国家经济周期的同步性迅速提高，尤其是与中国经济周期的同步性提高。国际金融危机期间，中国的大规模经济刺激政策和相对较高的增速成为支撑亚洲经济免于经济衰退的主要动力。如果再考虑到亚洲新兴经济体发展阶段与发展模式的相似性，未来区域内国家加强政策协调的空间将非常广阔。

（8）社会与人文合作机制。作为促进“民心相通”的重要手段，加强人员流动（如为跨境旅游提供政策便利）和文化交流必不可少。以上这些现存和可能出现的新的合作机制适应了“一带一路”沿线国家不同发展水平、不同文化传统、不同资源禀赋、不同合作领域的实际需要，虽然在功能定位、业务选择上各有不同，但相互之间所产生的补充和强化作用，将会为“一带一路”推动的区域合作注入新的活力。

3. 合作基础的独特性和扎实性

传统的区域经济合作尤其是由发达国家主导的区域经济合作，通常不会把互联互通建设作为前提和基础，而是更倾向于通过确立规则降低贸易壁垒。在“一带一路”建设中，基础设施建设是重要前提和基础，是“一带一路”区域经济合作的重要手段和力量。“互联互通”最初指在不同电信网络之间建立有效连接，使不同网络用户之间可以实现通信联络，或用户可跨网络享受服务。隆国强认为，互联互通的内涵有广义和狭义之分。广义的互联互通包括实体、政府和民间的互联互通。狭义的互联互通则主要指交通、通信、能源等基础设施之间的互联互通①。围绕互联互通的内涵规定性，东盟在其《东盟互联互通总体规划》中提道：“在东盟，互联互通指包括基础支持和便利措施的物理的、制度的和人与人的联系，它们形成经济的、政治安全的和社会文化的支柱，为实现一体化的东盟共同体愿景提供支撑……，东盟互联互通的主要因素包括：物理联通——交通运输、信息通信技术、能源；制度联通——贸易自由化和便利化、投资和服务自由化和便利化、相互认知协议（安排）、地区运输协议、跨境手续、能力建设项目；人与人的联通——教育和文化、旅游。”② 这说明，在互联互通中，基础设施建设是基础，同时还包括制度自由化安排、人员的互动和交流以及服务于区域经济体加强沟通合作的措施和手段。互联互

① 隆国强：《亚洲经济体应加速推进互联互通》，载《博鳌观察》2013 年第 10 期。

② Master Plan on ASEAN Connectivity，Jakata：ASEAN Secretariat，December，2010：2.

通在区域经济合作中越来越发挥着重要的作用，成为亚洲一体化的引擎[①]以及推动亚洲一体化的现实路径[②]。近年来，互联互通逐渐成为中国与周边及全球实现多种形式联网的代称，而这一跨网络的经济联系方式，一方面包括了“以能源、电力、电信基础设施和交通运输装备为基础的‘硬件’建设，另一方面则包括了以政策、制度、规则、系统乃至社会网络相互联通为基础的‘软件’建设”，旨在构建中国与相关国家商品、资本、信息的“大通道”。

“一带一路”建设以互联互通为基础，将极大地推动区域经济合作的持久发展，这是因为：一是基础设施投资存在乘数扩张效应，有可能拉动更多的社会投资需求，同时也能够通过互联互通扩大各国、各地区之间的经贸合作，形成网络效应，能够对世界经济形成长久和可持续的支撑。二是“一带一路”沿线发展中国家和转型国家基础设施建设较为落后，蕴含着巨大的投资机遇。根据亚洲开发银行（简称“亚行”）的预测，到2020年亚洲地区基建投资总需求达8万亿美元，到2030年全球基础设施投资融资缺口达41万亿美元。而根据世界银行测算，仅为缩小非洲与世界其他地区的基础设施差距，每年就需投入930亿美元，约占非洲GDP总额的15%，这些资金大部分需要国际市场的投资。中国对外工程承包主要分布在亚洲、非洲和拉美，随着“一带一路”倡议的推进，原有的潜在建设需求将转化为可实施的项目，带来巨量市场空间。三是从长远看，加大对发展中国家的投入有利于解决世界经济结构的不平衡特别是南北发展的不平衡问题，从而创造出新的全球总需求，为世界经济增长增加新的动力。

4. 合作内容的丰富性

“一带一路”的区域合作内容超越现有区域经济合作所涵盖的领域，“一带一路”的“五通”目标是绝大多数区域经济合作所无法覆盖的。具体来说，政策沟通即深化政治互信，共同制定推进区域合作的规划和措施，寻求各国经济发展战略的契合点；设施联通是“一带一路”建设的优先领域，是要加强公路、铁路以及港口等交通基础设施建设，共同维护输油、输气管道等运输通道安全，推进跨境电力与输电通道建设，积极开展

---

① 田丰、任琳：《中印关系视角下东亚互联互通的推进与完善》，载《人民论坛》2014年第12期（上）。

② 邵峰：《互联互通战略与东亚区域经济一体化的推进》，载《人民论坛》2014年第12期（上）。

区域电网升级改造合作；贸易畅通是“一带一路”建设的重点内容，着力研究解决投资贸易便利化问题，消除投资和贸易壁垒，构建区域内各国良好的营商环境；资金融通是“一带一路”建设的重要支撑，并非只考虑人民币国际化，主要包括通过深化金融合作，推进亚洲货币稳定体系、投融资体系和信用体系建设，强化沿线国家间的货币互换机制；民心相通是要通过人文合作来实现经济合作，包括文化交流、学术往来、人才交流、媒体合作、青年和妇女交往。同时，为了推动“一带一路”的进程，中国还倡导建立了亚洲基础设施投资银行与丝路基金。为了给沿途国家的经济合作创造条件，“一带一路”的合作领域还将拓展到众多非经济领域。这都体现了“一带一路”区域合作内容的丰富性。

5. 区域合作的开放性、包容性与共赢性

“一带一路”区域合作的开放性、包容性体现在诸多层面。在地域上，“一带一路”立足于亚洲，从中国向中亚、东亚、南亚、北非以及中东欧方向辐射，以欧亚大陆为合作平台；在合作伙伴关系选择上，以沿线国家为主要对象，同时又不限于沿线国家和地区，所有接受“和平合作、开放包容、互学互鉴、互利共赢”的“丝绸之路”精神、寻求共同发展的国家和地区都可以成为它的成员；在区域合作模式和机制上，“一带一路”区域合作与现有的其他区域合作机制，既不是竞争关系，也不是替代关系，而是包容、补充与依托的关系，“一带一路”沿线的上合组织、欧亚经济联盟、亚太经济合作组织、中国—海湾阿拉伯国家合作委员会、“10+1”“10+3”等机制都可以成为“一带一路”区域合作的重要依托，这些现有的区域经济合作机制增加了“一带一路”区域合作机制的多样化选择。

共赢是“一带一路”区域合作追求的最终目标。“一带一路”区域合作首先由中国提出，而且明确提出合作共赢的理念和主张。关于“一带一路”，中国国家主席习近平在2014年中央外事工作会议上指出：“我们要坚持互利共赢的开放战略，把合作共赢理念体现到政治、经济、安全、文化等对外合作的方方面面……积极推进‘一带一路’建设，努力寻求同各方利益的汇合点，通过务实合作促进合作共赢。”[①] 此后，中国政府又在多种场合提出合作共赢的主张，并得到了沿线各国的高度关注和积极响

---

① 《中共中央总书记、国家主席、中央军委主席习近平中央外事工作会议并发表重要讲话》，http://finance.ifeng.com/a/20141129/13316938_0.shtml。

应。毫无疑问，包括中国在内的所有参与方都将成为这一合作的受益者，从中分享区域合作与发展的红利。中国可以通过扩大面向沿线各国的贸易与投资为自身经济可持续发展和结构调整拓展新的空间，形成新的发展动力；沿线各国和其他参与方可通过巨大的中国市场和吸收来自中国的投资为自身经济增长带来更多机会。这一点在区域各国之间已经取得共识。

6. 合作主体的多样性

传统的区域经济合作的推动主体一般是参与合作的经济体或单独关税区的中央政府。而“一带一路”所体现的区域合作的推动主体则比较多元化，既有中央政府推动的情况，也存在地方政府或地方的民间团体推动的情况，还有一些跨境区域合作是由国际组织或区域经济合作集团首先倡导并积极支持的。例如，大湄公河次区域合作就是首先由亚洲开发银行倡导，并获得其资金资助的。

（1）中央政府是“一带一路”建设的引导力量。政府在“一带一路”倡议的实施过程中发挥着重要作用，并积极推动某些关键问题的解决：一是政府在基础设施建设和运营方面的效率直接关系到企业的表现；二是政府通过制定政策法规和法律制度，调整市场准入制度，对市场主体的行为进行规范；三是在中央政府的整体经济规划下，“一带一路”沿线合作将推动沿线国家边境地区人口职业的变化、发展模式的调整与产业结构的优化，这其中包括资源、资本和产业的扩散，使其经济发展战略从内向转为外向，从封闭转为开放，从进口导向转为出口导向。

（2）“一带一路”沿线国家地方政府是区域合作的推动力量。特别是边境地方政府成为“一带一路”沿线国家合作的首要获益者。边境地方政府借助跨边界合作，可以扩大市场规模，有利于边境区位企业的发展，边境也成为内陆企业拓展国外市场的前沿地带。例如，在中国与中亚、巴基斯坦的次区域合作中，新疆就发挥了一个“桥头堡”的积极作用。

（3）企业是“一带一路”沿线区域合作的活跃力量。“一带一路”愿景和目标的实现，各项措施的落实必须有企业参与才具有活力。跨境合作的建设又能促进企业的发展与规模化，两者是互相依赖、互相影响的关系。企业通过引进与外销、竞争与合作、探讨与学习进行技术转移与创新活动，积极构建跨境次区域合作的互动平台。边境两侧的企业得到发展，次区域合作平台的建设也空前活跃，为国家之间建立经济联系奠定了基础。

3.3.2 “一带一路”区域合作性与企业对“一带一路”沿线直接投资的国内产业升级效应

从理论上讲，由于“一带一路”的区域合作性质，在其所产生的静态和动态经济效作用下，中国对“一带一路”沿线直接投资对国内产业升级可能产生积极的影响。

1. 贸易便利化效应

“一带一路”推动的区域经济合作虽然不能形成如关税同盟那样严格的一体化组织，但它以政策沟通、设施联通、贸易畅通，资金融通和民心相通为支撑。特别是基础设施互联互通有助于打通中国与“一带一路”沿线国家之间以及沿线国家之间的海陆通道，通过实体项目的实施推进区域基础设施、基础产业和基础市场的形成。在这个过程中，所形成的“一带一路”国家间新的交通运输方式与政策沟通等所推动的制度互联互通、人员互通将会带来贸易自由化、便利化。这种建立在以基础设施互联互通为基础的贸易便利化不但会在很大程度上降低“一带一路”沿线各国间贸易的时间、物流和关税等成本，提高和扩大产品的可贸易性和贸易规模，而且对国际直接投资产生积极的影响。这表现在两个方面：一方面，可以增加垂直型对外直接投资。一般认为，贸易自由化和便利化常常使出口方式变得比 FDI 更有吸引力，所以投资流动会减少，产生投资转移效应。然而，贸易自由化和便利化并不是刺激所有的投资下降或资本回流，特别是对那些以内部化无形资产为目的的外国直接投资。事实上，区域贸易壁垒的下降反而会提高相关贸易伙伴间的 FDI 流动，原因是贸易便利化可以使跨国公司进行更有效的跨界经营，如垂直一体化的对外直接投资。广义的垂直型对外直接投资，是指企业采取国际垂直专业化的策略，即将生产的不同阶段放置于不同的国家，以取得要素价格差异的好处。贸易非便利化会提高垂直一体化战略下的交易成本，从而降低跨国公司垂直型的海外直接投资。反之，贸易便利化将鼓励垂直型的对外直接投资。因此，建立在互联互通基础之上的“一带一路”，随着其不断推进，各国间的贸易成本必然下降，使那些本身具有区位优势的国家成为更具吸引力的投资东道国。另一方面，“一带一路”互联互通的投资促进作用。从产品供给角度来说，互联互通具有规模经济效应。基础设施互联互通有助于突破区域一体化面临的基础设施瓶颈，使规模经济能够在更大的区域内实现①。在区域经济一体化发展中，制度性区域合作的目标是通过拆除各国设置的关税等藩篱，把原本相互分割的民族国家建立成为“单一的市场和生产基地”，从而使区域内从事生产经营活动的企业能够实现更大的规模经济，生产经营成本下降，产品和企业竞争力增强，利润空间扩展。因此，区域经济一体化因其在塑造区域大市场方面的能力成为跨国公司对其进行直接投资的一个重要动因。一些大公司采取的跨国性企业内分工、地区生产网络的兴起都是追求规模经济的结果，也是推动互联互通建设的动力。然而，在组建或加入区域性贸易和投资安排的过程中，消除制度性和非制度性障碍因素并不等于自动消除区域经济一体化面临的自然障碍，相反，制度和非制度性合作协议的确立凸显了区域经济合作对于基础设施互联互通的需求。一个物理上快捷便利的统一区域才能更好地发挥制度和非制度性安排的优势，区域合作的规模经济效应也才能真正发挥。例如，在东亚经济合作中，“东亚的多样性是这个地区的力量，它为地区贸易、投资和经济增长提供了机会”，“但如果没有互联互通，多样性只能带来不平等而不是繁荣”②。因此，对于“一带一路”区域经济合作而言，基础设施互联互通的作用不仅是推动区域经济合作，其所产生的规模经济效应对各国跨国企业的直接投资也起到明显的促进作用。

2. 投资便利化效应

“一带一路”区域合作所具有的投资便利化有助于中国与“一带一路”沿线国家间以及沿线国家之间扩大直接投资，而这种投资扩大来源于投资便利化所带来的东道国投资环境的改善、东道国政府管理能力和效率的提高以及投资者投资成本的有效降低③，最终产生明显的投资创造和投资转移效应。

如前所述，按照金德伯尔格的提出投资创造和投资转移效应概念，根据国家直接投资的流向以及来源国和接受国是否在自由贸易区内，投资创造效应又可分为区外对区内的投资创造效应和区内对区内的投资创造效

① 王玉主：《区域一体化视野中的互联互通经济学》，载《人民论坛》2015年第3期（上）。

② ADB and ADBI. Infrastructure for a Seamless Asia [J]. Tokyo：Asian Development Bank Institute，2009：1.

③ 卢进勇、冯涌：《国际直接投资便利化的动因、形式与效益分析》，载《国际贸易》2006年第9期。

应；投资转移效应分为区外对区内的投资转移效应和区内对区内的投资转移效应。

（1）区外对区内的投资创造效应。投资创造指自由贸易区建立后，对区内成员国实施贸易自由化政策，而对区外成员国实施较高的贸易保护政策，由此产生贸易转移现象。区外企业想要重新占领自由贸易区成员国市场，就要通过输出资本的方式在成员国内部设立新企业。这是自由贸易区成立后关税壁垒引起的区外对区内的投资创造效应，这样就会使区内 FDI 流入增加。另外，自由贸易区建立后，形成统一的大市场，市场规模扩大增强了区域内成员国作为一个整体对市场追求型 FDI 的吸引力，使得世界其他国家加大了对区域内国家的直接投资。

（2）区内对区内的投资创造效应。这种投资创造指自由贸易区建立后，贸易壁垒的消失也会减少对投资流动的限制和管制，一成员国到另一成员国进行直接投资，生产出产品再销回投资国，从而推动资本、技术和劳动力等要素的自由流动，促进成员国间相互投资的增加。另外，自由贸易区的建立不仅意味着减免关税，还意味着各国更加开放的国内市场，吸引外资环境的改善，这些因素都将引起成员国直接投资的增加。

（3）区外对区内的投资转移效应。由于区域投资协议的签订使得在区内成员国之间的投资政策更优惠，区内成员国就会把区外的投资项目转向区内，这样资金就会从非成员国流向成员国，从而产生了区外对区内的投资转移。

（4）区内对区内的投资转移效应。这是指区域投资协议的签订，使得投资壁垒逐步消除，从而在区内转移投资资金的成本减小，那么成员国为达到资源的最优化配置，会使直接投资在区内不同成员之间进行转移，以实现最优。

“一带一路”所推动的区域经济合作虽然无法形成完全一体化的区域经济组织，但由于贸易和投资是“一带一路”建设的重点，中国与“一带一路”沿线国家不可避免地会围绕着投资领域、外资准入、投资待遇、投资保护、投资促进、投资资金转移、与贸易有关的投资措施、投资争端等制定一些双边或多边的规则和协议，这些规则和协议无疑会对“一带一路”区域合作以及国际直接投资产生积极的影响。一是增强域内和区域外投资者的信心，有助于 FDI 流入的增加。如前所述，政府是“一带一路”建设的引导力量，中国政府与“一带一路”沿线国家所达成的投资措施和协议具有很强的公信力和可信性，体现的是各国政策的稳定性和透明性，这会极大地增强外国投资者的投资信心。这对于由绝大多数发展中国家参与的“一带一路”来说尤为重要。因为外国投资者在投资时，除了考虑市场、利润等因素之外，投资安全也是需要考虑的一个重要问题，一些发展中国家投资政策和其他相关政策的不稳定性会严重影响外国直接投资流入。而中国与“一带一路”沿线国家所达成的政府间投资措施和协议可以在一定程度上改变这种状况，投资措施和协议的承诺和执行将会大大增强投资者的信心，这不但包括自中国“走出去”的企业，而且包括“一带一路”沿线国家的企业以及众多来自区域外国家和地区的企业，使这些企业对“一带一路”沿线国家直接投资的可能性大大增加。二是可以提高投资自由化和便利化程度。“一带一路”沿线国家间达成的各种投资措施和协议意味着有关国家降低外资进入门槛、规范外资准入程序、优化投资环境、加快和扩大市场开放，使投资便利化和自由化，从而降低各国之间的直接投资交易成本，扩大利润获取空间，提高投资效率，加快国际直接投资的流动。三是投资措施和协议的内向性和开放性有助于区域内和区域外直接投资的增长。一方面，“一带一路”周边国家间的投资措施和协议首先是围绕区域内国家间的合作而形成的，它有利于区域内国家间直接投资的增长；另一方面，“一带一路”是一个开放和包容的区域合作，一旦区域内国家间直接投资的收益大幅提高，其所形成的吸引力必然会促进区域外国家的直接投资流入。

因此，从理论上看，虽然在制度安排上与传统的区域一体化组织有所区别，但“一带一路”区域合作仍然具有典型的区域一体化组织所具有的投资创造和投资转移效应。具体而言，“一带一路”下的区域合作所具有的投资效应体现在：

(1) 中国与“一带一路”沿线国家间的投资创造。这表现在三个方面：第一，随着“一带一路”建设的逐步推进，各种合作机制建立和实施将使各国的产业结构发生不同程度的调整，导致众多投资机会出现，不仅是越来越多的中国企业加入对“一带一路”沿线国家的直接投资，而且“一带一路”沿线国家也会对中国开始并扩大投资。这就会产生投资创造效应。第二，需求的增加产生投资创造效应。“一带一路”沿线广大发展中国家落后的基础设施蕴含着巨大的投资需求，这会吸引中国企业加大对“一带一路”沿线国家的直接投资。第三，随着“一带一路”建设的逐步推进、投资的便利化和自由化，中国与“一带一路”沿线国家间以及沿线国家间生产要素自由流动的限制和障碍性因素将逐渐减少，有助于形成自由、透明和充满竞争力的投资环境，这无疑会增加区域内国家之间的投资。

（2）区域外国家和地区对“一带一路”沿线国家的投资创造。随着“一带一路”建设的推进以及它的开放性，沿线国家庞大的基础设施等投资市场所展现出来的强大吸引力，必然会吸引区域外国家和地区的企业开展大规模的直接投资。

（3）中国与“一带一路”沿线国家间的投资转移。区域经济合作是市场在地理空间上的扩展和水平上的提高，随着“一带一路”区域合作的推进，各国在区域合作格局中的区位优势会不断发生变化，投资格局也随之不断调整，企业的对外直接投资就会由区位优势较小的国家向区位优势较大的国家转移，即产生区域内对区域内的投资转移效应。由于这种投资转移是企业基于区位优势的变化而发生的，区位转移的过程反映了生产要素流动和优化组合配置的过程，导致投资企业利润增加和生产规模扩大，进而使整个区域内直接投资进一步增加，所以，这种区域内的直接投资转移实际上产生了投资创造效应。

3. 产能转移效应

“一带一路”推动的区域经济合作有助于形成一个以产业级差为基础、要素流动为条件、市场利益为拉力的产业转移机制。

（1）产业级差是产业转移实施的基础。全球经济发展的长期不平衡导致各国在技术水平和产业分工上的差距，而产业转移往往就在有明显产业级差的国家和地区间进行。中国与“一带一路”沿线国家存在着明显的产业级差。中国优势行业主要集中在制造业和建筑业，其发展程度处于国际中端水平。而“一带一路”沿线涵盖发达国家、发展中国家、新兴工业化国家、经济转轨国家，工业发展水平参差不齐，产业结构中既有发达的服务业，复杂加工、高附加值的工业，也有传统的低加工、低附加值的工业，还有落后的农业。这种产业级差的存在为区域内各国利用跨国产业转移进行国内产业结构调整和升级提供了现实基础。例如，中国既可以将低端行业转移至中亚、南亚、东南亚等相对落后的地区，同时又可以将一些优势产业向欧洲发达地区扩散，从而达到技术升级和获取销售渠道的目的。

（2）要素流动是产业转移实施的内在条件。产业级差只能说明两地产业发展水平不同，但并不一定导致产业转移。这是因为产业转移总是发生在阻力最小的地区之间，而要素的自由流动程度则决定了产业转移阻力的大小。随着“一带一路”区域经济合作的推进，各国间相互开放的程度不断提高，区域内贸易及投资便利化和自由化水平不断提高，区域内货物、服务、技术和资本等生产要素自由流动也必将加快。

（3）市场利益是产业转移顺利实施的主要驱动力。当两地存在产业级差，要素能够自由流动，同时又能产生巨大的经济和社会效益时，产业转移就能顺利实施。据统计，“一带一路”沿线国家共有 70 多个在建合作区项目，这些合作区内的企业基础设施投资超过 80 亿美元，带动入区企业投资近 100 亿美元，预计年产值超过 200 亿美元，可为当地创造 20 万个就业机会①。这种庞大的投资机遇和利益将会促使各国企业出于逐利的目的，依靠自身的比较优势和竞争优势，加快对外直接投资，从而促进本国的产业转移。

综上所述，“一带一路”区域经济合作的贸易便利化效应、投资便利化效应和产能转移效应能够使中国对“一带一路”沿线国家直接投资规模扩大、投资效益提高，使对外直接投资促进国内产业升级的传导渠道更加通畅，从而有利于国内产业进一步调整和升级。

---

① 徐念沙：《“一带一路”战略下中国企业走出去的思考》，载《经济科学》2015 年第 3 期。

第 4 章

“一带一路”沿线直接投资的现状及问题

本章采用定性和定量分析相结合的方法，在分析中国对外直接投资的发展现状及存在的问题以及“一带一路”倡议对中国对外直接投资影响的基础上，全面而又具体地研究中国对“一带一路”沿线国家的直接投资空间格局及其存在的问题，基于地理范畴的视角把“一带一路”沿线国家划分为东南亚、南亚、中亚、西亚中东、中东欧和蒙俄六大地区，分析和比较中国对这六大地区直接投资的区域性和行业性差异。

4.1 “一带一路”背景下的中国对外直接投资新格局

2013 年 9 月和 10 月，中国国家主席习近平访问哈萨克斯坦和东盟国家时提出“丝绸之路经济带”和“21 世纪海上丝绸之路”的重大倡议，引起了国际社会的广泛关注。此后，在一年多时间里，经多方协商与谋划，2014 年 12 月中央经济工作会议将实施“一带一路”上升为国家战略，成为我国未来构建开放型经济新体制的重要支撑。2015 年 3 月，国家发展和改革委员会、外交部、商务部联合发布《推动共建“丝绸之路经济带”和“21 世纪海上丝绸之路”的愿景与行动》，标志着“一带一路”建设步入全面推进阶段。“一带一路”倡议的提出和实施，将对我国企业的对外直接投资产生深远的影响，为我国企业的对外直接投资开创新的格局。

4.1.1 中国对外直接投资的发展现状及存在问题

随着“走出去”战略的大力实施，进入21世纪之后，我国对外直接投资获得了长足的发展。如图4-1所示，从投资流量看，中国对外直接投资流量由2002年的27亿美元增加到2015年的1456.7亿美元，实现了连续13年持续增长，年均增速达到35.9%，对外直接投资流量变化表明中国对外直接投资活跃程度有增无减，已经成为抵御世界金融危机的坚强力量。从投资存量看，中国对外直接投资存量由2002年末的299亿美元增加到2015年末的10978.6亿美元，13年间增加近36倍，对外直接投资存量变化表明中国对外投资活动处于升通道，国际影响力越来越大。

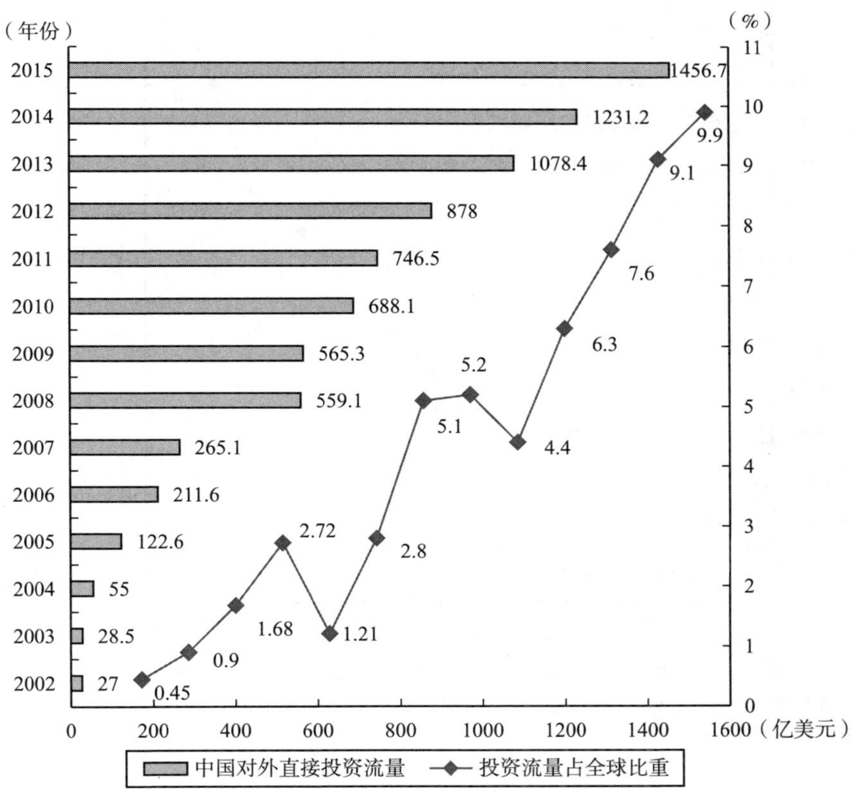

图4-1 2002~2015年中国对外直接投资流量变化

资料来源：笔者根据历年《中国对外直接投资统计公报》有关数据绘制。

如图4-2所示，根据联合国贸易和发展会议的统计数据，2003~2015年，中国对外直接投资流量占世界直接投资流量总额的比重从0.45%上升至9.9%，对外直接投资流量的世界排名从第21位逐级提升至第2位；2003~2015年，中国对外直接投资存量占世界直接投资存量总额的比重从0.48%上升至4.4%，对外直接投资存量的世界排名也从第25位逐级提升至第8位（见图4-3）。可以说，中国已经成为名副其实的对外直接投资大国。伴随着对外直接投资的快速发展和规模的不断扩大，我国对外直接投资的全球化程度不断提高，世界辐射力逐年增加，不仅从主要投资于发展中国家转向

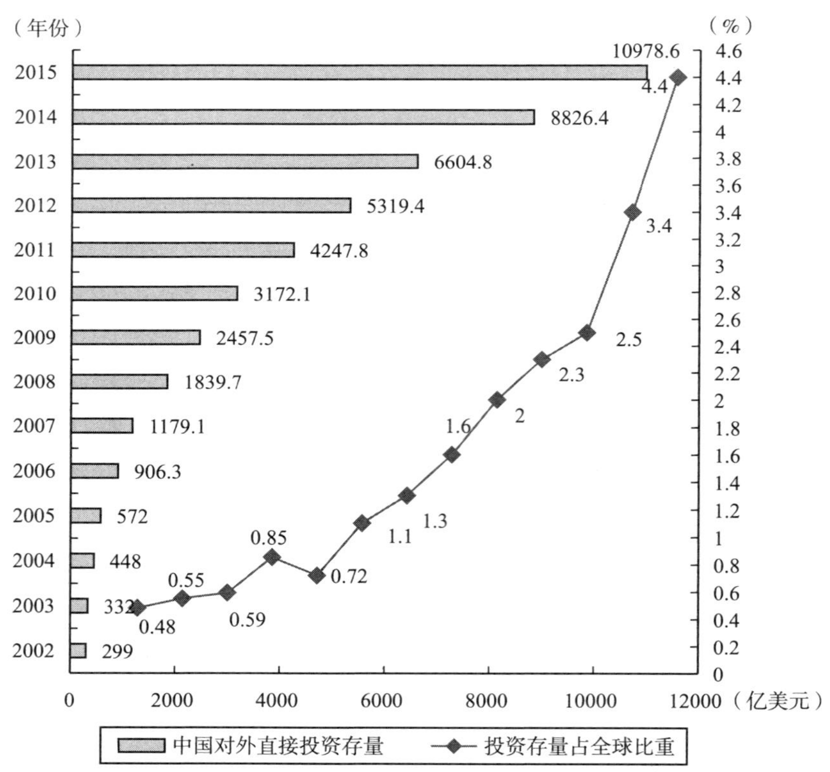

图4-2 2002~2015年中国对外直接投资存量变化

资料来源：笔者根据联合国贸发会议《世界投资报告》和《中国对外直接投资统计公报》有关数据计算绘制。

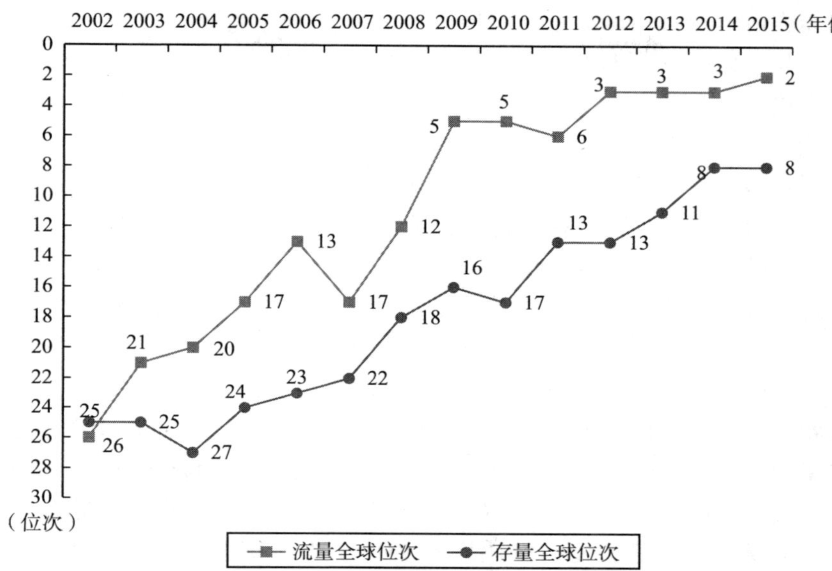

图4-3 2002~2015年中国对外直接投资全球位次变化

资料来源：笔者根据联合国贸易和发展会议《世界投资报告》和《中国对外直接投资统计公报》有关数据绘制。

同时进军美欧等发达国家，而且从主要进行绿地投资转向大规模开展跨国并购。截至2015年底，中国2.02万家境内投资者共设立对外直接投资企业3.08万家，分布在全球188个国家（地区），其中亚洲的境外企业覆盖率与上年持平，为97.9%，欧洲为87.8%，非洲为85%，北美洲为75%，拉丁美洲为67.3%，大洋洲为50%。这不仅改变了以往我国对外直接投资主要集中在亚洲地区的基本格局，而且成为全球直接投资由后进国家向先进国家反向流动的主要来源。

从所涉及的行业看，我国对外直接投资所涉及的行业领域也日益丰富。截至2015年末，中国对外直接投资已覆盖国民经济所有行业。其中，租赁和商务服务业以4095.7亿美元高居榜首，占中国对外直接投资存量的37.3%；金融业位列第二，为1596.6亿美元，占14.5%；采矿业位列第三，为1423.8亿美元，占13%；批发和零售业为1219.4亿美元，占11.1%，制造业为785.3亿美元，占7.2%；这五大行业累计存量达9120.8亿美元，占中国对外直接投资存量总额的83.1%。按照三次产业划分，2015年末中国对外直接投资存量的75.2%分布在第三产业（即服务业），为8261.9

亿美元，占中国对外直接投资存量24%；第二产业为2630.5亿美元，占24%，其中采矿业（不含开采辅助活动）为1418.4亿美元，占第二产业对外直接投资存量的53.9%，制造业（不含金属制品、机械和设备修理业）为784.3亿美元，占29.8%，建筑业为271.2亿美元，占10.3%，电力、热力、燃气及水的生产和供应业为156.6亿美元，占6%；第一产业（农、林、牧、渔业，但不含农、林、牧、渔服务业）为86.2亿美元，占中国对外直接投资存量的0.8%。

从投资主体看，我国对外直接投资的参与主体日益多元化。传统上，国有企业特别是中央企业一直是中国对外直接投资的微观主体。但近年来，在鼓励性政策和企业全球化战略的共同作用下，我国对外直接投资主体日益多元化，不再是国有企业一枝独秀。例如，在非金融类对外直接投资存量中，国有企业占比从2006年的81%降至2015年的50.4%，同期非国有企业占比则从19%升至49.6%。2015年，地方企业非金融类对外直接投资流量达936亿美元，同比增长71%，占全国非金融类流量71%，已经连续两年超过中央企业对外直接投资规模。同时，在以并购方式完成的对外直接投资中，民营企业的海外并购规模发展速度远快于国有企业。其中，上海、广东和北京的民营企业对外投资规模位列全国前三。尽管我国对外直接投资获得了快速的发展，取得了巨大的成就，但仍然存在着一些问题，这主要表现在：

第一，我国对外直接投资的流量与对外直接投资的存量存在着明显的国际地位不平衡。如前所述，2015年，我国对外直接投资的流量排名已跻身于世界第2位，仅次于美国。但就存量而言，2015年底中国对外直接投资仅排世界第8位，且存量规模与美、德、英、法各国差距较大，2015年存量仅为美国的18.3%、德国的60.6%、英国的71.4%、法国的83.5%。从中国与世界主要国家净对外直接投资存量比较看，差距则更为明显。首先，世界经济大国的对外直接投资存量均超过外来直接投资存量，从而显示其在国际直接投资中的主导格局；其次，虽然受国际金融危机与欧债危机的双重冲击，欧美等发达经济体宏观经济下行，但2008~2015年，排名领先的美、德、英等国的净对外直接投资存量仍在不断扩大，显示其在国际直接投资领域中的地位只升未降。反观中国，虽然近年来对外直接投资大幅提升，但中国对外直接投资存量仍低于外国在华直接投资存量，显示中国对外国投资的依赖度仍高于对外投资，与中国经济总量居于世界第二的国际地位极不相称，这同时也反映出我国对外直接投资还有很大的发展空间。

第二，我国对外直接投资存在着地区严重不平衡的问题。如前所述，中国企业对外直接投资遍布全球188个国家（地区），但存在着明显的国家和地区高度集中的现象。从投资流量看，2015年，我国对外直接投资流向中国香港、荷兰、开曼群岛、英属维尔京群岛、百慕大群岛的投资共计1164.4亿美元，占当年流量总额的79.9%，其中，仅仅对中国香港的直接投资达到897.9亿美元，占当年流量的61.6%。从投资存量看，截至2015年底，中国在亚洲的投资存量为7689亿美元，占70%，但仅仅中国香港就占亚洲存量的85.4%；拉丁美洲1263.2亿美元，占11.5%，但开曼群岛和英属维尔京群岛累计存量1140.7亿美元，占对拉美地区投资存量的90.3%；欧洲836.8亿美元，占7.6%，主要分布在荷兰、英国、俄罗斯、卢森堡、德国、陆国、挪威、瑞典、意大利等；在北美洲、非洲、大洋洲三大地区的直接投资总数还不到11%。按照经济体看，中国对外直接投资存量的八成分布在发展中经济体。2015年末，中国在发展中经济体的投资存量为9208.87亿美元，占83.9%，其中中国香港6568.55亿美元，占发展中经济体投资存量的71.3%；东盟627.16亿美元，占6.8%。在发达经济体投资存量1536.52亿美元，占14%，其中欧盟644.6亿美元，占发达经济体投资存量的41.9%；美国408.02亿美元，占26.6%；澳大利亚283.74亿美元，占18.4%，加拿大、挪威、日本三国占9.8%。2015年末，中国在转型经济体的直接投资存量233.21亿美元，占存量总额的2.1%。其中俄罗斯140.2亿美元，占转型经济体投资存量的60.1%；哈萨克斯坦50.95亿美元，占21.8%；吉尔吉斯斯坦、塔吉克斯坦、土库曼斯坦三国占9.1%。我国对外直接投资这种区域分布严重不平衡，过于集中于一些国家和地区的状况，不但使得对外直接投资要素成本提高、竞争激烈、效益降低，不利于我国企业比较优势和竞争优势的发挥，而且在一定程度上也制约了中国海外投资的国际竞争力，阻碍了在全球共同发展中作为投资大国的“中国作用”的充分发挥。

第三，我国对外直接投资行业存在分布严重不均的问题。如前所述，我国对外直接投资已经覆盖制造、商务、金融、交通运输、高新技术、公共管理和社会服务等几乎所有的国民经济行业类别，投资行业多元化，但其中租赁和商务服务业、金融业、采矿业、批发和零售业、制造业五大行业一直是我国对外直接投资的主要方向，并且这五大行业的投资规模不断扩大，其存量占总投资额的比重也不断增加。如上所述，截至2015年底，五大行业累计投资存量占我国对外直接投资存量总额的83.1%。因此，虽然我国对外直接投资参与的行业比较齐全，但是行业分布严重不均且偏重于基础产业和劳动密集型产业，缺乏对高新技术产业投资，对外直接投资整体上仍然处在单向资源获取阶段，尚未转向效率提升阶段，较少考虑如何通过国内优势产能与投资当地基础产能有效结合，不能在更广的区域范围内合理配置资源，不利于我国产业结构和经济结构优化升级。当前我国国内的制造业产能闲置率已经较高，需要加大参与全球产业重组和对外产业转移的力度。同时，我国从劳动密集型产业到部分高新技术产业的国际竞争力都在不断加强，具有多元化的比较优势，加快企业全球化对外直接投资步伐不仅是应对世界竞争格局，扩张我国企业国际化生存空间的必然选择，而且是实现部分产业向外转移、带动相关机器设备和零部件的出口、完善我国经济结构的有效途径。

4.1.2 “一带一路”倡议与我国对外直接投资的新格局

1. “一带一路”倡议对扩展我国对外直接投资空间的战略意义

在经济全球化和区域经济一体化的时代背景下，区域间的政治、经济、文化、社会生活等各个方面的融合不断增加，国际间的经济合作已经成为世界经济中的重要发展趋势。我国有 20 多个近邻国家，陆海相接，构成特殊的“邻居”关系，由于目前我国国内经济出现产能过剩、外汇储备过剩、能源严重依靠油气资源等问题，未来发展最有利和最直接的新空间便是周边的“邻居”国家和地区。我国可以从周边国家获取发展所需的资源和发展机会，周边地区将成为我国经济延伸发展的重要依托带。与此同时，周边国家和地区在我国经济的延伸发展中也能获得本国经济发展所需的资金、技术、基础设施等重要发展要素，因此与我国经济合作发展的愿望强烈。所以，“一带一路”倡议的提出和实施对扩展我国对外直接投资具有巨大的战略影响。

从国际层面看。中国对外关系的重点以及外交的首选目标一向都是以加强同周边国家的睦邻友好为主，“一带一路”的大国战略设计超越了自贸区和多边贸易体制，突破了“以我为主”的利益观，旨在促进经济要素有序自由流动、资源高效配置和市场深度融合，推动沿线各国实现经济政策协调，开展更大范围、更高水平、更深层次的区域合作，共同打造开放、包容、均衡和普惠的区域经济合作架构。因此“一带一路”倡议所引导的是要素连接式开放，是以资金、技术、人才和资源流动为基础，以各类要素的“引进来”与“走出去”相结合，实现沿线国家间经贸联系与产能合作的新方式，也有助于实现中国经济从单向、浅度的国际化向双向、深度的国际化迈进。同时，“一带一路”倡议所开启的则是中国多地域同步开放的新格局。在“一带一路”框架下，新疆成为向西开放的窗口，陕西、甘肃和宁夏成为内陆型开放的高地，广西和云南是向南亚、东南亚开放的重要支点，而内蒙古和东北三省则分别是联通蒙古国和俄罗斯的向北开放重镇。在《推动共建“丝绸之路经济带”和“21世纪海上丝绸之路”的愿景与行动》中，中国西北、东北、西南和沿海以及内陆各地处于同步开放、各有侧重的战略布局之下，强调充分发挥各地区拥有的与其地理因素、人文历史因素或国际经贸联系等禀赋相关的比较优势，强化我国东、中、西部开放发展的互动合作。因此，倡导和推进“一带一路”建设是我国展现全球和平发展、合作共赢承诺的具体行动，是我国新时期又一开放战略的重大体现，标志着我国与周边国家关系的重大战略性转变。而作为“一带一路”建设重要行为体的中国企业，必将迎来一个向外部发展和提升国际影响力的战略机遇，对于我国企业对外直接投资实现全球扩展具有重要的国际影响。

从国内层面看。2010年以来，我国经济逐渐进入“新常态”后，正面临前期政策消化期、经济结构转型阵痛期和经济增长换档期的“三期叠加”问题，在投资刺激经济增长边际效应递减与内需不足，东、中、西部地区经济发展不平衡以及产能过剩、产业结构优化升级乏力、资源配置低效等严峻的情况下，加快产能的战略转移成为使我国的对外直接投资更加迫切，需要在更广阔的市场范围内寻求投资空间，更好地整合全球资源，实现资源高效配置和市场深度融合，推动我国的产业优化升级。“一带一路”的目标，正是通过推进亚、欧、非大陆及附近海域的互联互通，促进中国与沿线各国的战略对接与耦合，实现要素的自由流动、资源的优化配置以及市场的深度融合。同时，通过实现经济的密切联系，继而加深中国与沿线国家的政治互信与人文交流。而且，“一带一路”中的“丝绸之路经济带”有助于拉动中国西部地区经济增长，使西部地区的经济发展格局将从原来的“东部带动西部”的单线拉动，扩展为“丝绸之路经济带”和“东部经济圈”的一体两翼，在西部地区周边形成经济圈，助力其有效融入，协调地区经济发展，弥补“西部大开发”未能改变的东、西部发展不平衡现状。长期以来，我国油气资源、矿产资源等对国外的依存度高，

“一带一路”倡议的实现有利于我国就近获取重要的发展资源，保障国家经济高速稳定。而这些在“一带一路”倡议的实施过程中都离不开企业的投融资，需要企业跨国融资和投资。因此，“一带一路”是中国经济发展步入“新常态”之后的重大战略选择，而对外直接投资在中国经济进入“新常态”的新形势下和“一带一路”倡议实施中被赋予新的历史使命，同时也表明“一带一路”建设为我国企业在全球范围内扩展对外直接投资提供了坚实的战略基础。

2. “一带一路”倡议将开辟我国对外直接投资的新格局

“一带一路”是经济新常态下中国积极顺应国际经贸格局新变化，推动国内产业结构转型升级，实现沿线国家经济持续快速发展的新型对外开放战略，致力于强化与亚、欧、非国家贸易往来、双向投资、产业转移等经贸合作，更好地融入和主导全球分工网络。因此，“一带一路”倡议的实施，不仅能促进周边国家和地区的发展，更能为我国对外直接投资创造诸多新的投资空间和模式。

（1）“一带一路”带来新的国际合作，为对外直接投资创造有利的政治环境。对外直接投资的政治环境影响着投资的成功与否，良好的政治环境能为对外直接投资提供必要的保障，同时也能带来诸多投资优势。现有的世界经济贸易合作组织如世界银行（WB）、国际货币基金组织（IMF）、世界贸易组织（WTO）等对世界范围内的资金、技术、商品和人才流动具有引导作用，对国际经济贸易的健康发展和世界经济秩序的稳定具有积极协调作用。虽然这些世界经贸组织都为我国对外直接投资创造了有序和良好的国际市场环境，但是这些重要的国际组织长期为发达国家所主导，对世界范围内的经济维护有失公平。“一带一路”倡议是在区域经济一体化基础上实施的，其提出的“政策沟通、道路联通、贸易畅通、货币流通、民心相通”区域合作思想，以及中亚合作组织（CACO）、欧亚经济共同体（EAEC）、上海合作组织（SCO）、中亚区域经济合作组织（CAREC）等我国广泛开展和积极参与的双边和多边经济合作组织的建设，将会进一步为我国对外直接投资创造更为有利的政治环境，在“一带一路”沿线各国开展区域大合作的背景下，我国对外直接投资规模将上升到新高度。

（2）“一带一路”适应国际市场的变化，为对外直接投资带来新机遇。其一，国际市场的变化来源于国际资本市场的变化，2008 年国际金融危机爆发，但我国并未受到巨大影响，相反，我国企业充分利用发达国家资产贬值、流动性匮乏的时机，大规模进行全球资产再配置，推动了对外投资高速发展。因此，国际金融危机使得国际市场发生了巨大变化，国际资本市场深度调整，从而为我国对外投资提供了一定的新机遇，如在引进优秀金融人才方面。其二，“一带一路”倡议的提出使国际能源市场发生了变化，中亚、中东等地区是国际油气、矿产等重要能源产地，与中亚等地区和国家的合作使我国获得了重要资源和能源市场的投资空间，“丝绸之路经济带”开辟了我国能源进口新方向，获得了稳定的能源市场，也为我国与中东的陆上油气合作打开了突破口。其三，“一带一路”对基础设施建设的需求为中国企业提供了有利的投资机会。当前，“一带一路”沿线国家基础设施领域发展滞后，急需打造铁路、水路、航运等立体式交通走廊，建立石油、天然气、太阳能、风能等多层次能源体系，构建涉及通信、互联网等信息一体化网络。这些所带来的融资需求规模，以高盛对东盟最大四国基础设施建设资金需求额约为5000亿美元为标准进行测算，“一带一路”沿线涵盖全球63%人口、全球29%以上经济规模且广泛处于经济发展上升期的发展中国家，对基础设施建设的投资总需求规模约为6万亿美元①。就中国国内而言，“一带一路”所囊括的国内18个省市为对接该倡议所计划的重点建设项目、拟在建基础设施规模达1.04万亿元，其中包括铁路建设0.5万亿元，公路项目建设0.1235万亿元，机场投资0.1167万亿元和港口水利建设投资0.17万亿元②。因此，“一带一路”建设将为中国企业对外投资提供巨大的机遇。

（3）“一带一路”为对外直接投资创造新的空间区位优势。区位选择是对外直接投资的一个基本问题，对外投资的有效性取决于区位选择的有效性，投资区位不同决定了投资环境的差异，只有这些差异与投资主体自身特征以及比较优势相吻合时，才能产生区位优势和有利的资本增值因素。对外直接投资的目的在于充分利用国外市场和资源提升资本价值，因此，投资区位的可行性直接关系到投资项目的预期收益。“一带一路”中的“丝绸之路经济带”包括北、中、南三大经济轴线以及辐射区，从地理空间看，“丝绸之路经济带”始于我国，途经我国30多个城市，向西可包含三个区域：以哈萨克斯坦、吉尔吉斯斯坦、塔吉克斯坦、乌兹别克斯坦和土库曼斯坦五国为主的核心区域，含俄罗斯、巴基斯坦、印度以及西亚等国家

① 管清友：《中国“一带一路”将改变世界经济版图》，载《化工管理》2015年第1期。

② 黄志龙：《高盛公司：2020年东盟四国基础设施投资需求给中国带来机遇》，载《全球化》2013年第9期。

和地区的重点区域，含中亚地区、欧洲、北非等地的拓展区。加之“21世纪海上丝绸之路”构建了南海到南太平洋以及穿越印度洋直达欧洲的核心区域，这为我国提供了良好的空间区位优势。我国与中亚国家不但地理上接壤，而且文化习俗等也具有相通性，合作由来已久，因此，我国的投资主体特征和“一带一路”沿途国家的投资环境更具有耦合关系。因此，在国家提出“一带一路”倡议后，我国企业的投资机遇增加，投资空间获得拓展。

（4）以“一带一路”为载体的国际投资将有助于突破现有的国际投资格局。“一带一路”东接太平洋，西连波罗的海，贯穿亚欧非，覆盖中亚、西亚北非、东南亚、南亚和中东欧。“一带一路”沿线国家基本都不属于传统国际直接投资欧美日“大三角”结构中的核心国，但“一带一路”一头是活跃的东亚经济圈，一头是发达的欧洲经济圈，中间广大腹地国家经济发展潜力巨大，也蕴藏着丰富而巨大的国际投资潜力。“一带一路”建设秉持开放性和灵活性，多元投资的主体不只是中方企业和所在国企业，还希望欧美企业和沿线沿带其他跨国公司一起合作，共同开辟第三方市场，这将有利于突破传统国际直接投资“大三角”结构，形成新兴经济体主导的国际投资流和国际产能合作大格局。

（5）以“一带一路”为空间载体的国际投资将带动优势产能与基础产能互补合作的新模式。“一带一路”首先是一个横跨欧亚大陆的由铁路、公路、航空、海上运输、油气管道、输电线路和通信网络组成的综合性立体交通网络，促进基础设施互联互通将是优先领域。中蒙俄、新亚欧大陆桥、中国—中亚—西亚，中国—中南半岛、中巴和孟中印缅等六大经济走廊建设首先将带动以公路、铁路、空路、水路、管路和信息路等为重点的海陆通道建设。这类投资不仅是中国资本、中国企业和中国产能“走出去”的有效载体，同时也是与“一带一路”沿线各国发展战略合作的基础①。在基础设施投资的先导下，中国与“一带一路”沿线国家的深入合

---

① 印度于2014年6月提出“季风计划”，即以环印度洋区域深远的印度文化影响力以及环印度洋国家和地区间悠久的贸易往来为依托，以印度为主力，推进从东非到阿拉伯半岛，再到印度次大陆以及斯里兰卡和东南亚国家，环印度洋地区各国加强合作，共同开发海洋资源，促进经贸往来。2014年，哈萨克斯坦制订了“光明之路”计划，致力于在哈萨克斯坦国内推进基础设施建设，保障经济持续发展和社会稳定，哈政府计划在2015～2017年投资90亿美元用于实施“光明之路”计划，其基础设施项目主要涉及交通、工业、能源、社会和文化等领域。俄罗斯于2014年提出作为开发西伯利亚和远东的“跨欧亚发展带”战略，试图以大中城市、石油和天然气生成和加工基地、新西伯利亚科学城等为依托，以西伯利亚大铁路、石油和天然气运输管道为主干，吸引欧洲和亚洲国家参与，形成一系列高新技术产业集群，建成从大西洋经欧洲、西伯利亚到太平洋，进而穿越白令海峡进入阿拉斯加，联接北美的交通、能源和电信一体化的发展带。这些国家的发展战略与中国的“一带一路”倡议具有利益上的契合点和共同点。

作有助于扩大双方在不同行业和特定行业上下游间的投资范围。而深化产业投资合作，推动国内优势制造能力与投资当地要素资源合作的新方式，探索产品互补型、产业链上下游联动型以及能源生产、加工和运输一体化等多种形式的产能互补模式是促进沿线国家经济深度融合的重要途径。据中国社会科学院的报告，“一带一路”沿线65个国家工业化水平差异巨大，处于工业化前期的国家有1个，处于工业化初期的国家有14个，处于工业化中期的国家有16个，处于工业化后期的国家有32个，而进入后工业化阶段的国家则有两个①。因此，中国优势产能与当地基础产能合作可根据各国所处不同工业化阶段，在多个领域以不同方式加以拓展。对处于工业化初期的国家，中国可大量输出劳动密集型产业或产业区段，带动当地加工贸易出口创汇，扩大非农就业，培育熟练劳动力和管理人才。对处于工业化中期的国家，在港口、铁路和公路等基础设施方面有着较大的发展需求，而中国不仅在装备制造业技术上优势明显，而且在工程建设上具有建造能力和价格优势，是深度合作的潜力所在。例如，工业化水平较低的尼泊尔水力发电潜能巨大，工业化中期的印度对电能需求很大，而工业化后期的中国工程建设能力强大，三方合作可拓展巨大潜能。同样，在海洋渔业、海洋交通运输业、海洋船舶工业、海洋油气业和海洋服务业等领域，中国强大的建造和运输能力也可与印度急切的市场需求和较弱的建造能力相互补。对于已进入后工业化阶段的新加坡和以色列等国，投资合作可深入到新一代信息技术、生物、新能源和新材料等新兴产业领域②。

4.2 中国对“一带一路”沿线国家直接投资的空间格局

近些年来，随着中国深化与周边国家的互利合作，积极推进“一带一路”沿线国家之间的互联互通建设，中国对“一带一路”沿线国家的直接投资快速增长。2015年中国企业对“一带一路”沿线国家的直接投资

① 黄群慧：《“一带一路”沿线国家工业化进程报告》，社会科学文献出版社2015年版。转引自：金芳：《“一带一路”倡议与中国对外直接投资的新格局》，载《国际关系研究》2016年第2期。

② 金芳：《“一带一路”倡议与中国对外直接投资的新格局》，载《国际关系研究》2016年第2期。

流量达1892890万美元，同比增长38.6%，是对全球投资增幅的两倍，占当年流量总额的13%（见图4-4）[①]。流量位列前十的国家是：新加坡、俄罗斯、印度尼西亚、阿联酋、印度、土耳其、越南、老挝、马来西亚、柬埔寨。而在2003年，中国对该区域投资流量仅为20179万美元，2015年是2003年的94倍，实现了连续12年年均46%的高速增长。截至2015年底，中国对"一带一路"相关国家的直接投资存量为11567891万美元，占中国对外直接投资存量的10.5%。存量位列前十的国家是：新加坡、俄罗斯、印度尼西亚、哈萨克斯坦、老挝、阿联酋、缅甸、巴基斯坦、印度、柬埔寨。而2003年底投资存量仅为131682万美元，占中国对外直接投资存量的比重仅为3.96%（见图4-5）。整体上看，中国对"一带一路"沿线国家的直接投资规模处于上升态势，但整体上仍然偏少，尚有很大的增长空间。

从对"一带一路"沿线国家直接投资的区位分布来看，中国对"一带一路"沿线国家的直接投资具有明显的地区差异性。这主要表现在：

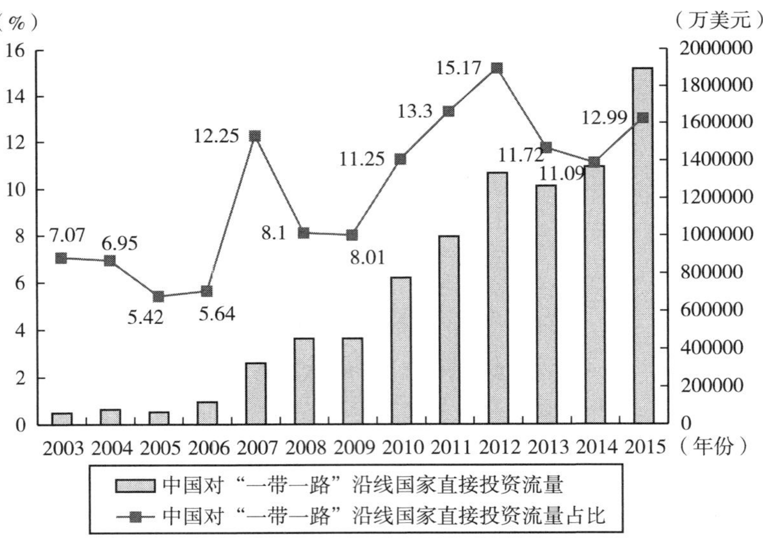

图4-4　中国对"一带一路"沿线国家直接投资流量变化

① 考虑到中国对"一带一路"沿线国家直接投资地区间差异较大、有些地区规模相对偏小的实际情况，所以对投资流量和存量的统计分析统一用万美元为单位，下同。

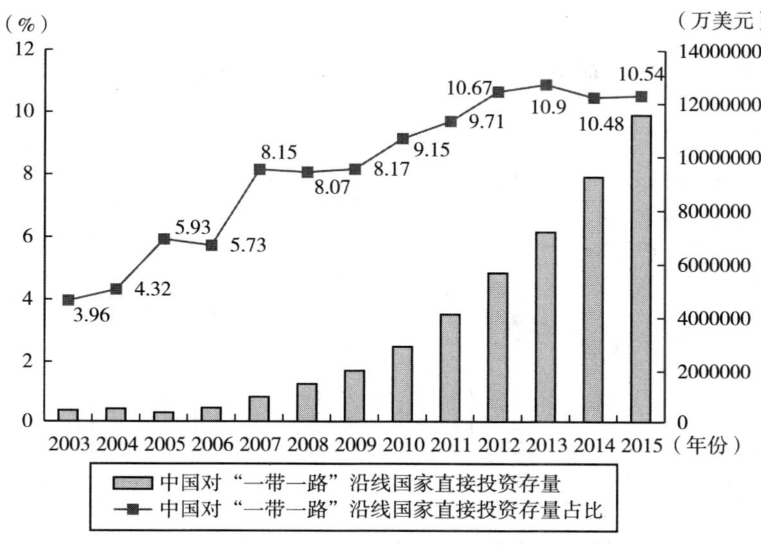

图4－5　中国对“一带一路”沿线国家直接投资存量变化

第一，中国对“一带一路”沿线国家的直接投资主要分布在东南亚地区，在东南亚的投资占中国对“一带一路”沿线国家投资的半壁江山。从图4－6和图4－7可以看出，2003～2015年，中国对东南亚地区的直接投资流量从11932万美元增加到1463812万美元，年均增速为49.3%，2015年投资流量同比增长87%，创历史最高值，占中国对外直接投资流量总额的10%[①]，占中国对“一带一路”沿线国家投资比重的77.33%。这一时期，中国对东南亚地区的直接投资存量从58695万美元增长到6281625万美元，12年间大约增长了106倍，在这期间，中国对东南亚地区直接投资占中国对“一带一路”沿线国家投资比重大多在40%以上，2015年末这一比重一度上升到54.3%。然而，中国对东南亚国家的直接投资在国家间差别非常明显，新加坡一支独大，印度尼西亚、老挝、缅甸也占一定比重，其他国家分布较为平均，文莱、菲律宾等占比偏小。如图4－8所示，新加坡作为东南亚经济最为发达的国家，各项法律法规完善，贸易壁垒和投资壁垒较低，市场开放度较高，劳动力教育程度高，吸引了大量中国企业到新加坡直接投资，2015年，新加坡在中国对外直接投资流量中的国家排名中位列第一。印度尼西亚作为东南亚经济体量最大的国家，只吸引了13%的

① 2015年度《中国对外直接投资统计公报》。

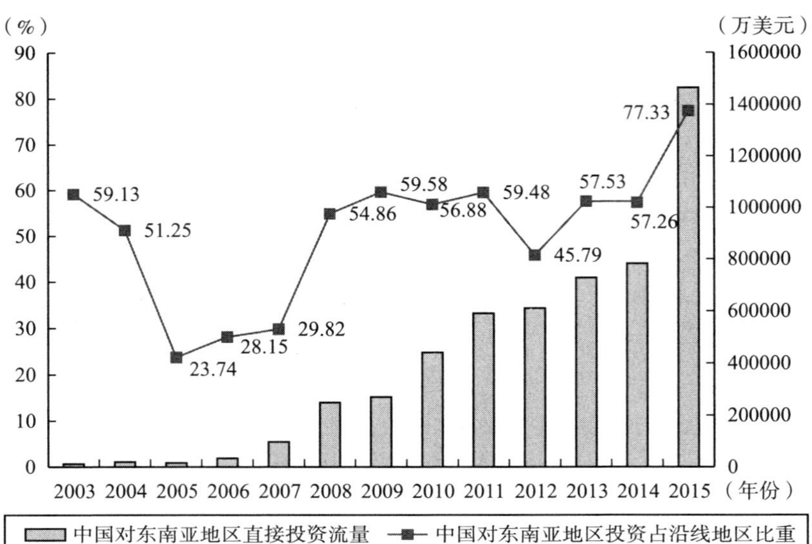

图 4－6　中国对东南亚地区直接投资流量变化

资料来源：笔者根据有关资料计算整理。

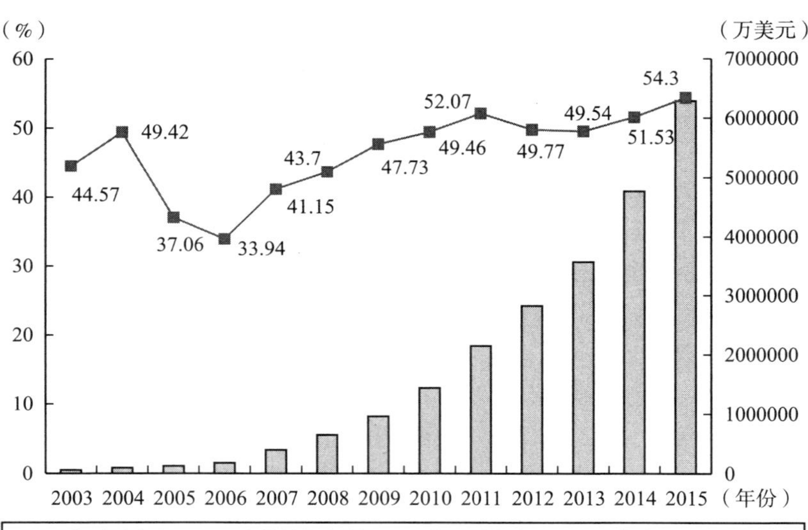

图 4－7　中国对东南亚国家直接投资存量变化

资料来源：笔者根据有关资料计算整理。

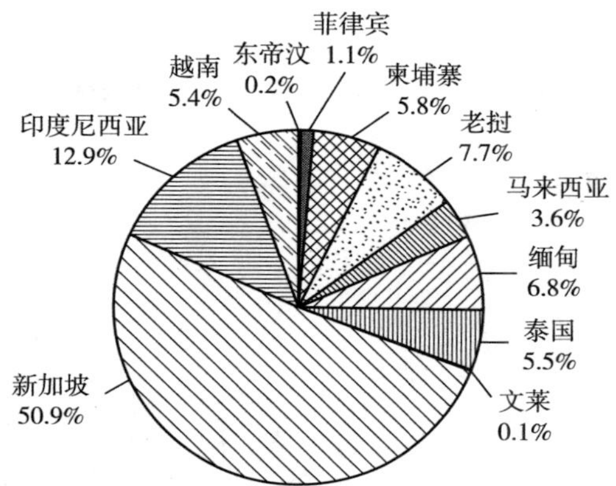

图4-8 2015年中国对东南亚直接投资存量的国别分布

资料来源：笔者根据有关资料计算整理。

中国投资，但近两年已经成为中国在东南亚投资增长最快的国家。在柬埔寨、老挝、缅甸、文莱、东帝汶等国家，由于交通等基础设施较为落后，降低了中国对中国投资的吸引力。此外，受南海问题等的影响，中国在菲律宾、越南等国的投资始终处于偏低的水平。值得注意的是，近年来，中国对东南亚直接投资的国别正在发生较为明显的变化，投资分布从以中南半岛为主到越来越多投资于海岛国家。随着“一带一路”倡议重点推进与东南亚国家的海上港口合作，中国与各海岛国家的合作空间更大，中国对东南亚地区的投资布局预期也将更加均衡。

整体上看，自2010年中国—东盟自贸区正式全面启动至今，中国与东盟的贸易与投资呈现加快发展的态势，特别是随着中国—东盟自贸区升级版谈判于2014年9月正式启动，以东盟为主体的区域全面经济伙伴关系协定也从程序协商进入实质性谈判阶段，东南亚也是中国2015年初以来积极倡导的“21世纪海上丝绸之路”合作的核心区域。在此背景下，可以预期，未来中国对东南亚尤其是东盟的直接投资将继续保持快速增长趋势。

第二，蒙俄地区、西亚中东地区处于中国对“一带一路”沿线国家直接投资的第二梯队，最近几年获得了较快的发展。从投资流量看，中国对蒙俄两国的直接投资流量由2003年的3505万美元增加到2015年的293767万美元，年均增速为44.6%（见图4-9）；西亚中东地区涉及19个国家，中国对其投资流量由2003年的2281万美元增加到2015年的231242万美元，年均增速为47%（见图4-10）。从投资存量上看，中国对蒙俄两国的直接投资由2003年的7506万美元增加到2015年的1777969万美元，

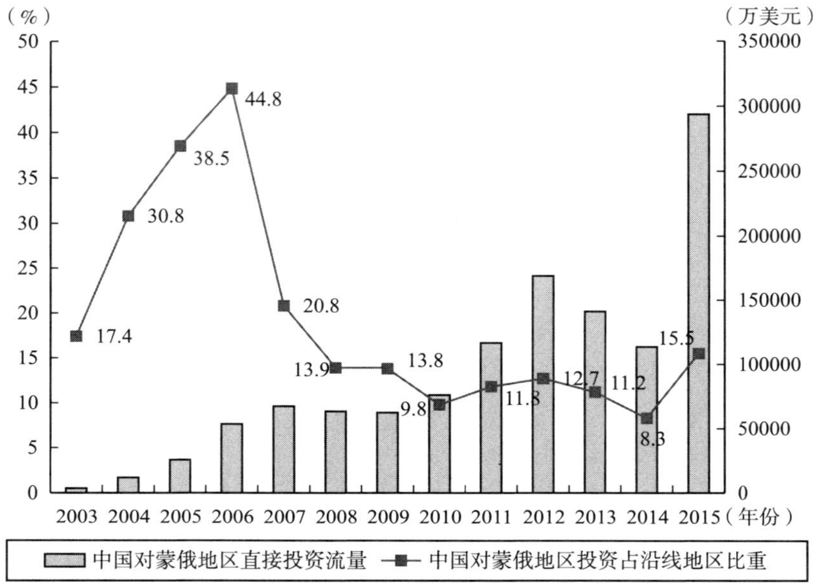

图 4-9 中国对蒙俄地区直接投资流量变化

资料来源：笔者根据有关资料计算绘制。

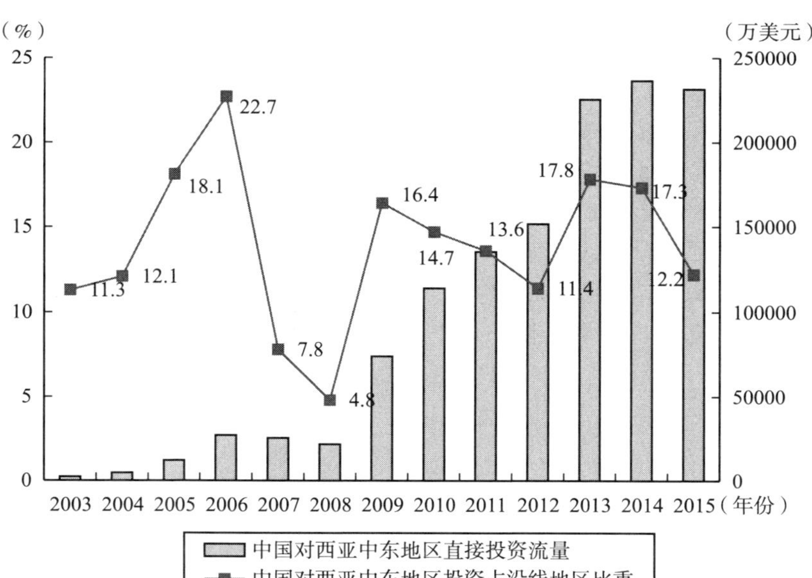

图 4-10 中国对西亚中东地区直接投资流量变化

资料来源：笔者根据有关资料计算绘制。

占中国对“一带一路”沿线国家投资存量的15.4%，仅次于对东南亚的投资规模（见图4－11）；中国对西亚中东地区的直接投资由2003年的52299万美元增加到2015年的1498723万美元，占中国对“一带一路”沿线国家投资存量的12.9%，投资规模排在东南亚、蒙俄之后（见图4－12）。从投资目的地来看，中国在蒙俄地区的投资主要集中在俄罗斯。2015年，中国对俄罗斯直接投资增长创历史最高值，同比增长367.3%，占对欧洲投资流量的41.6%。2003年至今，中国对俄罗斯的直接投资流量年均增速达到33%，由2003年的3062万美元增加到2015年的296086万美元。投资存量由2003年的6164万美元增加到2015年的1401963万美元，12年间增加了226倍。相对而言，中国对蒙古国的直接投资还比较少，而且呈现出波动之势，投资流量由2003年的443万美元增加到2012年创纪录的90403万美元，但由于近年来该国受国际市场大宗矿产品价格持续走低等外部影响以及本国外资政策的变化①，中国对蒙古国的直接投资2012年后出现了剧烈的波动，2013年急剧下降到38879万美元，2014年和2015年分别为50261万美元和2319万美元。中国对蒙古国的直接投资存量由2003年的1342万美元增加到2015年的376006万美元，受投资流量变动的影响，投资存量最近几年增幅较小，2015年出现了不增反降的现象。

中国对西亚中东地区的投资集中于阿联酋、伊朗和沙特阿拉伯，在三国的直接投资流量由2003年的1743万美元增加到2015年的112381万美元，存量由2003年的5356万美元增加到2015年的998640万美元，截至2015年底，三国占中国对该地区直接投资存量的67%；中国对土耳其、埃及、科威特、格鲁吉亚、伊拉克、卡塔尔、阿曼、也门、以色列等国的直接投资也占有一定的比重，并在最近几年呈现加快增长之势，但中国在叙利亚、巴林、黎巴嫩、亚美尼亚、巴勒斯坦等地区的投资相对较少。

第三，中亚和南亚地区处于中国对“一带一路”沿线国家投资的第三梯队，占中国对“一带一路”沿线直接投资总额的比重总体偏小，但中亚地区是“一带一路”沿线地区吸收中国投资速度最快的地区。中亚五国处于

---

① 受蒙古国家大呼拉尔选举政治因素影响，2012年6月4日蒙古国家大呼拉尔通过了《战略领域外国投资协调法》，将矿产资源、金融、通信三个领域列为关系国家安全的战略性领域，并对外国投资者，尤其是外国国有投资或含国有成分的投资者投资战略领域设置了更严格投资限制。该政策的实施严重影响了外国投资者对蒙古国的投资信心，导致蒙古国接受外国直接投资额出现巨幅度下降，中国对蒙古国的直接投资也深受影响。迫于经济压力，2013年9月，蒙古国家大呼拉尔通过新的《投资法》并废止《战略领域外国投资协调法》，这虽然对恢复外国投资者信心有一定的作用，但波动的外资政策增加了外国投资者的担忧。

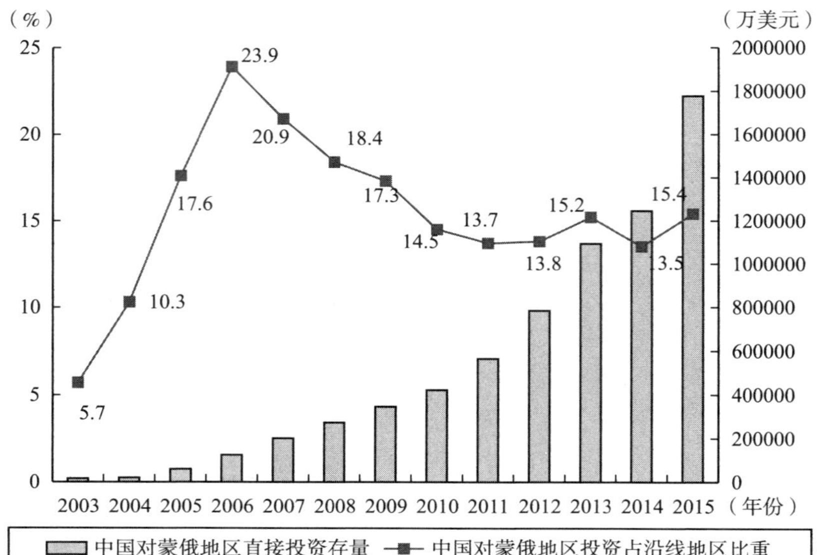

图 4-11 中国对蒙俄地区直接投资存量变化

资料来源：笔者根据有关资料计算绘制。

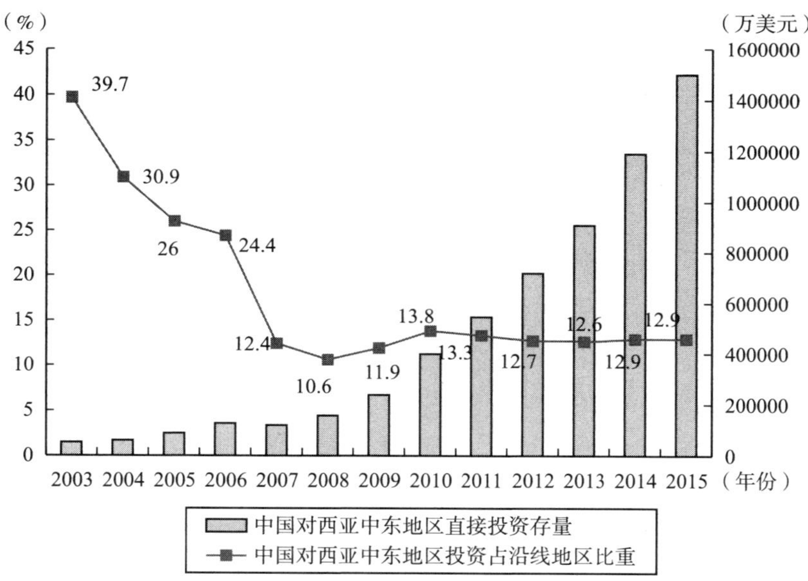

图 4-12 中国对西亚中东地区直接投资存量变化

资料来源：笔者根据有关资料计算绘制。

亚欧大陆的结合部，既是中亚经济带的核心区，也是“丝绸之路经济带”的重要战略节点。除了土库曼斯坦国以外，中亚其他四国和中国都是上海经合组织成员，双方具有良好的经贸合作基础和平台。近年来，中国对中亚五国的直接投资获得了长足的发展，中亚五国已成为中国对外直接投资重要的投资区位。2003年以来，中国对中亚地区直接投资流量一直保持着较高的增速。2003年，中国对中亚地区直接投资流量仅为610万美元，2015年已达到232609万美元，相当于2003年的381倍多（见图4－13）。在此期间，中国对中亚五国直接投资总流量于2004年突破1000万美元，2005年突破1亿美元，2007年突破3亿美元，2012年突破30亿美元；2003～2015年12年间，年均增速达到64%，呈现大幅度跳跃式增长的趋势。这种增长趋势主要得益于中国对哈萨克斯坦直接投资流量的大幅增长。2003年和2004年，中国对哈萨克斯坦的投资流量分别为294万美元和231万美元，2007年和2008年则分别达到了27992万美元和49643万美元，而2011年和2012年则猛增到创纪录的58160万美元和299599万美元，但2014年和2015年出现了较大幅度下降。中国对吉尔吉斯斯坦和塔吉克斯坦的直接投资流量从2010年开始增长也较快，但对土库曼斯坦、乌兹别克斯坦的直接投资流量波动较大。从投资存量看（见图4－14），2003～2015年，中国对中亚五国直接投资存量持续快速增长。截至2003年底，中国对中亚五国直接投资存量仅为4409万美元，到2015年底已达到809022万美元，比2003年增长了182倍还多，占中国对“一带一路”沿线直接投资存量的7%。在此期间，中国对中亚地区直接投资存量于2005年突破3亿美元，2008年接近20亿美元，2010年接近30亿美元，2011年突破40亿美元，2012年接近80亿美元，2014年突破了100亿美元，由于2015年哈萨克斯坦和土库曼斯坦投资流量和存量的减少，导致该对地区投资存量下降，但整体上呈现快速增长的趋势。中国对中亚地区直接投资的这种增长趋势同样主要得益于中国对哈萨克斯坦直接投资存量的大幅增长，对其他四国直接投资存量较小，但增幅也比较高。

从投资目的地看，截至2015年底，中国对中亚五国直接投资的国别分布比重排序依次为哈萨克斯坦、吉尔吉斯斯坦、塔吉克斯坦、乌兹别克斯坦、土库曼斯坦。从历史数据来看，中国对哈萨克斯坦直接投资所占比重一直最高且不断增加，对其他四国直接投资所占比重较小且波动较大。这说明，中国对中亚五国直接投资不仅在历史上主要聚集于哈萨克斯坦，而且这种聚集趋势仍在增强。

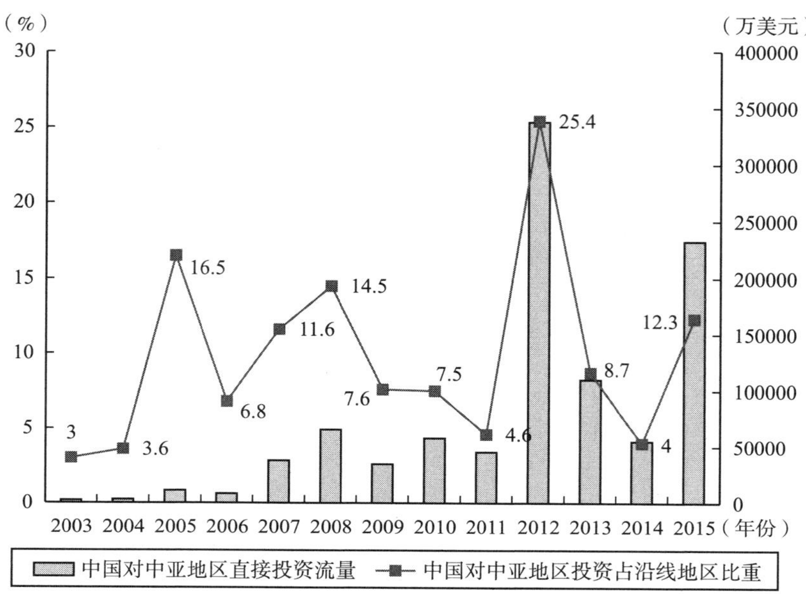

图 4-13　中国对中亚地区直接投资流量变化

资料来源：笔者根据有关资料计算绘制。

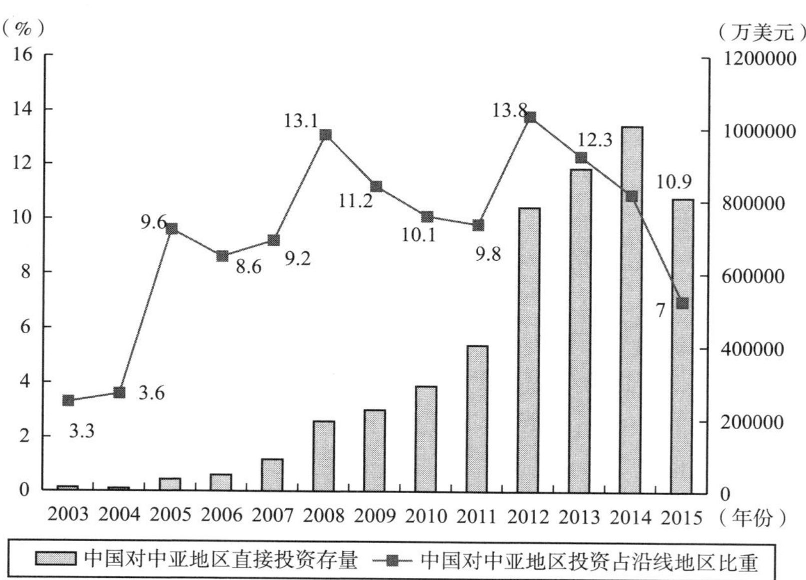

图 4-14　中国对中亚地区直接投资存量变化

资料来源：笔者根据有关资料计算绘制。

相对而言，中国对南亚地区的直接投资步伐相对滞后，但也保持了增长之势。从投资流量看（见图4-15），中国对南亚地区的直接投资由2003年的1172万美元增加到2015年的115027万美元，年均增速为46.5%；从投资存量看（见图4-16），由2003年底的4567万美元增加到2015年底的948157万美元，增加了414倍之多，投资存量占中国对“一带一路”沿线直接投资存量的8.2%。从投资目的地看，中国对南亚地区的直接投资主要集中在巴基斯坦和印度，截至2015年底，两国占中国对南亚直接投资存量的82.3%，但中国在这两个国家的直接投资又有程度上的不同。由于中国和巴基斯坦两国的传统友谊和全方位的互利合作关系，中国在巴基斯坦的对外经贸关系中占有重要的地位，中国已经成为巴基斯坦第二大贸易伙伴，同时，巴基斯坦成为中国在南亚地区最大的投资目的地。2007年以前，中国对巴基斯坦直接投资较少。2007，在两国政府间经贸合作协定的推动下，中国对巴基斯坦投资量出现飞跃，巴基斯坦成为中国对南亚直接投资增长最快、投资规模最大的国家。投资流量由2004年的95万美元增加到2015年的32074万美元，年均增速达到69.8%，投资存量由2004年的3645万美元增加到2015年的403593万美元，中国对巴基斯坦的直接投资存量占对南亚直接投资存量的近43%。但由于受到巴基斯坦宏观经济形势、国内安全形势等因素的影响①，中国对巴基斯坦的直接投资波动较为明显。2007年，中国对巴基斯坦直接投资达到创纪录的91063万美元，此后，2008年和2009年连续两年出现大幅下降，分别为26537万美元和7675万美元，2010年和2011年又出现大幅上升，分别为33135万美元和33328万美元，2012年又降至8898万美元，之后连续3年又出现明显的波动，2013~2015年分别为16357万美元、101426万美元和32074万美元。

中国对印度的直接投资则整体呈现出投资流量和存量数额都较小并且波动较大的特征。2007年之前，中国对印度直接投资发展缓慢，基本处于停滞状态。2008年大幅上涨之后，2009年大幅下滑（流量缩减至2488万美元），而在2010~2012年连续3年高速增长之后，2013年又出现下滑

① 在过去的10年间，巴基斯坦经济发展在2007年达到顶峰，此后逐渐下滑，2012~2013年经济达到最低点。2013年，谢里夫政府上台之初，巴基斯坦经济凋敝，处于债务违约边缘，不得不接受IMF新的救助贷款。经过最近几年的努力，巴经济发展虽然逐渐趋稳，但经济增长仍然较为缓慢。此外，巴基斯坦还是世界上受恐怖袭击最严重的国际之一，2013年6月23日，10名外国游客和1名向导在巴基斯坦南伽峰登山营地附近被恐怖分子强杀，其中包括两名中国公民。2015年，俾路支省、开伯尔—普什图省、信德省等曾发生多起恐怖袭击。2016年初，巴基斯坦开普尔省连续发生多起袭击事件，造成严重人员伤亡，安全形势较为严峻。

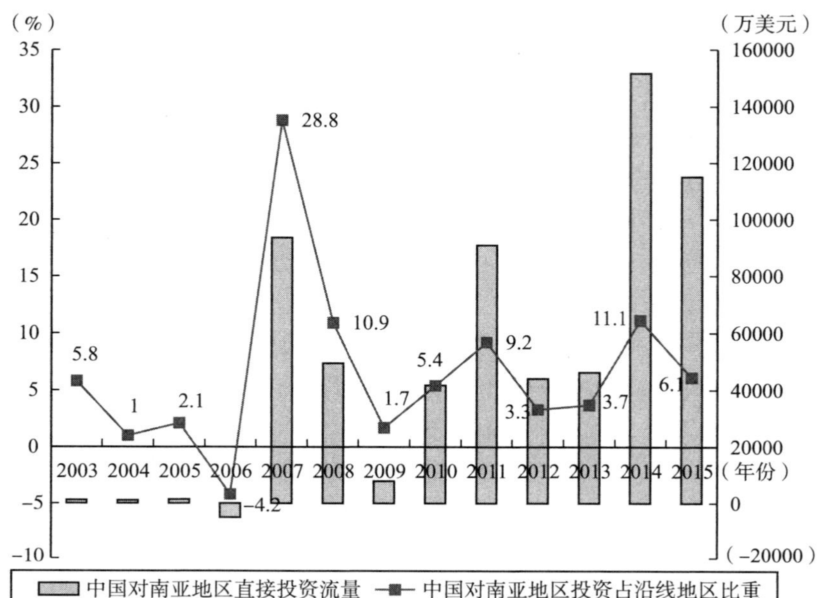

图 4－15　中国对南亚地区直接投资流量变化

资料来源：笔者根据有关资料计算绘制。

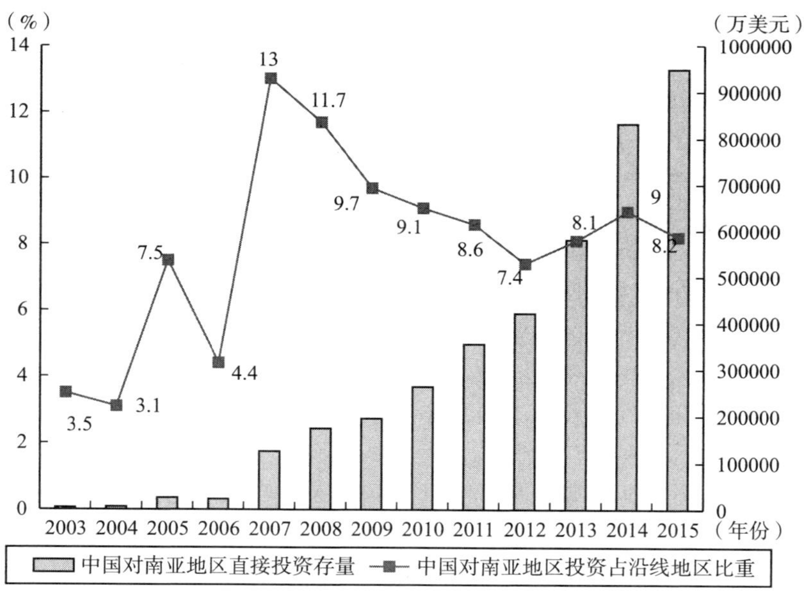

图 4－16　中国对南亚地区直接投资存量变化

资料来源：笔者根据有关资料计算绘制。

（流量为14857万美元），此后，2014年和2015年又出现了大幅度上涨（流量分别为31718万美元和70525万美元）。从中国对外直接投资流量的整体趋势来看，印度并不是主要投资目的地。亚洲是中国对外直接投资流出的最重要地区，近年来在投资总流量中一直占60%～80%的比重。印度作为国内生产总值亚洲排名第3位、世界排名第10位的国家，2015年却只吸收了中国对亚洲投资存量总额的0.49%，对世界投资存量总额的0.34%，这与中印两国的经济规模和经贸合作水平极不相称。从印度利用外国直接投资的角度看，毛里求斯、新加坡、英国、日本、美国和荷兰等国是印度主要的投资来源地。其中新加坡和毛里求斯对印度投资接近印度吸引外资总额的50%。而中国不是印度外资的主要来源国。2000年4月到2014年5月，中国对印度的直接投资总量只占流入印度的外国直接投资总额的0.18%，在印度外资来源国中排名第28位①。中国对印度投资较少、进展缓慢的主要原因在于：（1）印度政府的阻碍成为最为重要的原因。出于强烈的经济民族主义情绪、“中国威胁论”、中印领土争端、地缘政治以及对冲“一带一路”倡议的需求等因素的考虑，印度政府对中国企业投资充满警惕，不断以“危害国家安全”等理由，阻碍中国企业在印度投资。早在2002年，印度政府就将中国、巴基斯坦、孟加拉国等国设为“敏感国家”，限制其对印度的直接投资；2006年，印度政府又制定了一项外国直接投资审查政策，将中国（包括中国香港、中国澳门地区在内）、孟加拉国、阿富汗等国列为“存在威胁印度安全的敏感国家”名单，并对投资于印度港口、航空、电信和互联网服务等领域的中国企业进行严格审查；2010年，印度情报部门将包括华为、联想、中兴等公司在内的25家中国电信设备供应商一同列入“黑名单”，禁止其在印度的投资。印度政府的种种举措使中国企业在印度投资屡屡受挫，进展缓慢。（2）印度投资环境的制约。印度不完善的基础设施以及复杂的相关规章制度等投资环境方面的不利因素，也同样制约着中国企业在印度投资的发展。（3）“后来者”的身份对中国企业投资印度造成不利影响。相对于英、美、日、荷兰等国对印度投资的企业而言，中国企业是“后来者”，不像前者那样在印度根基深厚，中国企业作为进入市场必然面临更大难度。

从中国对南亚其他国家的直接投资看，中国对不丹没有投资，对马尔代夫投资从2013年才开始出现，但数量非常少。从2010年起中国对斯里

① 沈梦溪：《中国对印度投资合作现状及前景》，载《国际经济合作》2014年第10期。

兰卡、尼泊尔、孟加拉国和阿富汗等国家的直接投资呈现加快之势，但波动较大。例如，中国对斯里兰卡的直接投资流量2009年之前非常少，有的年份（2007年、2009年）出现负增长，但2010年达到创纪录的2821万美元，2011年更是飙升到8123万美元，2012年则急剧下降到1675万美元，2013～2015年则分别为7177万美元、8511万美元和1747万美元，波动较大；中国对尼泊尔的直接投资在2009年之前波动较大，从2010年之后呈现出快速发展之势，由2010年的86万美元增加到2015年的7888万美元，年均增速达到345%以上；中国对阿富汗的直接投资呈现最不稳定的特点，波动最为明显，2006年和2007年中国对阿富汗的直接投资分别为25万美元和10万美元，2008年达到11391万美元，随后的2009年和2010年又连续出现大幅下降，分别为1639万美元和191万美元，2011年又急剧增加到29554万美元，之后的几年间又出现大幅下降，甚至出现负增长，2012年为1761万美元，2013年中国企业从阿富汗撤资122万美元，2014年急剧增加到2792万美元，2015年重新出现撤资现象，达到326万美元；中国对孟加拉国的直接投资尽管也有波动，但相对而言，波动幅度较小，尤其是2010年之后呈现出稳中快速上升的特点，由2010年的724万美元增加到2015年的3119万美元，年均增速达到374%。从投资存量看，中国对这些国家的直接投资存量还比较少，截至2015年底，中国在斯里兰卡、阿富汗、尼泊尔和孟加拉国直接投资存量分别为77251万美元、41993万美元、29193万美元和18843万美元，占中国对南亚地区直接投资的比重分别为8.1%、4.4%、3.1%和1.9%。

第四，中国在中东欧地区的直接投资规模最小，且增长速度较慢。从投资流量看（见图4－17），中国对中东欧地区的直接投资由2003年的679万美元增加到2015年的21651万美元，年均增速为33%，低于中国对“一带一路”沿线国家直接投资的总体增长速度，但从2012年开始，随着中东欧地区的投资环境持续改善，中国的对其直接投资增长加快，成为对中东欧主要的资本输出国之一。从投资存量看（见图4－18），截至2003年底，中国在中东欧地区的投资存量为4206万美元，而到2015年底，直接投资存量为252365万美元，相当于同时期中国在东南亚地区直接投资存量的4%，仅仅占中国对“一带一路”沿线直接投资存量的0.2%。另外，在中东欧地区内部，中国直接投资的空间分布也非常不均衡，投资多集中在匈牙利、白俄罗斯、罗马尼亚、波兰、保加利亚和捷克，在斯洛伐克、乌克兰、塞尔维亚等国的投资占有一定的比例，而在克罗地亚、立陶宛、阿尔巴尼亚、斯洛文尼亚、波黑等国的投资则非常少。中东欧国家在转型初期一度把巩固民主，融入西方并加入欧盟为主要任务，部分中东欧国家对中国制度不认同，在达赖问题、人权和宗教等问题上的同中国存在诸多矛盾，中国过去对转型后的中东欧国家了解不足、对中东欧国家定位模糊而没有整体的投资战略，种种因素增加了中国对中东欧国家直接投资的难度，导致对该地区直接投资规模偏小。近年来，中东欧对外政策发生变化，中国与中东欧高层交流得到加强，这为中国对中东欧地区的直接投资提供了新的机遇。受2010年欧元区债务危机的影响，中东欧地区的对外政策由一味“西向”开始转向东方国家（如中俄），寻求更密切的合作机会。中东欧国家将改善交通基础设施、推进电力等清洁能源建设、大力发展信息技术和通信业作为主要吸引投资的领域，鉴于中国在上述领域投资基础较好且拥有的充足的外汇储备，一些中东欧国家纷纷争取中国的投资。与此同时，中国也意识到把中东欧视为投资目的地的战略重要性，采取了一系列积极举措。各种投资论坛和投资促进活动在中国和中东欧多次举行，中东欧与中国的投资互动展现出前所未有的水平①。

---

① 这些积极的举措包括：2011年中国首次与中东欧国家在匈牙利布达佩斯举行经贸论坛。2012年4月时任中国总理温家宝再次访问中东欧地区，在“中国—中东欧国家经贸论坛”框架下，中国作出了推动中国和中东欧务实合作的12项举措。具体包括：（1）成立中国与中东欧国家合作秘书处。秘书处设在中国外交部，负责沟通协调合作事宜、筹备领导人会晤和经贸论坛并落实有关成果。中东欧16国根据自愿原则指定本国对口部门及1名协调员参与秘书处协调工作。（2）设立总额100亿美元的专项贷款，其中配备一定比例的优惠性质贷款，重点用于双方在基础设施建设、高新技术、绿色经济等领域的合作项目。中东欧16国可向中国国家开发银行、进出口银行、工商银行、中国银行、建设银行和中信银行提出项目申请。（3）发起设立中国—中东欧投资合作基金，首期募集基金目标为5亿美元。（4）中方将向中东欧地区国家派出贸易投资促进团并采取切实措施推进双方经贸合作。愿与各国共同努力，力争中国与中东欧16国贸易额至2015年达到1000亿美元。（5）根据中东欧国家的实际情况和需求，推动中国企业在未来5年同各国合建1个经济技术园区，也愿继续鼓励和支持更多中国企业参与各国已有的经济技术园区建设。（6）愿与中东欧16国积极探讨货币互换、跨境贸易本币结算以及互设银行等金融合作，加强对务实合作的保障与服务。（7）成立中国—中东欧交通网络建设专家咨询委员会。由中国商务部牵头，中东欧16国本着自愿原则加入，共同探讨通过合资合作、联合承包等多种形式开展区域高速公路或铁路示范网络建设。（8）倡议2013年在中国举办“中国—中东欧国家文化合作论坛”，并在此框架下定期举行文化高层和专家会晤及互办文化节、专题活动。（9）在未来5年向中东欧16国提供5000个奖学金名额。支持16国孔子学院和孔子课堂建设，未来5年计划邀请1000名各国学生来华研修汉语。加强高校校际交流与联合学术研究，未来5年派出1000名学生和学者赴16国研修。中国教育部计划明年在华举办“中国—中东欧国家教育政策对话”。（10）倡议成立中国—中东欧国家旅游促进联盟。由中国国家旅游局牵头，欢迎双方民用航空主管部门、旅游和航空企业参与，旨在加强相互推介和联合开发旅游线路，并探讨开通与中东欧16国更多直航。中国国家旅游局计划今秋在“上海中国国际旅游交易会”期间协办“中国—中东欧国家专项旅游产品推介会”。（11）设立中国与中东欧国家关系研究基金。中方愿每年提供200万元人民币，支持双方研究机构和学者开展学术交流。（12）中方计划于2013年举办首届“中国与中东欧青年政治家论坛”，邀请双方青年代表出席，增进相互了解与友谊。

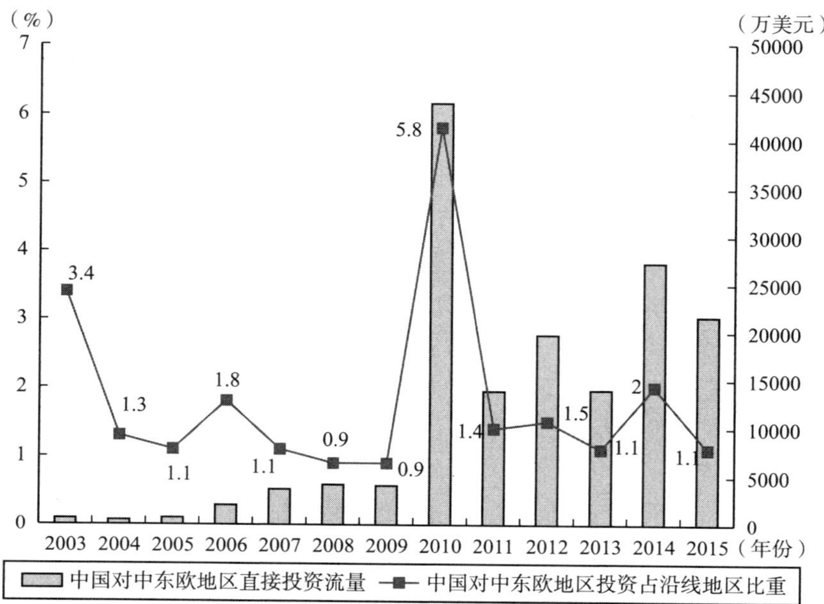

图 4-17 中国对中东欧地区直接投资流量变化

资料来源：笔者根据有关资料计算绘制。

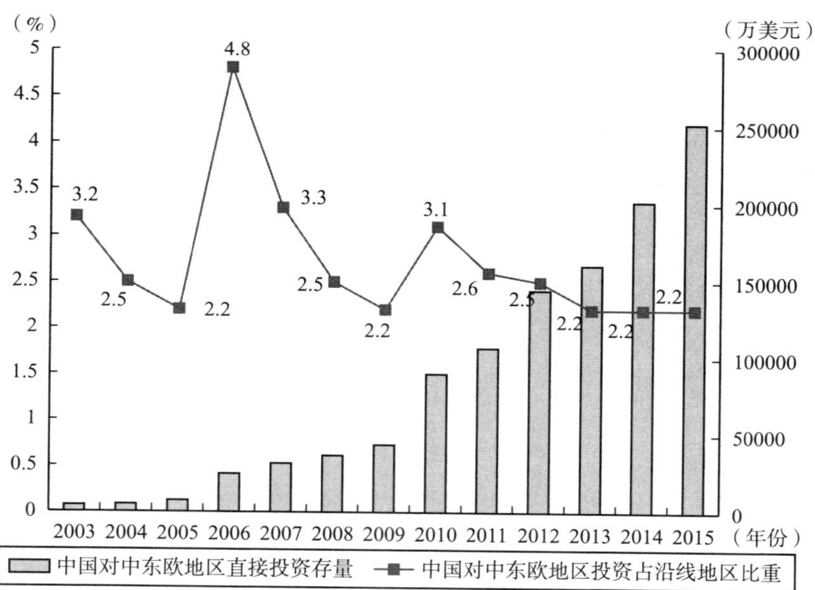

图 4-18 中国对中东欧地区直接投资存量变化

资料来源：笔者根据有关资料计算绘制。

当前，尽管中国在中东欧地区的直接投资总体规模相对偏小，但仍然呈现出一些新变化。这主要表现在①：

第一，中国对中东欧地区直接投资注重布局的整体性，推动产品生产、加工和销售链的整体迁移。通过绿地投资、并购、合资等方式将具体的生产模式落地中东欧（如基础设施建设、机械制造、信息和服务业以及农产品开发等），以中东欧为跳板进入欧盟、俄罗斯和土耳其等大市场，立足将产品生产和技术标准“欧洲化”，实现产品在欧洲市场生产、销售的区域内循环和升级，这是目前以及可预见的将来中国在中东欧投资的主要特点之一。

第二，逐渐形成一批具有鲜明特征的投资产业。中国目前在中东欧的投资方向基本上围绕着中国的技术、人力资本比较优势以及长期积累的先发性优势，并结合中东欧国家有实际投资需求的产业展开。这些投资产业主要包括基础设施建设、通信设施建设与技术研发、清洁能源投资（主要是技术投资）和机械制造与加工等。

第三，注重对中东欧地区重点国家的开发与合作，以点带面。中国发展同中东欧关系不追求一步到位，在整个区域全面铺开，而是更看重吸引投资优势较为突出或各种综合指标较为均衡的国家，波兰、匈牙利就是重点选择的对象。最近几年，中国在这两个国家的直接投资明显增加。

第四，中国在中东欧投资软环境建设得到明显改善。中国政府大力推动中国和中东欧的文化交流，开办各种投资交流论坛，派遣投资促进团到中东欧国家推进投资，加强信息交流与经验共享，邀请中东欧国家主管官员来华培训。中方还设立中国与中东欧文化交流机制以及研究基金等推进对中东欧地区的了解。

4.3 中国对“一带一路”沿线国家直接投资的产业格局

4.3.1 中国对东南亚地区直接投资的行业分布

中国对东南亚地区直接投资的行业分布较为集中，主要分布在租赁和

① 刘作奎：《新形势下中国对中东欧国家投资问题分析》，载《国际问题研究》2013年第1期。

商务服务业，制造业，电力、热力、燃气及水的生产和供应业，批发和零售业，采矿业，金融业等。从表4－1可以看出，2015年，中国对东盟直接投资流量分布为：租赁和商务服务业为667384万美元，同比增长438.6%，占45.7%，主要分布在新加坡、越南、马来西亚、印度尼西亚等；制造业为263944万美元，占18.1%，主要分布在印度尼西亚、泰国、新加坡等；批发和零售业为174324万美元，占11.9%，主要分布在新加坡、泰国、柬埔寨、马来西亚等；金融业为91178万美元，占6.2%，主要分布在新加坡、缅甸、柬埔寨、越南等。这四大行业直接投资总计1196830万美元，占中国对东盟直接投资总额的近82%。其他行业还包括：水利、环境和公共设施管理业为77804万美元，占5.3%，主要在新加坡；建筑业为57327万美元，占3.9%，主要分布在新加坡、柬埔寨、印度尼西亚等；农、林、牧、渔业为50432万美元，占3.5%，主要分布在柬埔寨、老挝、印度尼西亚等；电力、热力、燃气及水的生产和供应业为31080万美元，占2.1%，主要分布在印度尼西亚、缅甸等；房地产业为17583万美元，占1.2%。

表4－1 2015年中国对东盟直接投资的主要行业分布

行业	流量（万美元）	比重（%）	存量（万美元）	比重（%）
租赁和商务服务业	667384	45.7	1608852	25.7
制造业	263944	18.1	935871	14.9
电力、热力、燃气及水的生产和供应业	31080	2.1	786570	12.5
批发和零售业	174324	11.9	753721	12.0
采矿业	3895	0.3	624743	10.0
金融业	91178	6.2	435619	6.9
建筑业	57327	3.9	386174	6.2
农、林、牧、渔业	50432	3.5	231428	3.7
交通运输、仓储和邮政业	6092	0.4	178260	2.8
房地产业	17583	1.2	116163	1.9
水利、环境和公共设施管理业	77804	5.3	81128	1.3
科学研究和技术服务业	8479	0.6	74361	1.2

续表

行业	流量（万美元）	比重（%）	存量（万美元）	比重（%）
信息传输、软件和信息服务业	6347	0.4	24607	0.4
居民服务、修理和其他服务业	3922	0.3	18259	0.3
住宿和餐饮业	1319	0.1	9995	0.2
文化、体育和娱乐业	1765	0.1	4678	0.1
教育	-2444	-0.2	1079	0.0
其他行业	—	0.0	88	0.0
合计	1460431	100.0	6271596	100.0

资料来源：2015年《中国对外直接投资公报》。

从2015年中国对东盟投资存量的行业分布情况看，租赁和商务服务业为1608852万美元，占25.7%，主要分布在新加坡、印度尼西亚、老挝、越南、菲律宾等；制造业为935871万美元，占14.9%，是中国对东盟投资涉及国家最广泛的行业，其中投资额上亿美元的国家有：印度尼西亚（18.18亿美元）、越南（17.08亿美元）、泰国（15.1亿美元）、新加坡（13.52亿美元）、老挝（9亿美元）、马来西亚（8.99亿美元）、柬埔寨（7.9亿美元）、缅甸（2.53亿美元）、菲律宾（1.18亿美元）；电力、热力、燃气及水的生产和供应业为786570万美元，占12.5%，主要分布在新加坡、缅甸、老挝、印度尼西亚、柬埔寨等；批发和零售业为753721万美元，占12%，主要分布在新加坡、印度尼西亚、越南、泰国、菲律宾、马来西亚等；采矿业为624743万美元，占10%，主要分布在印度尼西亚、缅甸、新加坡、老挝、越南、柬埔寨、泰国等；金融业为435619万美元，占6.9%，主要分布在新加坡、泰国、印度尼西亚、马来西亚、越南等；建筑业为386174万美元，占6.2%，主要分布在新加坡、柬埔寨、老挝、马来西亚、越南、印度尼西亚、泰国等；农、林、牧、渔业为231428万美元，占3.7%，主要分布在老挝、泰国、菲律宾、马来西亚等；交通运输、仓储和邮政业为178260万美元，占2.8%，主要分布在新加坡、泰国等；房地产业为116163万美元，占1.9%，主要分布在新加坡、老挝等；水利、环境和公共设施管理业为81128万美元，占1.3%，科学研究和技术服务业为74361万美元，占1.2%；信息传输、软件和信息服务业为24607万美元，占0.4%；居民服务和其他服务业为18259万美元，占0.3%；住宿和餐饮业为9995万美元，占0.2%。

尽管中国对东盟直接投资的行业比较集中，但近年来中国对上述主要行业的投资规模也不断地发生变化。2010～2014年，中国对东盟直接投资流量的主要行业变化为：对租赁和商务服务业的直接投资流量在5年间分别为15598万美元、56674万美元、44041万美元、62133万美元、123908万美元，占同期对东盟直接投资的比重分别为3.5%、9.6%、7.2%、8.5%、15.9%；对制造业的直接投资分别为48593万美元、56863万美元、98821万美元、118858万美元、152213万美元，相应占比分别为11%、9.6%、16.2%、16.4%、19.5%；对批发和零售业的直接投资分别为17102万美元、75253万美元、68288万美元、123455万美元、111776万美元，相应占比分别为3.9%、12.7%、11.2%、17%、14.3%；对采矿业的直接投资分别为89817万美元、44609万美元、171434万美元、123399万美元、67424万美元，相应占比分别为20.4%、7.6%、28.1%、17%、8.6%；对金融业的直接投资分别为107934万美元、61999万美元、9399万美元、54234万美元、67254万美元，相应占比分别为24.5%、10.5%、1.5%、7.5%、8.6%；对电力、热力、燃气及水的生产和供应业的直接投资分别为79130万美元、100641万美元、108179万美元、82211万美元、64604万美元，相应占比分别为18%、17%、17.7%、11.3%、8.3%。

2010～2014年，中国对东盟直接投资存量的主要行业变化为：对租赁和商务服务业的直接投资存量在5年间分别为117337万美元、275887万美元、338769万美元、391975万美元、684283万美元，占同期对东盟直接投资的比重分别为8.2%、12.9%、12%、11%、14.4%；对制造业的直接投资分别为190176万美元、256597万美元、334756万美元、467252万美元、613266万美元，相应占比分别为13.3%、12%、11.9%、13.1%、12.9%；对批发和零售业的直接投资分别为187545万美元、269932万美元、355830万美元、476315万美元、589980万美元，相应占比分别为13.1%、12.6%、12.6%、13.4%、12.4%；对采矿业的直接投资分别为184306万美元、238461万美元、403328万、528078万美元、605297万美元，相应占比分别为12.8%、11.1%、14.3%、14.8%、12.7%；对金融业的直接投资分别为176183万美元、228086万美元、257748万美元、281026万美元、587937万美元，相应占比分别为12.3%、10.6%、9.1%、7.9%、12.3%；对电力、热力、燃气及水的生产和供应业的直接投资分别为277668万美元、380321万美元、511996万美元、603915万美元、722591万美元，相应占比分别为19.3%、17.7%、18.1%、16.9%、15.2%。

4.3.2 中国对蒙俄地区直接投资的行业分布

根据中国商务部统计，中国对俄罗斯的直接投资主要分布在能源、矿产资源开发、林业、建筑和建材生产、贸易、轻纺、家电、通信、服务等行业。

从表4-2可以看出，2015年，中国对俄罗斯的直接投资行业分布为：采矿业为141046万美元，占47.6%；金融业为76784万美元，占25.9%；农、林、牧、渔业为34683万美元，占11.7%；制造业为27625万美元，占9.3%；居民服务、修理和其他服务业为4632万美元，占1.6%；租赁和商务服务业为3994万美元，占1.3%；科学研究和技术服务业为2499万美元，占0.8%。从存量的主要行业分布情况看，采矿业为558759万美元，占39.9%；制造业为311260万美元，占22.2%；农、林、牧、渔业为246294万美元，占17.6%；租赁和商务服务业为131526万美元，占9.4%；批发和零售业为42327万美元，占3%；房地产业为37141万美元，占2.6%；建筑业为31301万美元，占2.2%；金融业为23104万美元，占1.6%。

表4-2　2015年中国对俄罗斯直接投资的主要行业分布

行业	流量（万美元）	比重（%）	存量（万美元）	比重（%）
采矿业	141046	47.6	558759	39.9
制造业	27625	9.3	311260	22.2
农、林、牧、渔业	34683	11.7	246294	17.6
租赁和商务服务业	3994	1.3	131526	9.4
批发和零售业	1602	0.5	42327	3.0
房地产	1155	0.4	37141	2.6
建筑业	1896	0.6	31301	2.2
金融业	76784	25.9	23104	1.6

续表

行业	流量（万美元）	比重（%）	存量（万美元）	比重（%）
居民服务、修理和其他服务业	4632	1.6	10783	0.8
科学研究和技术服务业	2499	0.8	3652	0.3
交通运输、仓储和邮政业	—	—	2560	0.2
信息传输、软件和信息技术服务业	3	0.0	1808	0.1
其他行业	167	0.3	1448	0.1
合计	296086	100.0	1401963	100.0

资料来源：2015 年《中国对外直接投资公报》。

尽管中国对俄罗斯的直接投资主要集中于以上几类行业，但对这几类行业的投资近年来其规模也不断地发生变化。2010～2014 年，中国对俄罗斯直接投资流量的主要行业变化为：对采矿业的直接投资流量在 5 年间分别为 4904 万美元、30386 万美元、10667 万美元、22698 万美元、8235 万美元，占同期对俄罗斯直接投资的比重分别为 8.6%、42.2%、13.5%、22.2%、13%；对制造业的直接投资分别为 6979 万美元、4415 万美元、17401 万美元、16525 万美元、11550 万美元，相应占比分别为 12.3%、6.2%、22.2%、16.2%、18.2%；对农、林、牧、渔业的直接投资分别为 18064 万美元、14747 万美元、23525 万美元、40042 万美元、35234 万美元，相应占比分别为 31.8%、20.6%、30%、39.2%、55.6%；对租赁和商务服务业的直接投资分别为 20130 万美元、4242 万美元、18258 万美元、1383 万美元、2258 万美元，相应占比分别为 35.5%、5.9%、23.3%、1.3%、3.6%。

2010～2014 年，中国对俄罗斯直接投资存量的主要行业变化为：对采矿业的直接投资存量在 5 年间分别为 27492 万美元、58802 万美元、75870 万美元、80806 万美元、79597 万美元，占同期对俄罗斯投资的比重分别为 9.9%、15.6%、15.5%、10.7%、9.2%；对制造业的直接投资分别为 32356 万美元、35868 万美元、61244 万美元、266266 万美元、274782 万美元，相应占比分别为 11.6%、9.5%、12.5%、35.1%、31.6%；对农、林、牧、渔业的直接投资分别为 74790 万美元、88394 万美元、128052 万美元、168249 万美元、209970 万美元，相应占比分别为 26.8%、23.5%、

26.2%、22.2%、24.1%；对租赁和商务服务业的直接投资分别为46798万美元、54460万美元、89494万美元、86698万美元、97910万美元，相应占比分别为16.8%、14.5%、18.3%、11.4%、11.3%。

截至2015年底，在俄罗斯的中资企业正处于蓬勃发展阶段，主要集中在矿产、林业、农业、零售、建筑等领域，共在俄罗斯设立境外企业1000多家。在俄罗斯的主要中资企业有：中国工商银行（莫斯科）股份公司、中国银行（俄罗斯）股份公司、中国建设银行（俄罗斯）有限公司、中国农业银行莫斯科子行、中国友谊商城、华为公司、上实集团、中国诚通控股集团、中国机械进出口（集团）、中国林业有限公司、黑龙江紫金龙兴矿业公司、中国五矿集团、中国冶金科工有限公司等。

蒙古国经济以畜牧业和矿业为主，近年来城市化发展较快。根据中国商务部统计数据，2015年中国企业在蒙古国新签承包工程合同63份，合同额为9.7亿美元；当年派出各类劳务人员5564人，年末在蒙古国劳务人员为4532人。新签大型工程承包项目包括大庆石油国际工程公司承建2015年度蒙古国塔木察格石油工程技术服务及地面工程建设项目、华山国际工程公司承建蒙古国72小学工程项目、中铁四局集团有限公司承建乌兰巴托新国际机场的高速项目等。截至2015年末，中国对蒙古国的直接投资主要分布在矿产、能源、建筑、金融、畜产品加工、餐饮服务等行业①。2014年，在蒙古国中资企业达到5951家，占在蒙古国外企总数的49.1%。在蒙古国从事矿产资源开发的中资企业主要有：中有色鑫都矿业有限公司、中核二二建蒙古分公司、山金矿业有限公司、蒙古正元有限公司、中铁资源乌兰铅锌矿、中铁蒙古有限责任公司CRMT、蒙古国东莞矿业有限公司、龙铭矿业、BHM有限责任公司、黑龙江蒙古有限公司、华融矿业有限责任公司、酒钢丰晟有限责任公司、新鑫有限责任美来福蒙古有限公司、蒙古国四达矿业有限公司、MDSL有限责任公司、新兴铸管蒙古有限公司、蒙古国鸢都矿业有限责任公司、蒙古能源公司、XXEM有限公司、巴音北辰公司、蒙古查胡尔特敖包、鑫田蒙古有限公司、永沛泉有限公司、聚德矿业有限公司、九华矿业有限公司、蒙古锦华矿业有限公司、新珂源有限公司、蒙古新亿利能源有限公司等。从事能源开采和加工的企业主要有：中国石油大庆塔木察格有限公司、东胜石油蒙古有限公司、大庆石油国际工程公司蒙古公司、新疆油田建设公司、中国石化集团

① 商务部：《对外投资合作国别（地区）指南：蒙古国篇》，2016年。

国际服务公司等。从事建筑建材的主要企业有：中铁四局集团有限公司、上海建工集团、新疆北新路桥建设股份有限公司、北京建工集团蒙古分公司、北京住总集团、中国水电建设集团国际工程有限公司、中铁一局集团有限公司、中铁十二局集团有限公司、中国机械设备工程有限公司（CMEC）、中铁二十一局集团有限公司、中工国际工程股份有限公司、葛洲坝国际工程有限公司、龙建路桥股份有限公司、中交建集团、新疆路桥、蒙古中信建筑集团公司、中冶天工建设蒙古公司、中宝有限责任公司、中兴建筑有限公司、银山建筑有限公司、蒙古国孙蔡天马公司等。从事金融、畜产品加工、餐饮服务等其他行业的主要企业有：中国银行乌兰巴托代表处、中国国际航空公司、华为技术有限公司、蒙古烟草有限责任公司、哈尔滨电气集团公司、雷沃重工股份有限公司、湖南工业设备安装有限公司、中电建海外投资公司、蒙古秋林有限责任公司、MONFRESH 饮料厂、中国龙美食城、丁阿特日隔壁公司、蒙古国蒙凯国际有限公司等。

4.3.3 中国对西亚中东地区直接投资的行业分布

中国对西亚中东地区的直接投资主要集中在能源、基础设施、制造业等领域。中国对沙特阿拉伯的直接投资主要为基础设施、城市建设、能源和制造业等领域。中国对沙特阿拉伯、阿联酋、伊朗等主要直接投资国的直接投资行业分布为：中国对沙特阿拉伯国家直接投资的行业分布。作为素有“石油王国”之称的沙特阿拉伯，其石油是该国的经济命脉，石油收入占国家财政收入的70%以上，占国内生产总值的42%。为改变严重依赖石油的单一经济结构，沙特阿拉伯采取各种措施，积极利用外资，引进国外先进的技术设备，大力发展钢铁、炼铝、水泥、海水淡化、电力工业、农业和服务业等非石油产业，其通信、交通、银行、保险及零售业陆续对外国投资者开放，国内投资环境不断改善。根据联合国贸发会议发布的2016年《世界投资报告》显示，截至2015年底，约40%的外商直接投资存量集中在沙特阿拉伯的工业领域，如炼油、石化、矿业、建筑、食品、塑料、橡胶等行业。截至2015年，中国企业在沙特阿拉伯注册的合资、合作、独资企业和分支机构有160家，投资涉及的行业主要包括建筑、石化、水泥、通信、零售等。其中，中国企业在沙特投资的建筑工程类项目占一半以上。据中国商务部统计数据，2015年中国企业在沙特阿拉伯新签承包工程合同116份，新签合同金额为60.1亿美元，完成金额为

70.2亿美元。新签大型工程承包项目包括山东电建沙特阿美MGS二期EPC项目（合同金额约7亿美元）、中石油BGP项目（合同金额为2.52亿美元）、中国铁建阿美达赫兰别墅项目（合同金额约为1.74亿美元）、中建材沙特阿拉伯水泥厂拉比格七线扩建项目（合同金额约为3.2亿美元）、中石化炼化Maaden公用工程项目（合同金额约为4.48亿美元）、中国通信服务沙特公司通信工程项目（合同金额约为1.33亿美元）。其他的重大投资项目还包括：2004年，中石化集团与沙特阿美公司组建中沙天然气公司，中标沙特B区块天然气勘探开发项目，双方对该项目的累积投资已经超过5亿美元；2014年8月，中石化集团正式决定参股沙特阿美石油公司在沙特延布年产2000万吨的红海炼油厂，与沙特阿美石油公司共同投资100亿美元建设沙特阿美中石化延布炼厂项目，于2014年底竣工，2016年1月正式投产启动，其中中石化集团占股37.5%；2016年8月，华为公司获得沙特100%贸易营业执照，从此华为公司可在沙特市场正式销售旗下产品，也借此成为通信和信息技术领域第一家获得全贸易营业执照的外资公司，也是第一家享受该优惠政策的中国公司。

中国对阿联酋直接投资的行业分布。阿联酋位于阿拉伯半岛东南端，地处海湾进入印度洋的海上交通要冲，是西亚和中东地区重要的金融中心和全球第三大转口贸易中心，且石油、天然气等自然资源丰富，基础设施发达，政治经济稳定，社会治安良好，商业环境宽松，法律制度健全，经济开放度高，是海湾和中东地区最具投资吸引力的国家之一。中国在阿联酋主要投资领域为能源、钢铁、建材、建筑机械、五金、化工、电信、建筑等，部分企业开始涉足核电、航天、可再生能源等行业。目前，超过3000家中国企业在阿联酋开办了公司或办事处。中国在阿联酋的主要投资项目包括：2014年，阿联酋石油化工企业阿布扎比国家石油公司（ADNOC）和中石油国际（香港）公司合资成立阿亚萨拉（Al Yasat）石油作业公司，中方占股40%，在阿指定陆上和海上合作区块进行油田勘探；中化亚特兰蒂斯（Atlantis）公司在阿联酋投资建设UAQ气田项目；中石油工程公司与中石油管道局共同签约承建了阿布扎比国际石油投资公司（IPIC）从阿布扎比至富查伊拉400千米的战略油气管道线路项目，金额高达32.9亿美元；中石化冠德控股有限公司（占50%）与新加坡宏国能源有限公司（占38%）、富查伊拉政府（占12%）在阿联酋富查伊拉投资建设的石油仓储合资项目——富查伊拉石油仓储公司；2015年5月，阿里巴巴集团与迪拜米拉斯集团宣布共同投资建设迪拜数据中心项目，2015

年10月双方合资成立Yvolv公司，并同时推出了其第一款移动应用Yvo，现已投入运营。华为公司和阿联酋国家电信公司（ETISALAT）结成战略伙伴关系，积极拓展在阿联酋业务：2009年华为公司与ETISALAT公司成立联合业务创新中心，2010年又与ETISALAT公司签订了培训合作伙伴协议，华为公司选定该公司的培训学院作为其在中东、非洲下一代网络合作培训中心，并为该学院提供培训所需要的技术和资源支持；2015年9月华为公司在迪拜开设了中东地区首家客户服务中心，11月在迪拜投资建立了中东北非创新体验中心，并相继与阿联酋本地主要通信运营商签订了关于全面网络改造、先进网络技术研发合作等方面的合作协议；华为公司包括LTE、3G、GSM、NGN、传输、FBB、IPTV、FTTX在内的多种电信解决方案在阿联酋的电信市场实现了规模应用。

中国对伊朗直接投资的行业分布。伊朗地理位置、资源优势明显，是“一带一路”西线具有重要战略地位的国家。但由于过去长期受欧美西方国家的制裁，伊朗吸引外资整体规模较少，包括中国在内的外资主要集中在原油、天然气、汽车、铜矿、石化、食品和药品等行业。在伊朗汽车行业投资和经营的中资企业主要有奇瑞、力帆、江淮、长城、北汽、一汽、中国重汽、华晨、吉利等公司，天然气行业的中资企业主要有中石油、中石化等公司，电信行业有华为、武汉烽火等公司。在中伊两国经贸合作领域中，工程承包领域是两国合作的重要组成部分，伊朗已经成为中国最重要的对外工程承包市场之一。中国在伊朗工程承包项目主要涉及领域包括能源、交通、电力、钢铁、有色金属、化工、矿业、通信、汽车、摩托车、家电组装等。据中国商务部统计，2015年中国企业在伊朗新签承包工程合同251项，合同金额为15.2亿美元，完成金额为15.9亿美元。截至2015年底，中资企业在伊朗签约合同额为451.1亿美元，完成金额为198.9亿美元。新签大型工程承包项目包括中国水电建设集团国际工程有限公司承建的伊朗北部三省105000公顷农田改造及平整项目、中信国际合作有限公司承建的伊朗艾玛克斯商业文化中心项目、中国石油集团海洋工程有限公司承建的中海油15号平台伊朗钻井服务项目等。

中国对土耳其直接投资的行业分布。中国企业在土耳其经济合作和投资活动领域涉及电信、金融、交通、能源、矿业、制造、农业等行业，其中以矿业为主。在“丝绸之路经济带”建设的推动下，中国企业对土耳其的投资开始逐渐从传统的矿产资源开发向农业、制造业、交通、新能源、金融、电信等领域扩展。在土耳其开展投资或工程建设的中国企业主要包括华为技术有限公司、中兴通讯有限公司、中国通用技术集团、中国钢铁工业集团、中国机械设备工程有限公司、中国航空技术国际有限公司、中国铁道建筑总公司、中国天辰国际工程有限公司、中电电气（南京）光伏有限公司、中国中车股份有限公司、重庆力帆集团、新希望集团、中国海南航空集团、中国南方航空集团、中国国际航空集团、中国工商银行、中国银行、中国国家开发银行等知名企业。

4.3.4 中国对中亚地区直接投资的行业分布

中亚地区油气资源丰富，而轻工业相对落后，因此中国对中亚投资集中在石油勘探与开采、交通及通信、化工、农副产品加工等领域。

中国对哈萨克斯坦投资的行业分布。中国对哈萨克斯坦直接投资的行业主要包括石油勘探开发、哈萨克斯坦石油公司股权并购、加油站网络经营、电力、农副产品加工、电信、皮革加工、食速餐饮和贸易等。其中，大型企业投资主要分布于采矿业（如中石油集团、中石化集团、中海油集团、中联油哈萨克斯坦公司等）、制造业（中兴公司、华为公司、中化集团等）、地质勘探业（东方物探公司、中石化国际勘探开发公司等）、金融业（国家开发银行、中国银行、中国工商银行等）、建筑业（中国建工集团、中国水电集团、中国地质工程公司、中石油工程建设公司、中建总公司、中铁七局、中铁九局等）。中国在哈萨克斯坦投资的大型项目有：中哈石油管道项目、ADM 项目、曼格斯套项目、PK 项目、阿克纠宾项目、KAM 项目、中哈铀开采项目、北布扎奇项目、肯—阿西北管道项目、里海达尔汗区块项目、中石化 FIOC 和中亚项目、阿斯塔纳北京大厦项目、卡拉赞巴斯油田项目、鲁特尼奇水电站项目和阿克套沥青厂项目等。另外，还有一些中小型企业和民营企业对哈萨克斯坦制造业、批发和零售业进行了直接投资，如新康番茄加工厂、茂林有限公司、亚联中国商贸城等，已经形成较稳定的市场地位和知名度。根据哈萨克斯坦国民经济部统计委员会资料，截至 2015 年底，2479 家中资企业已在哈萨克斯坦完成注册，居在哈外企总数的第 3 位①。

中国对吉尔吉斯斯坦投资的行业分布。中国在吉尔吉斯斯坦注册企业约 260 家，其投资行业分布较广，主要包括工程承包、通信服务、矿产资

① 商务部：《对外投资合作国别（地区）指南：哈萨克斯坦篇》，2016 年。

源勘探和开发、农业种植、养殖、食品和农产品加工、金属冶炼、建材、轻工、运输、房地产开发、建筑、餐饮、旅游、娱乐等多个领域。多数投资项目规模较小，投资主体多为民营企业。近年来，中国企业在吉尔吉斯斯坦已开始实施一些大型投资项目，双方在非资源领域合作取得重大突破。例如，由中国特变电工公司承建的比什凯克热电站项目，项目总金额达3.86亿美元；由中国路桥公司承建的“北—南公路”修复一期和二期项目，总金额分别为4亿美元和3亿美元。同时，中国企业在吉尔吉斯斯坦的交通、通信领域市场份额进一步加大，已确立行业领先地位。

中国对塔吉克斯坦直接投资的行业分布。中国企业对塔吉克斯坦的直接投资主要涉及采矿业、制造业、建筑业、农业、批发与零售业等。在制造业，中兴通讯股份有限公司、华为技术公司已成为塔吉克斯坦通信设备、通信网络和通信服务市场的领先者。在建筑业，中铁五局（集团）有限公司、中铁十九局、中国路桥工程有限责任公司、中电建筑集团有限公司、中国水电建设集团、中国土木工程集团有限公司、新疆特变电工集团、新疆北新路桥建设有限公司等，已在塔吉克斯坦承包了诸多较为重要的基建工程。在采矿业，中国的直接投资主要集中在有色金属采选，如中国环球新技术进出口公司主要采选铅锌矿、紫金矿业西北公司主要采选金矿等。除了上述企业外，中国在塔吉克斯坦主要投资企业还有：中石油中塔天然气管道有限公司、中油国际（塔吉克）有限公司、中国重型机械总公司、华新亚湾水泥有限公司、塔中矿业股份有限公司、中国地质国际矿业有限公司、中国有色国际公司、葛洲坝集团、南方航空、中泰新丝路（丹加拉）纺织产业有限公司、利华棉业集团塔吉克分公司、烟建集团塔吉克分公司、经研银海种业有限公司等。

对土库曼斯坦直接投资的行业分布。已有21家中资企业在土库曼斯坦完成注册，投资行业主要为采矿业、建筑业、批发和零售业、商务服务业、制造业等。主要的投资和合作项目包括：中国石油天然气集团公司承建的中土天然气管道项目，中石化胜利石油管理局执行的当地油井修复和钻井项目，中国石油工程建设公司承建的巴格德雷合同区吉尔桑、鲍—塔—坞、奥贾—桑迪气田内部集输EPCC项目，江苏国泰力天实业有限公司承建的土库曼斯坦项目，中国石油技术开发公司向土库曼斯坦出口油气设备项目，华为技术有限公司向土库曼斯坦出口通信设备及网络设施改造项目，中机进出口公司及江苏国泰公司向土库曼斯坦出口铁路设备等。

对乌兹别克斯坦直接投资的行业分布。截至2015年底，在乌兹别克斯坦注册的中资企业约为600家，代表处为71家。多数集中在采矿业、建筑业、制造业、批发和零售业等产业，主要从事油气勘探开发、天然气管道建设和运营、煤矿、电站、泵站、铁路和电信网络改造、化工厂建设、土壤改良和制革制鞋及陶瓷等业务。中国在乌兹别克斯坦从事直接投资和经济技术合作的企业主要有中石油集团及其所属企业、中信建设公司、中国技术进出口总公司、保利科技公司、中国水电集团、华为公司、中兴公司、中煤科工集团、中铁隧道公司、中元国际公司、中工国际公司、中国重汽集团、南方航空公司、哈电集团、新疆特变电工公司、亿阳集团、鹏盛公司、华立仪表公司等。

总体来看，中国对中亚五国直接投资主要分布于采矿业、建筑业、制造业、批发和零售业、金融业、航空运输业等，并在各领域表现出如下特征：一是在采矿业，中国对中亚五国直接投资规模大、分布面广。中石油集团、中石化集团等企业在多个中亚国家都有石油天然气开采项目，中国对吉尔吉斯斯坦、塔吉克斯坦、乌兹别克斯坦的有色金属矿采选业也有不少较大规模的投资。同时，在与采矿业相配套的地质勘探业、开采设备出口和技术咨询等领域，中国对中亚五国也进行了相当规模的投资。二是在建筑业，中国企业已在中亚五国承接了不少重要工程项目，在中亚五国基础设施建设长期需求推动下，此领域未来投资前景乐观。三是在制造业，以华为公司和中兴公司为主的中国企业已在中亚五国通信设备制造与通信服务市场占据主导地位。四是在批发和零售业，中国对中亚五国直接投资主要通过设立代表处等形式从事对中亚国家的进出口业务。五是在金融业，国家开发银行、中国银行、中国工商银行已经在部分中亚国家设立了分行或办事处，主要从事针对中国与中亚国家相关的政府合作项目或企业投资项目的贷款和汇兑服务。六是在航空运输业，中国南方航空公司已在多个中亚国家设立办事处，是较早对中亚五国交通运输业投资的中国航空企业。

4.3.5 中国对南亚地区直接投资的行业分布

由于中国对南亚的直接投资主要集中在巴基斯坦和印度，所以这里重点分析中国对这两个国家直接投资的行业分布。

中国对巴基斯坦直接投资的行业分布。中国企业在巴基斯坦进行投资的领域比较广泛，涉及通信、水利电力、资源开发、航空、渔业、汽车及摩托车制造业、轻纺工业、印刷业、保健品、劳务等，其中主要的投资领域是基础设施建设，包括水利电力、工程建设（房屋、港口、堤坝）以及通信。截至2015年6月，中国在巴基斯坦的企业共65家，近一半企业属于基础设施建设领域。通信类企业有6家，占在巴主要中资企业的9%；工程建设类企业有8家，占在巴主要中资企业的12%；水电开发类企业有10家，占在巴主要中资企业的15%；资源开采类企业有9家，占在巴主要中资企业的14%；机械制造类企业有5家，占在巴主要中资企业的8%。其他类企业涉及航空、农业、印刷业、金融业等领域，行业分布比较分散，每个行业的中资企业不到3家①。近年来，中国企业已经在巴基斯坦完成了多个重要基础设施建设项目，包括：中巴友谊中心（上海建工集团）、曼格拉大坝加高项目（中水对外公司）、南迪普联合循环电站（东方电气集团）、喀喇昆仑公路升级改造一期项目（中国路桥集团）等。在建的重要项目有：尼勒姆杰勒姆水电站项目（葛洲坝集团）、伊斯兰堡新机场航站楼项目（中建集团）、拉合尔橙线轨道交通项目（北方国际集团）、恰希玛核电站三期和四期（中核集团）、比基联合循环燃气电站（哈电集团）、巴洛基联合循环燃气站（电建集团）等②。

在巴基斯坦开展业务的主要中资企业包括：中国移动CMPak有限公司、中巴联合投资公司、海尔—鲁巴电器公司、普拉姆轻骑摩托车公司、上广电—鲁巴电器公司、上广电—鲁巴模塑成型公司、新疆外运巴中苏斯特口岸公司、华为技术有限公司、中兴通讯公司、中国中原对外工程有限公司、中国葛洲坝集团、中水对外公司、东方电气集团公司、哈尔滨电站工程公司、中国水利水电建设集团、华中电力集团国际经贸有限公司、新疆特变电工公司、北方国际电力公司、中国路桥工程有限责任公司、中国港湾工程有限公司、中国建筑工程有限公司、中国机械设备进出口公司、中国机械进出口公司、辽宁国际公司、中国建材工业对外经济技术合作公司、新疆北新建设工程集团公司、中油工程建设集团、中石油川庆钻探工程有限公司、振华石油控股有限公司、中油东方地球物理公司、中油测井公司、中国冶金集团资源开发公司、中国化学工程公司、中国地质工程公司、大连机车、长春第一汽车制造厂、中国国际航空公司、南方航空公司等。

中国对印度直接投资的行业分布。尽管印度的外国投资领域涉及金融

---

① 中华人民共和国与巴基斯坦伊斯兰共和国大使馆经济商务参赞处：http：//pk.mofcom.gov.cn/article/catalog/201005/20100506915665.shtml。

② 商务部．对外投资合作国别（地区）：巴基斯坦篇，2016.

和非金融服务业、建筑业（含房地产开发）、电信、电脑软硬件、制药、化学品（化肥除外）、汽车、电力、酒店与旅游等行业，特别是金融和非金融服务业占印度吸引外资总额的17%，但中国对印度的直接投资主要集中在建筑业和制造业，而对印度开放度较高的软件服务业和通信服务业等服务业以及其他行业的投资较少。2013 年对印度制造业和建筑业投资约占当年投资总流量的70%，其余分布于金融业、科研技术服务业、批发零售业、租赁和商务服务业等行业，金额相对较小。中国的华为技术有限公司、比亚迪股份有限公司、新疆特变电工公司、上海日立电器有限公司、中兴通讯有限公司、三一重工公司、广西柳工机械股份有限公司、海尔集团等企业在印度投资较大，涉及的领域包括电信、电力设备、家用电器、钢铁、机械设备等行业。

4.3.6 中国对中东欧地区直接投资的行业分布

中国对中东欧的投资行业主要包括机械制造、化工、家电、信息和服务业、交通运输、电信、金融、农业等领域，对中东欧地区的装备制造业、清洁能源（包括核能、太阳能、水力发电）、旅游公共产品等行业的投资和开发也处于积极发展阶段。已有包括华为公司、TCL 公司等在内的中资企业通过并购、兼并、收购和设立工厂等方式进入中东欧市场，尤其是在高速公路、铁路、港口和码头等基础设施建设领域。葛洲坝集团中标波黑大型火电站建设项目，成为中国企业首次通过国际招标获得波黑火电项目。恒天集团与其国际合作方联合收购斯洛文尼亚 TAM – Durabus 客车公司，成为中斯建交以来中方在该国投资的首家生产型企业。此外，还有大批中资企业正加快进入中东欧市场步伐。中国在中东欧地区投资重点为匈牙利、波兰、捷克三国。

中国对匈牙利直接投资的行业分布。在匈牙利，零售、金融、通信、汽车、电子等行业是吸引外资的主要领域，约占匈牙利吸引外资总额的2/3。匈牙利移动通信业、保险业、电力分销业几乎全部由外资控制，银行业80%以上的资产由外资控制，批发零售业近一半的市场份额掌握在外资手中，95%以上的汽车由外资企业生产。对中国来说，匈牙利已经成为中东欧地区中资企业最为集中的国家之一，投资的行业主要包括金融、化工、通信设备、新能源、航空、物流、地产、咨询服务业、电子制造等。中国银行在匈牙利设立的分行成为中东欧地区人民币业务结算行，山东烟台万华集团股份有限公司花费12.3亿欧元收购匈牙利宝思德化工公司项目，是中国在中东欧地区最大的投资项目，华为公司在匈牙利设立了欧洲供应中心和欧洲物流中心，建立了覆盖欧洲、独联体、中亚、北非等地区的物流网络，中兴公司、七星电子公司和中欧商贸物流合作园区等企业也在匈牙利开展了相关投资活动。

中国对波兰直接投资的行业分布。波兰吸引外资的重点领域包括：能源、基础设施、食品加工、服务业、电子产品、汽车制造、生物技术、航空制造及研发等。此外，波兰积极欢迎中国企业参与其基础设施建设项目和私有化项目。中国企业对波兰的直接投资领域主要包括机械制造、IT产品、金融、电子、生物医药、商贸服务、新能源等。截至2014年底，中国在波兰注册企业共计884家。主要的制造业企业有：柳工机械（波兰）有限公司、湖北三环集团波兰KFLT轴承公司、TCL波兰电视机组装厂、苏州胜利科技（波兰）电视机配件生产厂、山西运城制版（波兰）有限公司、大连达伦特蜡烛厂、苏州昶虹电子（波兰）有限公司、中集车辆波兰公司等；此外，还有华为公司、中兴公司、中土集团、中水电集团、上海建工集团等企业；商贸中心有GD波兰华沙中国城、SCC波兰国际贸易中心、新达商城等；金融机构有中国银行波兰分行、中国工商银行华沙分行、中国—中东欧投资合作基金等。

中国对捷克直接投资的行业分布。作为传统的工业国家，捷克是中东欧地区吸引外资最成功的国家之一，其利用外资已经从初级生产、组装向先进制造业、高附加值服务业发展。捷克鼓励外国投资者投资的领域包括电子、微电子、航空航天、高端设备制造、高技术汽车制造、生命科学、制药、生物技术、医疗设备等高技术制造业，软件开发中心、专家解决方案中心、地区总部、客户联系中心、高技术维修中心、共享服务中心等服务业，以及创新活动、应用研发等技术（设计）中心等。中国对捷克的直接投资也主要体现在受鼓励的制造业和服务业领域。截至2015年底，在捷克的中资企业有26家，主要分布在高科技服务、研发中心、生产制造、贸易销售和运输等五大领域。2015年，中国陕鼓动力股份有限公司分阶段收购EKOL公司股权，总金额为13.4亿克朗，为近年来中国在捷克制造业领域的最大投资。中国华信能源有限公司斥资45.33亿元人民币并购J&T金融集团、捷克啤酒公司、旅游服务航空公司、足球俱乐部等多个公司，涉及捷克金融、地产、娱乐、媒体等多种产业。此外，2015年，中国银行在捷克设立分行，中国银联积极在捷克拓展银行卡业务，海航集团有限公司开通北京至布拉格直航，华为、中兴、酷派等公司在捷克电信市场非常活跃，长虹、亚普、烟台万华等公司在捷克增资，在捷克投资汽车配件的中国企业日益增多。在捷克的主要中资企业还包括捷克运城制版有限公司、中远中欧公司、诺雅克电器欧洲公司、布祖卢科股份有限公司、陕西鼓风机捷克公司、亚普汽车部件股份有限公司、北车（捷克）科技发展有限公司等。

4.4 中国对“一带一路”沿线国家直接投资存在的问题及挑战

如前所述，中国对“一带一路”沿线国家直接投资增速较快，规模不断增大，这不但在很大程度上增强了中国与沿线国家的经济联系，有利于打造中国与沿线国家的利益共同体与命运共同体，而且有利于改变中国对外直接投资发展的现有格局。但值得注意的是，中国对“一带一路”沿线国家的直接投资依然面临着一系列问题和严峻挑战。因此，进一步分析这些问题与挑战，对于中国企业对沿线国家直接投资的顺利发展、引导中国企业及时把握对“一带一路”沿线国家的投资机遇具有重要的意义。

4.4.1 中国对“一带一路”沿线国家直接投资面临的时代挑战

历史地看，今天的许多跨国公司都是在第二次世界大战后极力摆脱战前殖民特征的基础上才重新确立了在全球经济活动中的重要地位。这种专注于商业活动的“弱政治”尝试，极大地降低了跨国公司打通地理边界的限制，从而也极大地推动了经济全球化的蓬勃发展。在较为成熟的市场经济国家，跨国公司的经营活动很容易按照国际商法、国际惯例而得到应有的保护，但是一些新兴经济体国家和市场经济尚不成熟的发展中国家对战前跨国公司的不良行为记忆犹存。当国外的一些“新鲜事物”通过跨国公司这一载体传播到东道国后，一时间难以让所有的社会群体都快速适应和接受。一旦排斥、拒绝的力量积攒到一定程度，就会衍生出威胁跨国公司经营的种种风险。另外，“二战”后兴起的民族独立运动，更加强调国与国之间的平等关系，更加注重民族经济的发展。在这种形势下，一些新独立的国家奉行民族主义的经济政策，通过各种手段削弱境外跨国公司对本国经济的影响，部分国家甚至采取激进手段，把跨国公司在本国的资产国有化。新独立民族国家政策上的不稳定性，改变了跨国公司的商业环境，也给跨国企业的经营带来新的挑战。“一带一路”建设中的中国企业，无疑也摆脱不了这些带有时代性的特征，对其所从事的跨国经营活动，如并购活动以及在能源、基础设施方面的投资，东道国政府的态度往往较为谨慎，当地媒体舆论的反对，行业组织的压力等，都将会对中国企业开展投资活动产生不利影响。

4.4.2 周边国家对中国“一带一路”倡议认知的差异将会对中国企业对外直接投资产生不利影响

“一带一路”沿线国家数量众多，各国的经济发展水平、政治体制、地缘政治和资源禀赋差异较大，对中国“一带一路”倡议的战略需求和回应并不一致。中国“一带一路”倡议得到了新加坡、蒙古国、俄罗斯、巴基斯坦、孟加拉国、斯里兰卡、马尔代夫、哈萨克斯坦、塔吉克斯坦、乌兹别克斯坦、阿富汗等国的积极回应和支持，如中巴经济走廊（CPEC）、孟中印缅经济走廊（BCIM）、哈萨克斯坦“光明之路”计划、中蒙俄经济走廊构想、蒙古国的“草原之路”战略等构成对中国“一带一路”倡议的积极对接。但是，受社会认知的偏见、大国之间的战略博弈等因素的影响，一些国家对“一带一路”存有疑虑或顾虑，担心对中国的经济依赖程度太高，担心成为新版的“香蕉共和国”，担心中国的大型投资项目对生态环境的副作用，担心大规模投资将改变自己的文化传统与生活方式，甚至有些国家对中国在基础设施互联互通建设等方面的努力赋予了负面的政治含义。例如，印度对中国“一带一路”倡议的认知与应对充满矛盾心态。一方面，印度已经加入亚洲基础设施投资银行（AIIB）、金砖国家开发银行等“一带一路”的融资机制，并正在同中国、孟加拉国、缅甸共同建设中孟印缅经济走廊；另一方面，印度在地缘政治、安全和国家战略上却抵制甚至敌视“一带一路”。中国的“一带一路”倡议提出后，与斯里兰卡、孟加拉国等南亚其他国家相比，印度官方的反应一直比较消极，甚至还提出了相应的反制计划，包括“季风计划”（Project Mausam）、“香料之路”（Spice Route）[①] 以及印度与伊朗开发恰赫巴哈尔（Chabahar）港的工程计划等。印度部分新闻媒体认为，“一带一路”将威胁印度的国家安全，指责中国正在实施一项包围印度的“珍珠串”战略。因此，一些国家对“一带一路”认识的疑虑、偏见将加大中国企业“走出去”的政治风险，不利于中国对这些国家的直接投资。

4.4.3 中国企业对“一带一路”沿线国家直接投资将面临复杂的地缘政治环境

自古以来，“一带一路”沿线就是全球贸易的传统线路，也是东西方文明的交汇区域。今天的“一带一路”与古代的“丝绸之路”相比，覆盖面更广，路线更长。因此，所面临的国际环境也更加错综复杂。“一带一路”是一个多边外交的大舞台，这里不仅涉及本地区的国家，也涉及在本地区具备影响力的国家，还包括一些全球性和区域性的国际组织，如国际道路联盟、联合国教科文组织、东南亚国家联盟、南亚区域合作联盟、独立国家联合体等。而从地缘角度看，“一带一路”沿线国家连接欧洲和亚太地区，具有极为重要的地缘战略地位，美俄等大国同样与“一带一路”上的一些国家保持着特殊的关系，并与中国展开博弈。因此，“一带一路”建设常会触动一些大国的神经。引发相关国家的警惕与戒备。近年来美国、日本和印度等国高调介入南海争端以及美国对筹建亚投行的消极反应就充分反映了它们的立场。为阻止中国的海上通道建设，美国一方面继续强化与日本、韩国、澳大利亚、泰国和菲律宾等国的盟友关系，另一方面拉拢印度、印度尼西亚、越南、马来西亚、缅甸和蒙古国等国家，干扰和阻挠亚投行的筹建，加剧南海争端的复杂化和紧张化，企图削弱这些国家与中国的经济联系，这对中国建设“21世纪海上丝绸之路”构成严峻挑战，增加了中国对沿线国家投资的困难。如前所述，印度对“一带一路”倡议的矛盾心态不可避免地会影响中国在南亚地区推动中巴、中孟印

---

① 《印度时报》2015年4月17日刊登题为“India Plans Cotton, Ancient Maritime Routes to Counter China's Ambitions”的文章，引用了印度一位研究古代棉花贸易的专家的观点：“我们必须记住，蚕丝并不是沿着整个古“丝绸之路”交易的唯一商品，中国人消费的棉布很少在关于亚洲贸易的讨论中涉及。”试图说明古代印度的棉纺路与“丝绸之路”具有平等的历史意义。文章指出，印度的“棉花计划”与“季风计划”一样，都是印度平衡中国影响力的重要战略。http://timesofindin.indiatimes.com/india/India-Plans-cotton-ancient-maritime-routes-to-counter-Chinas-ambitions/articleshow/46955141.cms。

缅两个经济走廊建设的外交努力，对中国发展对南亚国家的直接投资也会产生不确定性影响。另外，由于中东欧地区大多数国家是欧盟成员国或正积极谋求加入欧盟，中国积极发展对中东欧国家的直接投资也会面临来自欧盟和美国的猜忌、干扰与牵制。

4.4.4 中国对沿线国家直接投资发展不均衡

中国对“一带一路”沿线的直接投资主要分布在俄罗斯、新加坡、印度尼西亚、越南、马来西亚、缅甸等紧邻中国的周边地区和国家，而对空间距离较远的国家和地区则投资不足。截至2015年末，中东欧和南亚地区没有一个国家进入中国直接投资存量排名前二十的国家行列，这不利于“一带一路”倡议影响力和辐射范围的继续扩大，而中国企业对东南亚等地区快速增长的投资可能导致中国投资企业过度竞争，降低投资效率和投资效益，也增加了投资风险。从投资领域来看，中国对沿线国家的直接投资较单一，集中于资源开发、建筑工程、初加工领域，而资源深加工、高端制造业、商贸物流、科技研发等领域少，中国在现代制造业方面的比较优势并没有得到充分发挥。今后需要转变思路，以“共享”为原则，将“一带一路”建设与相关国家发展规划紧密衔接，针对沿线投资东道国的经济发展特征和个性化合作发展需求实施差别化的投资战略，拓展投资领域，防止扎堆式投资，促进企业对外直接投资的可持续发展。

4.4.5 企业对“一带一路”建设带来的投资机遇参与意愿与能力不足

如前所述，“走出去”战略提出以后，我国企业对外直接投资的规模逐年增加，目标地区的选择也日益多元化，投融资方式也更加灵活，这些都为我国企业更好地参与国际竞争积累了宝贵经验。但也必须看到，企业“走出去”也并非一帆风顺，环境保护、生产流程管理、质量控制等因素都极大地阻碍了企业的跨国整合。而“一带一路”参与国经济水平、社会制度、宗教信仰等不尽相同，也增加了我国企业参与其中的风险和不确定性。国内企业参与“一带一路”建设、进行直接投资主要面临四个挑战：一是应对国际市场变化的能力有待提高。国外全新的社会、经济、政治、文化环境对企业的技术条件、管理手段、整合能力都提出更高的要求，简单采用国内通行方法可能“水土不服”。二是缺乏共同的价值基础。中国政府明确将“绿色丝绸之路”作为建设“一带一路”的重要目标，指出企业开展对沿线国家的基础设施建设应重视生态保护，然而由于长期受粗放型经济发展模式的影响，我国企业环保意识淡薄，易受到对象国的抵制和制裁。三是企业同政府间的对接力度需加强。在“一带一路”建设过程中，政府致力于为企业“走出去”提供便利、保驾护航，但在实际操作过程中，有的企业对政策研究不够细致。四是企业跨境投资的资本参与意愿不足。“一带一路”所涉及的基础设施建设项目有较大的社会效益，但投资期长、风险高、短期回报率低，以自身利益最大化为特征的企业资本对此心存疑虑。从全球角度看，基础设施建设领域中社会资本的投资占比不足0.8%。而从社会资本跨境投资的角度看，投资者基于投资环境、资金安全以及政治风险等因素的考虑，对投资地的选择极为慎重。从中国企业资本流向看，如前所述，主要为中国香港、欧盟和东盟，而对“一带一路”沿线国家的直接投资相对较少。

4.4.6 企业对“一带一路”沿线国家投资面临着东道国基础设施落后等硬环境问题

“一带一路”沿线发展中国家存在着国家经济基础薄弱，基础设施落后，物流承载力严重不足的问题。陆上“丝绸之路”的北、中、南三条主路，沿途多雪山峻岭、戈壁沙漠。与我国相邻的吉尔吉斯斯坦、塔吉克斯坦、蒙古国和阿富汗等国的公路、铁路年久失修，运输能力不足，虽然这些国家近几年加大了基础设施改善力度，但主要投入用于省际通道建设，而在国际化通道建设上无论是资金还是技术都存在较大缺口。海上“丝绸之路”重在港口设施建设，所需资金普通企业难以承受，而商业银行也不愿承担风险，较难的路段就会成为长久的“瓶颈”。虽然基础设施需求为中国企业提供了巨大的投资机会，但东道国落后的基础设施状况，成为中国企业投资环境不利的因素，中国企业不得不面对这些国家有限的基础设施环境和薄弱的承接能力。

4.4.7 “一带一路”沿线国家复杂多样的不稳定、不确定因素增加了中国企业对沿线直接投资的风险

这些风险从宏观上看主要有政治风险、经济风险、道德与法律风险、

文化风险等；从微观上看主要是投资企业所面临的经营风险。

1. 政局动荡、战争和内乱风险

稳定的政治体制与和平的发展环境是一国经济发展和利用外资的前提。然而，"一带一路"沿线一些国家政治环境复杂，国家内部不同利益集团冲突所引发的政局动荡、族群冲突、战乱、政策变更以及腐败行为增加了投资的成本和风险。例如，2011 年利比亚内战使我国在利比亚进行投资建设的企业遭受巨大损失。据统计，中国企业在利比亚承包工程涉及金额多达 188 亿美元，此次战争期间其相关设备、基地等遭到严重破坏，经济损失严重。2014 年 9 月，我国主导的斯里兰卡科伦坡港口城项目开工，但 2015 年 1 月斯里兰卡新总统上任后宣布暂停该项目，认为其涉嫌规避当地法律和环保要求，需要重新评估，并要求中方公司提供政府相关部门颁发的有效许可证明。同时，斯里兰卡专门成立由总理、总检察长、财政部、港务局和环保部门等多部门官员组成的项目评估委员会，继续研究这一项目的可行性。又如，中远集团投资的希腊比雷埃夫斯港项目实施也因当地政权更迭而遭遇困难。2015 年 1 月份希腊左翼政党上台后，叫停包括中远港口项目在内的所有私有化项目，这导致中远集团在后期的收购过程中遇到较大障碍。此外，"一带一路"沿线地区宗教极端势力、民族分裂势力和暴力恐怖势力"三股势力"活动猖獗，已形成"西亚中东—南亚—中亚"弧形分布的恐怖主义地带，这对我国发展对这些沿线国家的直接投资带来严重的安全威胁。

2. 经济风险

中国企业对"一带一路"沿线国家直接投资所面临的主要经济风险划有汇率风险、衍生品交易风险、信用风险、项目泡沫化风险。①汇率风险。"一带一路"沿线国家多为欠发达国家，不仅汇率波动频繁，而且各国汇率制度差异也很大。企业在进行境外投资的过程中需要将本地货币汇兑为美元，然后再按照国内的汇率将美元结算为人民币，因而产生双重汇率风险。②金融衍生品交易风险。当前，"一带一路"沿线国家共有 71 家证券、期货交易所，其中期货交易所 22 家、证券交易所 41 家、期货及证券综合性交易所 8 家，但部分沿线国家依然存在没有交易所的现象。这充分表明"一带一路"沿线国家的期货市场发展水平存在着很大的差异。尽管衍生品市场未来的交易量潜力巨大，但是由于沿线国家在金融衍生品创

新、交易制度、交易效率等方面存在诸多问题，给境外企业通过金融衍生品交易进行筹融资活动带来一系列风险。③信用风险。在当前世界贸易保护主义不断抬头，世界经济低迷的经济环境下，部分参与“一带一路”沿线的新兴市场国家和地区由于存在着巨额经常项目赤字和较为薄弱的经济基础，其内部的产业结构性矛盾、出口导向型经济持续萎缩等问题日益凸现，尤其是一些新兴市场国家，长期以来对外部资金的依赖度较高，本身抵御资本外流的能力较弱，可能会面临较大的债务违约风险。这意味着，如果我国向这些国家发起投资或融资项目，中国将面临更大的违约风险。如果债务国无法偿付银行贷款，项目无法收回投资，将使中国经济承受额外的巨大压力，势必会使中国企业投资风险大幅增加。④项目泡沫化风险。据有关研究，2015 年，中国各省的《政府工作报告》中关于“一带一路”基建投资项目总规模已超过 1 万亿元人民币，项目分布仍以铁路、公路、机场为主，占全部投资的 68.8%。此外，“一带一路”也包括不少海外投资项目，从收集到的 20 多个海外项目统计情况看，累计拟建、在建投资规模高达 524.7 亿美元，主要集中在中亚、南亚等地区，投资方向更多以能源、铁路、公路等基础设施为主。除了项目化迹象之外，在中国经济下行压力加大的背景下，“一带一路”已成为一些地方政府想抓住的最大一根稻草，都寄希望于以此来振兴当地经济[①]。然而，如此庞大的投资能否落地？众多项目投资资金从何而来？通过何种方式去融资？而海外市场面临着更多的不确定性，沿线国家是否认同“一带一路”？如何保证海外投资的安全和规避风险？如何确保投资收益？这些问题如果解决不好，“一带一路”建设将面临项目化风险，中国企业投资也将面临项目泡沫化。

3. 道德与法律风险

道德风险方面。由于“一带一路”沿线各国经济发展差异巨大，特别是中亚、北非等区域国家基础设施不够完善，加之中东等区域局势不稳，国家冲突、教派争端不断。在此背景下，难免出现某些国家为谋求自身利益借力“一带一路”，但却口惠而实不至，言行不一，从而造成道德风险。这种道德风险，一方面具有主体层面的多元性，包括国家层面的信誉、企业层面的信用以及个体层面的信任；另一方面又具有影响层面的多样性，

① 《“一带一路”要当心项目化，还要警惕泡沫化》，载《每日经济》2015 年 3 月 26 日，http://www.znufe.com/bbs/thread-3344-1-1。

存在于“政策沟通、设施联通、贸易畅通、资金融通、民心相通”的每一个层面[①]。另外，我国企业由于长期受粗放型经济发展模式的影响，在环境保护等方面意识淡薄，与“一带一路”国家企业缺乏共同的价值共识，当一些“一带一路”沿线国家关注大规模投资带来的生态和文化影响时，中国企业往往容易受到打击。这势必会影响我国企业对“一带一路”沿线国家的直接投资。

法律风险方面。我国企业在“一带一路”沿线国家直接投资面临的法律风险主要有：

（1）投资准入风险，包括东道国对投资者准入范围、准入权利、投资履行等方面规定所导致的风险[②]。在投资准入范围方面，东道国通常会对外资准入范围加以限制，有的东道国以“肯定清单”的方式规定了外资准入范围。例如，《缅甸联邦外国投资法》允许投资的范围包括农业、畜牧业、渔业、林业、矿业、工业、能源、电力、交通和通信、建筑业和贸易等。而有的东道国如印度、沙特阿拉伯则采用“否定清单”方式，除明确禁止和限制投资的领域，其他领域均有投资。我国投资企业如果不了解这种外资准入的国家间差异，就有可能面临准入风险。在投资准入权利方面，我国企业对“一带一路”沿线国家的一些大型项目投资，一般会与东道国政府或者代表东道国政府的国有企业签署项目协议，东道国出于对项目的安全性、盈利性等因素考虑，常常把外商投资资产限定在一定范围之内，进而限制其所持有的股权，削弱股权所代表的决策权，并由本国企业掌控所有权。在履行投资方面，“一带一路”沿线东道国的要求通常包括当地含量要求、贸易平衡要求、外汇限制要求、进口用汇要求、国内销售限制要求、东道国合作伙伴建立合资企业的要求、东道国合作伙伴的最低股份要求等。

（2）税收、知识产权、劳工保护等法律风险。在税收方面，所涉及的法律风险主要有[③]：一是税制差异风险。“一带一路”沿线国家由于国情不同，税制类型、税率有很大的差异，并且有些国家没有税率优惠。例如，巴基斯坦、科威特、孟加拉国、叙利亚、约旦、老挝的法定税率明显高于我国。巴基斯坦对外国提供的技术、专利、商标等许可取得的收入，

① 王义桅、郑栋：《“一带一路”战略的道德风险与应对措施》，载《东北亚论坛》2015年第4期。

②③ 张敏、朱雪燕：《“一带一路”背景下我国企业对外投资法律风险的防范》，载《西安财经学院学报》2017年第1期。

征收 12.5% 的预提所得税[①]。二是境外投资税收风险，在“一带一路”建设中，境外投资涉及大量工程承包建设和资本输出及并购，沿线许多国家规定对境外企业在本国承包工程和提供劳务免征企业所得税，时间为6个月。由于基础设施施工时间较长，许多企业享受不到这一税收优惠。不同国家对债权性投资与权益性投资的适当比例规定差异较大，没有按照东道国的相关政策筹划安排，对外投资时可能存在由于资本弱化而带来税收风险。三是重复征税风险。但我国实行分国不分项的税收抵免法，沿线国家很多属于低税率国家，抵免法消除重复征税不彻底，重复征税的风险依然存在。知识产权方面的法律风险，主要表现为违反东道国参与制定的国际公约以及各东道国在知识产权的保护范围、权限和审查标准、程序等方面所制定的国内法律法规。劳工方面的风险，主要来源于对国际劳工标准和 SA8000、东道国劳动法律法规以及我国的《劳动法》、商务部出台的《境外劳务合作管理条例》的违反而导致的法律风险。尤其是一些国家制定了严格的法律和劳工保障制度，若中国企业不了解、不熟悉，投资时就会面临严峻的法律风险。例如，西亚国家卡塔尔关于外国劳工的相关法律规定，雇主必须在应结付日起7日内将员工工资汇至银行，按期支付劳动报酬。若雇主未及时支付，将采取停发营业执照等行政处罚甚至是监禁等刑事处罚。2014 年第 18 号决议还对劳动者的住宿条件与标准作出规定。卡塔尔国目前正鼓励兴建大型劳动者高端居住社区，保证劳动者享有高水平的娱乐休闲生活，社区的建设还将遵循最高安全标准与卫生标准。该国劳动调查专员对用人企业进行监督，调查员拥有总检察官授予的司法拘捕权，对违反劳动法的犯罪行为可施行拘捕与定罪。根据卡塔尔新劳动法（2015 年第 21 号法）规定，劳动调查专员有权“在白天或夜晚任何工作时间，无须提前告知便可进入工作场所，对记录、账本、档案等任何与劳动者相关的文件进行检查，确定其行为是否合法”。如果中国企业对卡塔尔的劳动法等法律制度不了解、不熟悉就盲目投资，势必会出现违法东道国法律的问题，影响投资收益。

4. 文化风险

“一带一路”沿线国家涵盖人口数十亿，文化差异性不可低估。“一带一路”沿线绝大多数国家主要信奉伊斯兰教、基督教、东正教等，但各

---

① 陈丽娟:《关于服务“一带一路”战略的税收思考》，载《税收经济研究》2015 年第 5 期。

个国家在文化、宗教信仰等方面都各具特色，其中部分国家有很多不为中国企业所了解的文化禁忌，尤其是许多信仰伊斯兰教的国家和地区，由于伊斯兰教派众多，其意识形态差异较大，在进行对外投资合作的过程中不能一概而论。我国企业在对这些国家投资过程中不可避免地面临文化差异、文化冲突，如果对它们不了解当地习俗，无形中增加了企业的文化风险，影响企业的投资经营。

5. 企业内部经营风险

当前我国针对“一带一路”沿线国家和地区的投资项目有很大一部分集中在基础设施领域。而对基础设施建设的投资，无论是机场、高铁、高速公路，还是港口、管道等，一是投资规模大，二是建设周期长，项目自身投资回报率较低，在难以保证政策稳定性和投资者利益的高风险国家情况更是如此，民营企业往往缺乏投资热情。“一带一路”沿线发展中国家确实存在建设基础设施的需求，但其中不少属于有建设愿望、无支付能力的虚假需求。一般而言，在发展中国家，基础设施投资的资金一般来源于政府，然而，“一带一路”沿线许多发展中国家长期处于财政赤字状态。中国拥有基础设施建设需要的资金、技术、人员、材料和装备，利用中国投资在周边国家建设基础设施也确实可以促进出口和缓解产能过剩压力，但这种完全依靠国内资源的国际化经营未必是最具有效率的投资方式。基础设施投资对经济增长的促进效应与区域经济发展阶段有关，如何保证投资项目的收益是“一带一路”基础设施建设值得重视的问题。

对于企业自身来说，最重要的风险因素主要是投资决策风险、经营风险与财务风险。投资决策风险，主要是指在进行境外投资的过程中由于对投资对象和投资时机等选择不当而对企业带来的影响。境外投资决策的风险主要表现在两个方面：一是盲目决策；二是决策过程失控。其次，“一带一路”沿线国家的经济环境和市场需求结构相对复杂，在对境外市场和技术调查不充分的情况下，原有的国内营销策略、管理模式的生搬套用会给企业的经营带来巨大风险。而财务风险主要是指企业的财务管理系统在境外投资因素的干扰下产生了相应的风险问题，进而波及境外的投资活动。此外，由于不熟悉国外商业习惯和法律环境，一些中资企业往往要承担商业风险。中资企业在境外资本市场直接融资也面临相当多的限制，致使其境外融资更多依托中国香港的资本市场，从而使企业始终面临高成本困扰。另外，中资企业还存在工程安全与工程管理问题，即大量人员长期在海外工作所带来的管理问题、安全问题与当地社会的关系问题。需要关注的是，在“一带一路”倡议的推进中，大批“走出去”的中小型民营企业既缺乏信贷、保险方面的制度安排，也往往难以得到有关管理部门的政策指引、信息服务，其在“走出去”过程中面临的信息问题、安全问题都十分严峻，这都增加了企业的经营风险。还有，对外投资企业自身风险防范意识薄弱、防范能力不足与管理制度缺陷也增加了企业自身经营风险。防范能力不足主要表现在投资前风险评估缺乏多角度分析，投资中容易忽视风险动态预警，而在风险发生后缺乏应对手段。履行企业社会责任已成为跨国公司应尽的义务，部分中国企业缺乏规范的企业管理制度，未将企业自身利益与东道国国家利益、所在社区利益有机结合，容易引发争议，从而增加投资的经营风险。

第 5 章

"一带一路"沿线国家对外直接投资产业升级效应的实证分析

本章首先围绕中国对"一带一路"沿线国家直接投资与国内产业升级的关系进行了统计分析。然后采用灰色关联分析及 GM（1，1）模型计量分析我国对"一带一路"沿线国家直接投资的国内产业升级效应。基于总体投资布局、投资区域、经济发展水平、投资动机等不同角度具体测算对外直接投资与产业升级的关联度，并利用 GM（1，1）预测模型考察我国对"一带一路"沿线国家直接投资影响国内产业升级的动态变化特征。

5.1 "一带一路"沿线国家对外直接投资影响国内产业升级的统计分析

对外直接投资是一国参与国际分工、实现生产要素跨国际流动、促进资源优化配置的重要外向型路径，在获取外部资金、技术和知识等要素资源的同时也形成了对国内经济结构的深刻影响，而在国内产业结构调整和升级过程中，对外直接投资则扮演了重要的角色，并且这种重要性随着我国对外开放程度的不断加深而逐步上升。特别是"入世"和"走出去"国家战略的实施使得我国对外直接投资获得了空前良好的发展契机，对外直接投资规模不断提升，与此同时，国内三次产业的增加值也实现了递增，对外直接投资和三次产业增加值规模出现了同步发展的态势。如表 5－1 和图 5－1 所示，我国对外直接投资和三次产业增加值规模在 2003～2015 年呈现同步增加和上升的趋势。我国对外直接投资流量由 2003 年的 285465 万美元增加到 2015 年的 14566715 万美元；同时期，我国第一、第二、第三产业的规模分别由2003年的20500543.68万美元、75052313.64美元和69440135.31万美元增加到2015年的97718515.19万美元、440366707.3万美元和548402479万美元。值得注意的是，在这一时期，随着对外直接投资的快速发展，我国三次产业在发展的过程中，呈现出第一、第二产业增速下降，第三产业增速强劲的态势，2003～2015年，我国第一产业规模年均增速为13.8%，而同时期第二和第三产业规模增速分别为15.8%和18.8%。其中，2012～2015年这种变化愈益明显，第一产业增速分别为4.5%、4%、4.1%、3.9%；第二产业增速分别为8.1%、7.8%、7.3%、6.0%；而第三产业同时期增速则分别为8.1%、8.3%、8.1%、8.3%。在我国加入世界贸易组织和改革开放进一步加快的情况下，第二和第三产业的增长速度明显高于第一产业，第三产业又快于第二产业的增长，2012年第三产业规模首次超过了第二产业规模。这说明我国产业结构出现了调整和优化升级，符合产业发展的一般规律。一般而言，产业体系的变革常常表现为第一产业生产规模相对缩减，在国民经济各领域中的影响程度将逐渐下降，同时第二产业规模在波动中趋于下降，第三产业规模强势扩张，产业增加值结构逐渐调整，第三产业在国民经济中重要性愈益增加。而这一时期我国产业结构趋于合理化的这种变化，又恰恰与我国对外直接投资集中于租赁和商务服务业、采矿业、批发和零售业、金融业、制造业的行业结构相吻合。实际上，若从我国对外直接投资的行业来看，我国三次产业的对外直接投资比重和产业增加值比重的长期走势基本上是一致的，即第一产业投资和增加值比重较小且处于稳步下滑的态势，第二产业投资和增加值比重在波动中前行，但比重程度较为稳定，第三产业的增加值和投资比重处于逐年稳步递增的发展态势。因此，对外直接投资和我国三次产业的发展无论从发展速度、发展规模，还是结构性变化都具有明显的同步性，可以推断，我国对外直接投资是推动国内产业结构调整和升级的外部引擎。

表5－1　　我国对外直接投资与三次产业增加值规模　　单位：万美元

年份	对外直接投资存量	三次产业增加值规模		
		第一产业	第二产业	第三产业
2003	3322222	20500543.68	75052313.64	69440135.31
2004	4477726	25253479.61	88838439.98	80082640.63

续表

年份	对外直接投资存量	三次产业增加值规模		
		第一产业	第二产业	第三产业
2005	5720562	26616575. 31	106360462. 40	93954734. 67
2006	9063000	29244336. 29	129410547. 20	114378308. 50
2007	11791050	36537348. 76	164578379. 80	151355733. 80
2008	18397071	47151228. 92	213240846. 10	195687463. 10
2009	24575538	49998536. 09	231079051. 40	224894012. 60
2010	31721059	58135165. 08	278905236. 70	266996676. 30
2011	42478067	71458010. 78	345869666. 20	332228742. 20
2012	53194058	80622099. 01	380515485. 10	384998019. 80
2013	66047840	89326519. 41	414664470. 70	445467609. 60
2014	88264242	94966627. 60	442411441. 00	498206355. 40
2015	109786459	97718515. 19	440366707. 30	548402479. 00

资料来源：2003～2015年《中国对外直接投资统计公报》和《中国统计年鉴》；三次产业数据由笔者根据当期人民币对美元汇率计算而得。

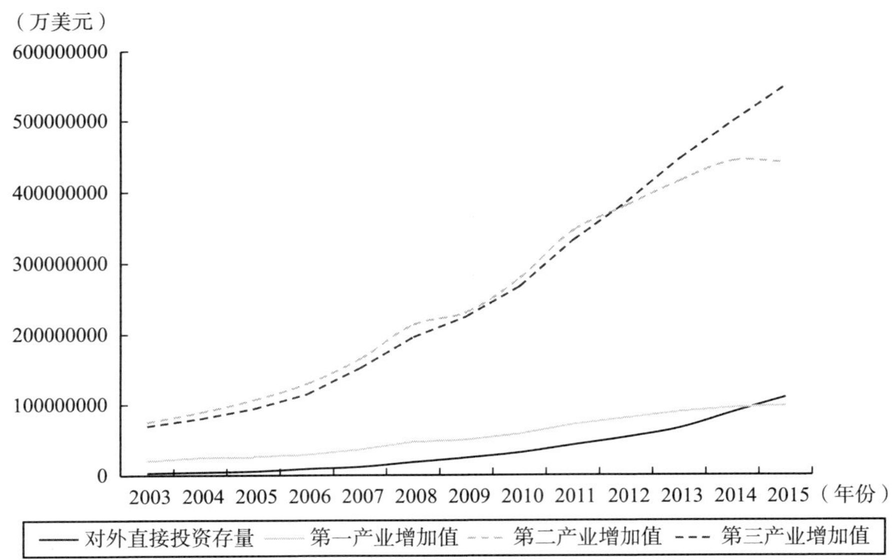

图5－1 我国对外直接投资与三次产业增加值同步发展趋势

资料来源：笔者根据2003～2015年《中国对外直接投资统计公报》和《中国统计年鉴》数据绘制。

至于我国对“一带一路”沿线国家直接投资与国内产业结构调整和升级的关系，二者同样具有明显同步发展的趋势（见表5－2和图5－2）。尽管我国对“一带一路”沿线国家直接投资规模相对较小，但也明显显示出直接投资与三次产业发展规模同向发展，对“一带一路”沿线国家直接投资不但使三次产业增加值绝对规模扩大，而且推动了三次产业增加值相对规模的变动，2012年不但成为我国对“一带一路”沿线国家直接投资加快发展的一个拐点，而且成为我国产业结构调整和升级的一个拐点，第三产业增加值首次超过第二产业增加值。

表5－2 “一带一路”沿线国家直接投资与三次产业增加值规模 单位：万美元

年份	对“一带一路”沿线国家直接投资存量	三次产业增加值规模		
		第一产业	第二产业	第三产业
2003	131682	20500543.68	75052313.64	69440135.31
2004	193398	25253479.61	88838439.98	80082640.63
2005	338976	26616575.31	106360462.40	93954734.67
2006	519753	29244336.29	129410547.20	114378308.50
2007	960795	36537348.76	164578379.80	151355733.80
2008	1484433	47151228.92	213240846.10	195687463.10
2009	2006811	49998536.09	231079051.40	224894012.60
2010	2902609	58135165.08	278905236.70	266996676.30
2011	4123398	71458010.78	345869666.20	332228742.20
2012	5675638	80622099.01	380515485.10	384998019.80
2013	7201549	89326519.41	414664470.70	445467609.60
2014	9246048	94966627.60	442411441.00	498206355.40
2015	11567891	97718515.19	440366707.30	548402479.00

资料来源：2003～2015年《中国对外直接投资统计公报》和《中国统计年鉴》；三次产业数据由笔者根据当期人民币对美元汇率计算而得。

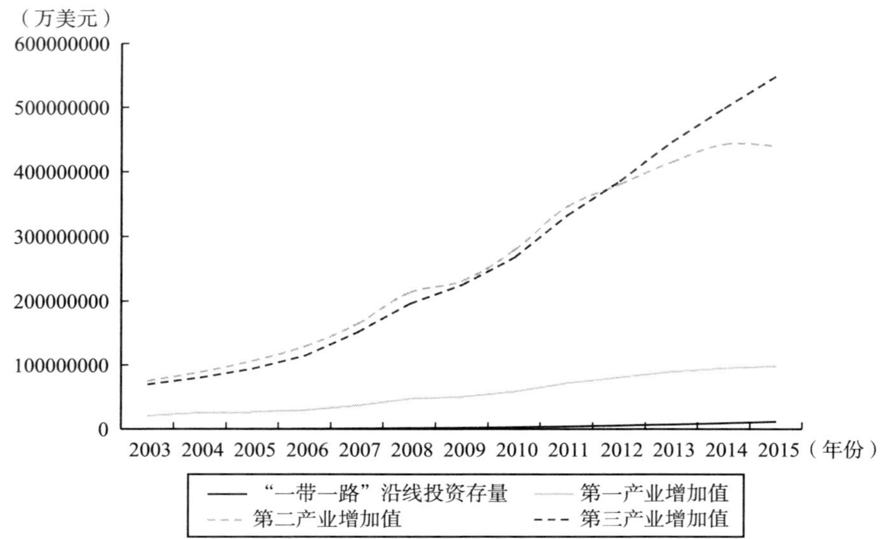

图5-2 我国对“一带一路”沿线国家直接投资与三次产业增加值发展趋势

资料来源：笔者根据2003~2015年《中国对外直接投资统计公报》和《中国统计年鉴》数据绘制。

我国对“一带一路”沿线国家直接投资发展规模与三次产业增加值比重间的关系，在很大程度上反映出对“一带一路”沿线国家的直接投资促进了我国产业结构的调整和升级。一般而言，三次产业的增加值比重可以衡量国内产业结构的优化与否，随着产业结构的不断调整和升级，第一和第二产业增加值比重将有所下降，同时第三产业（服务业）作为新兴产业的增加值比重将日趋提升。如果在同一时期，我国对“一带一路”沿线国家直接投资发展规模持续扩大，而国内确实出现第一产业和增加值比重不断下降、第三产业增加值比重不断上升，这在很大程度上则能反映出对外直接投资对国内产业结构调整和升级的促进作用。我们从表5-3可以看出，2003~2015年，随着中国对“一带一路”沿线国家直接投资占对外直接投资比重的持续增加，国内三次产业占GDP的比重发生了明显的变化，其中第一产业增加值比重由2003年的12.4%下降到2015年的9%，第二产业增加值比重由2003年的45.8%下降到2015年的40.5%，第三产业增加值比重由2003年的42.1%提高到2015年的50.5%。结合图5-3可以清晰地看到，我国对“一带一路”沿线国家直接投资比重与三次产业增加值比重的长期走势基本一致，即“一带一路”沿线国家直接投资比重不断增加的过程中，我国第一产业增加值比重较小且处于稳步下滑的态势，第二产业增加值比重在波动中呈现不断下降的趋势，而第三产业增加值比重处于逐年稳步递增的发展态势，由此同样能够从侧面反映出我国对“一带一路”沿线国家直接投资是推动国内产业结构调整和升级的一个积极因素。

围绕我国在“一带一路”沿线直接投资对国内产业结构调整和升级的影响，以上只是进行了简单的统计分析，得出的结论具有一定的推断性质。为了更确切地反映“一带一路”沿线直接投资对我国产业结构调整和升级的影响，下面利用灰色关联分析方法进行实证分析，以更全面地、多角度地考虑“一带一路”沿线直接投资在我国产业升级中的具体作用。

表5-3 “一带一路”沿线国家直接投资与三次产业增加值比重 单位：%

年份	“一带一路”沿线直接投资存量比重	三次产业增加值比重		
		第一产业	第二产业	第三产业
2003	3.9	12.4	45.5	42.1
2004	4.3	13.0	45.8	41.2
2005	5.9	11.7	46.9	41.4
2006	5.7	10.7	47.4	41.9
2007	8.1	10.4	46.7	42.9
2008	8.1	10.3	46.8	42.9
2009	8.2	9.9	45.7	44.4
2010	9.2	9.6	46.2	44.2
2011	9.7	9.5	46.1	44.3
2012	10.7	9.5	45.0	45.5
2013	10.9	9.4	43.7	46.9
2014	10.5	9.2	42.7	48.1
2015	10.5	9.0	40.5	50.5

资料来源：笔者根据2003~2015年《中国对外直接投资统计公报》和《中国统计年鉴》整理而得。

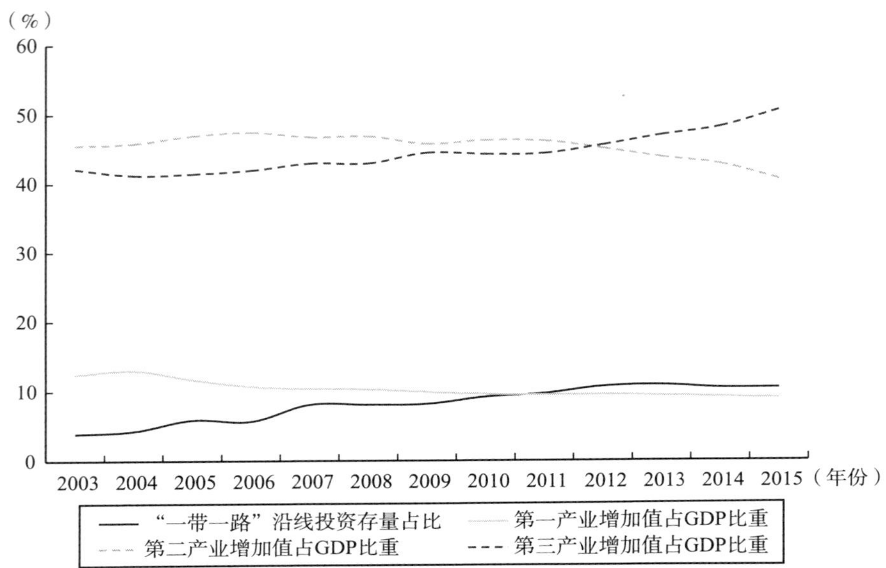

图5-3 中国对“一带一路”沿线直接投资与国内三次产业增加值比重趋势

资料来源：笔者根据2003~2015年《中国对外直接投资统计公报》和《中国统计年鉴》数据绘制。

5.2 “一带一路”沿线国家对外直接投资影响国内产业升级的实证分析

5.2.1 研究方法及模型的建立

本书采用灰色关联分析及GM（1，1）模型研究我国对“一带一路”沿线国家直接投资与国内产业升级的关系。灰色关联分析属灰色系统理论提出的一种系统分析方法，是对系统动态发展变化态势的量化比较分析。灰色系统理论以“部分信息已知，部分信息未知”的“小样本”“贫信息”不确定性系统为研究对象，主要通过对“部分”已知信息的生成、开发，提取有价值的信息，实现对系统运行行为、演化规律的正确描述和有效监控①。其基本思想是根据时间或空间序列数据进行曲线几何形状的

① 刘思峰、党耀国、方志耕、谢乃明等：《灰色系统理论及其应用》，北京科学出版社2010年版。

相似比较来判断因素之间的关联程度，即灰色关联度的大小。曲线越接近，相应序列间的关联度就越高，影响力越大；反之，两者关联度就越低，影响力则越小。通过灰色关联度大小的排序，可以找出影响系统变量发展的主要因素。与数理统计方法相比，灰色关联分析对样本量的多少和数据分布没有特殊要求，是一种研究少数据、贫信息不确定性问题的方法。受制于中国系统的对外直接投资统计数据开始较晚，中国对"一带一路"沿线国家直接投资的国别数据年份不一，数据较小，样本非常有限。因此，如果使用时间序列回归分析作为计量方法的话，时间跨度短，自由度小，解释力不高，而灰色关联分析及 GM（1，1）模型较适用于这种"小样本、少数据、贫信息"的数据分析与预测。

1. 灰色关联分析模型

根据灰色系统理论，进行灰色关联分析的步骤如下：

第一步，确定分析系统行为特征的行为序列，这个序列分两种，一种是反映系统行为特征的序列，叫作系统特征或参考序列，还有一种是影响系统行为的因素组成的序列，叫作相关因素或比较序列。这里假设 $X_0^{(K)}$ 为参考序列，$X^{(K)}$ 为比较序列，其中：

$$X_o^{(k)} = [x_o^{(1)}, x_o^{(2)}, \cdots, x_o^{(k)}]$$

$$X_i^{(k)} = [x_i^{(1)}, x_i^{(2)}, \cdots, x_i^{(k)}]（其中，i = 1, 2, 3, \cdots, n）$$

第二步，无量纲化处理。由于系统中各因素中的数据可能因计算单位的不同，不便于比较，或在比较时难以得到正确的结论。因此在进行灰色关联度分析时，一般都要进行标准化（无量纲化）的数据处理，即通过系统中各数列除以相对应的初始值（不为零）或均值对数据进行无量纲化处理。

第三步，产生对应差数列表。即将无量纲化后的参考数列与比较数列进行差值计算，并求绝对值。对应差数列表内容包括：与参考数列值差（绝对值）、每列最大差、每列最小差。

第四步，计算关联系数和关联度。在计算关联系数和关联度之前，需要预先设定分辨系数，通常以 ξ 表示，$0 < \xi < 1$，一般可设 $\xi = 0.5$。下列为邓氏灰色关联系数的计算公式：

$$\xi i(k) = \frac{\min\limits_i \min\limits_k |x_0^{(k)} - x_i^{(k)}| + \xi \max\limits_i \max\limits_k |x_0^{(k)} - x_i^{(k)}|}{|x_0^{(k)} - x_i^{(k)}| + \xi \max\limits_i \max\limits_k |x_0^{(k)} - x_i^{(k)}|}$$

在计算出关联系数的基础上再计算关联度。由于灰色关联系数反映的比较序列和参考序列在不同时间点上的相关性，由于这个时间点不只一个，因此需要对得出的各个时间点上的关联系数统计为一个指标值，一般求加权平均值，下列为邓氏灰色关联度的计算公式：

$$\gamma_i = \frac{1}{n}\sum_{k=1}^{n}\xi_i(k)$$

第五步，对关联度进行排序。根据计算出的 γ_i 的大小排列出相关性的强弱，γ_i 越大，说明比较序列和参考序列的关联程度越强。

2. GM(1，1) 模型预测

GM(1，1) 模型预测步骤如下：

假设原始序列为：$X_o^{(k)} = [x_o^{(1)},\ x_o^{(2)},\ \cdots,\ x_o^{(k)}]$

生成累加序列：$X_m^{(k)} = [x_m^{(1)},\ x_m^{(2)},\ \cdots,\ x_m^{(k)}]$

其中，$x_m^{(i)} = \sum\limits_{j=1}^{i} x_o^j$，且 $i=1,\ 2,\ 3,\ \cdots,\ k$

构造背景序列：$Z_m^k = [z_m^{(2)},\ A,\ z_m^{(k)}]$，其中，$z_m^{(i)} = \propto_m^{(i)} + (1-\propto)x_m^{(i-1)}$，且 $i=2,\ 3,\ \cdots,\ k$

假定具有近似指数变化规律，则白化微分方程为：$\frac{\mathrm{d}X_m^{(k)}}{\mathrm{d}t}\uparrow + aX_m^{(k)} = b$，离散化得到：

GM(1，1) 灰微分方程：$x_o^k + az_m^{(i)} = b$，然后用最小二乘法可解得参数 a 为发展系数，b 为灰作用量：

$$\hat{\alpha} = [\alpha,\ b]^T = [B^TB]^{-1}B^TY$$

其中，$B = \begin{bmatrix} -z_m^{(2)} & 1 \\ -z_m^{(k)} & 1 \end{bmatrix}$，$Y = \begin{bmatrix} x_o^{(2)} \\ x_o^{(k)} \end{bmatrix}$

得 $X_m^{(k)}$ 的预测公式为：$\hat{x}_m^{(i+1)} = \left[x_o^{(1)} - \frac{b}{\alpha}\right]e^{-at} + \frac{b}{\alpha}$

得 $X_o^{(k)}$ 的预测公式为：$\hat{x}_o^{(i+1)} = \hat{x}_m^{(i+1)} - \hat{x}_m^{(i)} = [1-e^{\alpha}][x_o^{(1)} - \frac{b}{\alpha}]e^{-ai}$

5.2.2 变量选取、数据来源及说明

本节的实证分析包括两个变量：一个是产业升级变量，在灰色关联分

析中我们把它设定为参考序列；另一个变量为对外直接投资，我们把它设定为比较序列。

1. 关于产业升级的衡量

考虑到我国近年来产业结构变动中，第二、第三产业产值占 GDP 比重总体呈不断上升趋势，而第一产业呈下降趋势，且幅度均较大，这与工业化中后期阶段产业结构升级主要表现为第二产业和第三产业产值不断增加相符。同时我们参考张翠菊和张宗益（2015）、崔日明和俞佳根（2015）等人的做法，用 2003 ~ 2015 年我国第二、第三产业产值之和占 GDP 比重作为衡量产业结构升级的指标。其中涉及的原始数据来自《中国统计年鉴》和《2015 年国民经济和社会发展统计公报》。

2. 关于对外直接投资的衡量

考虑到对外直接投资对产业升级的影响具有滞后性，对外直接投资变量用 2003 ~ 2015 年的投资存量来衡量，其原始数据来自历年《中国对外直接投资统计公报》。同时，由于我国对“一带一路”沿线国家的直接投资存在着明显的地区不平衡，以及在不同经济发展水平和不同投资动机的东道国之间存在着明显的差异性，这可能会对外直接投资的产业升级效应产生不同的影响。因此，为了较全面地分析我国对“一带一路”沿线国家直接投资对产业升级的影响，我们把沿线 64 个国家基于三个不同的角度进行分类，分别考察不同情况下的对外直接投资对产业升级的影响。具体而言：

（1）基于区域差异的角度。根据邓宁的国际生产折衷理论，东道国区位优势是影响跨国公司进行对外直接投资的一个重要的因素。而在一国利用对外直接投资促进国内产业升级的过程中，不同的区位选择可以发挥跨国企业和东道国的各自优势，并通过反向溢出效应等渠道促进投资国产业升级①。这说明对外直接投资区域差异是影响其母国产业升级的重要因素。基于此，有必要分析中国对“一带一路”沿线不同区域的直接投资对国内产业升级可能存在的差异性影响。因此，根据前文所述，我们把“一带一路”沿线 64 个国家（不包括中国）分为 6 个区域，分别为：东南亚、中

① 李逢春：《中国对外直接投资推动产业升级的区位和产业选择》，载《国际经贸探索》2013 年第 2 期。

亚、蒙俄、西亚中东、中东欧、南亚①。2003～2015年中国对这6个区域直接投资的存量即为比较序列，分别设定为序列2、序列3、序列4、序列5、序列6和序列7，把参考序列产业升级指标设定为序列1。具体的比较序列和参考序列的指标值如表5-4所示。

表5-4 区域选择中参考数列和比较数列的各变量指标值

年份	参考序列	比较序列					
	产业升级	东南亚	中亚	蒙俄	西亚及中东	中东欧	南亚
2003	87.6	58695	4409	7506	52299	4206	4567
2004	87.0	95580	7001	19943	59953	4899	6022
2005	88.3	125625	32527	59620	88195	7483	25526
2006	89.3	176383	44641	124443	126896	24745	22645
2007	89.6	395362	88091	201368	119536	31558	124880
2008	89.7	648744	194205	273384	157547	36724	173829
2009	90.1	957887	225591	346203	238372	43666	195092
2010	90.4	1435766	291797	422308	399536	89936	263266
2011	90.4	2146915	403319	565026	546391	106791	354956
2012	90.5	2824499	782365	784252	718364	144672	421486
2013	90.6	3567740	889297	1093557	909626	160751	580578
2014	90.8	4764831	1009391	1245709	1191248	202131	832738
2015	91.0	6281625	809022	1777969	1498723	252365	948157

资料来源：2003～2015年《中国对外直接投资统计公报》和《中国统计年鉴》。

（2）基于经济发展水平的角度。东道国经济发展水平不同，其技术水平、要素结构、产业结构等也存在着明显的差异，在这些经济发展水平不同的东道国的直接投资对母国的产业升级影响可能会不同。因此，有必要分析中国对“一带一路”沿线不同经济发展水平国家的直接投资对国内产业升级可能存在的差异性影响。我们把“一带一路”沿线64个国家分为发达经济体、发展中经济体和转轨经济体。其中发达经济体包括波兰、捷克、斯洛伐克、匈牙利、斯洛文尼亚、克罗地亚、罗马尼亚、保加利亚、

① 见第4章。

爱沙尼亚、立陶宛、拉脱维亚、以色列等 12 国；发展中经济体包括土耳其、伊朗、叙利亚、伊拉克、阿联酋、沙特阿拉伯、卡塔尔、巴林、科威特、黎巴嫩、阿曼、也门、约旦、巴勒斯坦、越南、老挝、柬埔寨、泰国、马来西亚、新加坡、印度尼西亚、文莱、菲律宾、缅甸、东帝汶、印度、巴基斯坦、孟加拉国、阿富汗、尼泊尔、不丹、斯里兰卡、马尔代夫、蒙古国、埃及等 35 国；转轨经济体包括塞尔维亚、黑山、马其顿、波黑、阿尔巴尼亚、白俄罗斯、摩尔多瓦、亚美尼亚、格鲁吉亚、阿塞拜疆、俄罗斯、乌克兰、哈萨克斯坦、吉尔吉斯斯坦、塔吉克斯坦、乌兹别克斯坦、土库曼斯坦等 17 国。中国对这三种经济体 2003 ~ 2015 年对外直接投资的存量即为比较序列，分别设定为序列 2、序列 3、序列 4，把参考序列产业升级指标设定为序列 1。具体的比较序列和参考序列的指标值如表 5 – 5 所示。

表 5 – 5　经济发展水平选择中参考数列和比较数列的各变量指标值

年份	参考序列	比较序列		
	产业升级	发达经济体	发展中经济体	转轨经济体
2003	87.6	4086	116836	10760
2004	87.0	4399	168263	20736
2005	88.3	7309	249172	82495
2006	89.3	24427	352100	143226
2007	89.6	30533	692471	237791
2008	89.7	35148	1061025	388260
2009	90.1	40850	1505515	460446
2010	90.4	85868	2225546	591195
2011	90.4	101664	3220463	801271
2012	90.5	135491	4234798	1305349
2013	90.6	143570	5352275	1705704
2014	90.8	173786	7095562	1976700
2015	91.0	222701	9012327	2332863

资料来源：2003 ~ 2015 年《中国对外直接投资统计公报》和《中国统计年鉴》。

(3) 基于投资动机的角度。由于东道国要素禀赋的差异，母国对其直接投资动机一般也存在着明显的差异。邓宁将一国对外直接投资动机区分为技术寻求、市场寻求、资源寻求和战略资源寻求四类①。而不同投资动机的对外直接投资通过不同的路径对母国的技术水平、要素结构和产业升级可能产生不同程度的影响。资源寻求型对外直接投资主要通过打破资源限制、出口带动效应等途径促进母国产业升级，市场寻求型对外直接投资主要通过绕开贸易壁垒、转移传统产业促进母国产业升级，技术寻求型对外直接投资主要通过逆向技术溢出效应、利润汇回、引进海外消费模式等途径促进母国产业升级②。中国对“一带一路”沿线不同国家的直接投资不可避免地存在着不同的投资动机，因此有必要分析中国对“一带一路”沿线国家不同动机的直接投资对国内产业升级可能存在的差异性影响。根据中国对外直接投资的实际，本书把“一带一路”沿线 64 个国家分为资源寻求型投资国、市场寻求型投资国和技术寻求型投资国。由于影响产业升级的途径不同，不同投资动机的对外直接投资可能对母国产业升级的影响程度不同。在“一带一路”沿线国家中，一些自然资源丰富的国家或地区，如石油资源丰富的西亚和中亚地区以及森林资源和矿产资源丰富的俄罗斯和蒙古国，适合资源寻求型对外直接投资企业投资，因此本章选取的资源寻求型国家包括沙特阿拉伯、伊朗、伊拉克、科威特、卡塔尔、阿联酋、叙利亚、约旦、黎巴嫩、巴勒斯坦、阿富汗、尼泊尔、不丹、马尔代夫、东帝汶、哈萨克斯坦、吉尔吉斯斯坦、塔吉克斯坦、乌兹别克斯坦、土库曼斯坦、乌克兰、俄罗斯、蒙古国、土耳其、巴林、阿曼、也门、亚美尼亚、格鲁吉亚、阿塞拜疆、埃及、摩尔多瓦、波黑、马其顿、黑山 35 国。一些市场需求潜力较大东南亚、南亚等地区，适合市场寻求型对外直接投资企业投资，本章选取的这种类型的国家包括菲律宾、柬埔寨、老挝、越南、马来西亚、缅甸、泰国、文莱、越南、巴基斯坦、孟加拉国、斯里兰卡、塞尔维亚、阿尔巴尼亚 14 国。一些经济较为发达、技术较为先进的中东欧等发达国家或以新加坡为代表的新兴工业化国家适合于技术寻求型对外直接投资，这种类型的国家包括波兰、捷克、斯洛伐克、匈牙利、斯洛文尼亚、克罗地亚、罗马尼亚、保加利亚、爱沙尼亚、立陶宛、

---

① Dunning. J. H. . Location and the Multinational Enterprise: A Neglected Factor? [J]. Journal of International Bussiness Studies, 2008, 29 (1): 45 - 66.

② 潘素昆、袁然：《不同投资动机 OFDI 促进产业升级的理论与实证研究》，载《经济学家》2014 年第 9 期。

拉脱维亚、以色列、新加坡、印度、白俄罗斯15国。中国对这三种不同投资动机的国家2003～2015年对外直接投资的存量即为比较序列，分别设定为序列2、序列3、序列4，把参考序列产业升级指标设定为序列1。具体的比较序列和参考序列的指标值如表5-6所示。

表5-6 投资动机选择中参考数列和比较数列的各变量指标值

年份	参考序列	比较序列		
	产业升级	资源寻求型 OFDI	市场寻求型 OFDI	技术寻求型 OFDI
2003	87.6	64558	46459	20665
2004	87.0	87784	77451	28163
2005	88.3	180791	116837	41348
2006	89.3	296689	149224	73840
2007	89.6	410728	363098	186969
2008	89.7	638603	454764	391066
2009	90.1	832120	625533	549158
2010	90.4	1133609	1025871	743129
2011	90.4	1565746	1327074	1230578
2012	90.5	2337702	1839455	1498481
2013	90.6	2952857	2373764	1874928
2014	90.8	3512765	3129029	2604254
2015	91.0	4143596	3578467	3845828

资料来源：2003～2015年《中国对外直接投资统计公报》和《中国统计年鉴》。

5.2.3 实证分析

根据上述灰色关联模型和计算方法，利用灰色系统理论建模软件，我们先计算中国对"一带一路"沿线国家直接投资与产业升级的邓氏关联度，然后再基于上述区域选择、经济发展水平和投资动机的分类，对这三种情况下的直接投资与产业升级的关联性进行邓氏关联度计算，计算结果分别如表5-7、表5-8、表5-9和表5-10所示。

表 5-7 产业升级和中国对“一带一路”沿线国家直接投资的灰色关联度数值

年份	参考序列	比较序列	邓氏关联度
	产业升级	OFDI	
2003	87.6	3322222	0.7017
2004	87.0	4477726	
2005	88.3	5720562	
2006	89.3	9063000	
2007	89.6	11791050	
2008	89.7	18397071	
2009	90.1	24575538	
2010	90.4	31721059	
2011	90.4	42478067	
2012	90.5	53194058	
2013	90.6	66047840	
2014	90.8	88264242	
2015	91.0	109786459	

资料来源：笔者根据灰色系统理论建模软件计算整理。

表 5-8 产业升级和各区域对外直接投资的灰色关联度数值表

	东南亚	中亚	蒙俄	西亚中东	中东欧	南亚
邓氏关联度	0.8332	0.6832	0.7041	0.9410	0.8745	0.7178
排名	3	6	5	1	2	4

资料来源：笔者根据灰色建模软件计算整理。

表 5-9 产业升级和不同类型国家对外直接投资的灰色关联度数值表

	发达经济体	发展中经济体	转轨经济体
邓氏关联度	0.8718	0.8543	0.6915
排名	1	2	3

资料来源：笔者根据灰色系统理论建模软件计算整理。

表5-10 产业升级和不同动机OFDI的灰色关联度数值表

	资源寻求型 OFDI	市场寻求型 OFDI	技术寻求型 OFDI
邓氏关联度	0.8430	0.8271	0.7438
排名	1	2	3

资料来源：笔者根据灰色系统理论建模软件计算整理。

1. 我国在“一带一路”沿线国家直接投资对产业升级影响的整体分析

表5-7显示，我国在“一带一路”沿线国家直接投资对国内产业升级起着较为积极的推动作用。在统计分析中，一般认为，若变量间相关系数的绝对值小于0.3，则被视为微弱相关，若系数的绝对值在0.3~0.5，则被视为低度相关，若系数的绝对值在0.5~0.8，则被视为一般相关，若系数的绝对值在0.8~1，则被视为高度相关。按照这一判断标准，我们从表5-7中可以看出，我国在“一带一路”沿线国家的直接投资与产业升级的邓氏关联度值为0.7017，这说明我国在“一带一路”沿线国家的直接投资对国内产业升级有着重要的推动作用，从一个侧面体现出我国在“一带一路”沿线国家直接投资的质量和水平，体现了我国实施“一带一路”倡议的必要性。同时，这也反映出包括对“一带一路”沿线国家在内的对外直接投资与我国的开放发展战略相一致，具有自己的发展模式和特点。从2003年开始，我国的对外直接投资快速发展，呈现出跃升式的增长，这与我国提出和实施的一系列开放政策不无关系。面对国内外严峻形势，2000年，我国政府将“走出去”确定为新时期的一项开放战略，而对外直接投资是中国“走出去”战略的重要组成部分，它是我国为适应国内产业结构调整、积极应对经济全球化挑战、主动参与国际分工、有效利用国际国内两个市场两种资源的积极举措。为推动“走出去”战略的顺利实施，政府采取了一系列的鼓励措施。此后，中国企业的国际化经营和对外直接投资进入了一个快速发展阶段，其中，中国对“一带一路”沿线国家的直接投资也是在这种背景下快速发展起来的。由于“走出去”战略作为国家的一项外经贸发展战略，其制定和实施受到国内宏观经济环境和国际经济环境的影响，其实施目标带有明显的宏观导向性，这就决定了我国企业层面的对外直接投资决策同样要受到国家整个宏观经济环境和战略的影响，受到国内产业结构调整和经济转型的影响，具有明显的产业导

向。国家发展和改革委员会制定的《境外投资产业指导政策》和《境外投资产业指导目录》就是国家总体产业政策在对外直接投资领域的体现，反映了我国政府要通过对外直接投资来提升中国在国际产业链中的地位和促进国内产业结构升级的要求。因此，企业在对外直接投资过程中，不但要考虑自身的利益，追求利润最大化，而且所选择的行业和项目要与我国的产业结构调整目标相一致。而“一带一路”倡议目的在于使我国在新形势下积极参与全球价值链的分工与贸易，形成优进优出的开放型经济新格局，促进我国经济与世界经济在更高层次上实现深度融合。“一带一路”所体现和包涵的时代背景、共建原则、框架思路、合作重点、合作机制等不仅赋予“走出去”战略在新形势下新的目标和内容，为我国对外直接投资提供了难得的发展契机，而且使我国企业，尤其是大中型国有企业在构建自主的跨国生产经营价值链、整合全球资源、提升国内产业升级等方面肩负更大重任。“一带一路”倡议的实施将深化我国与广大发展中国家基于产业链的合作，通过中国装备“走出去”和推进国际产能合作，有利于我国打造产业升级的2.0版，同时也可为广大发展中国家提供经济适用技术和资金支持，加速其工业化进程，实现互利共赢。实践中，2003～2015年我国对“一带一路”沿线国家直接投资呈现出资源开发投资、制造业投资比例上升等变动特征，正是我国国内产业结构调整在对外直接投资领域的反映，而我国对外直接投资这些变化无疑会进一步促进我国国内产业结构的调整和升级。

从对外直接投资的模式看，我国独特的投资模式也有利于我国国内产业升级。我国的对外直接投资既不是以规避出口高成本为目的的水平型投资，也不是以分散生产为目的的垂直型投资，它具有明显的通过对外直接投资和海外并购活动来延伸生产与价值链的特点，是一种“价值链延伸型”的投资①。我国企业在对外直接投资过程中，初期处于全球价值链的低端环节，如制造业中的加工和装配环节，随着自身学习能力的不断增强，创新水平的不断提高，企业逐渐向价值链的上游和市场营销活动扩展。而企业向价值链上游的扩展则能够稳定能源和原材料的供应、取得核心技术，向下游的扩展则能够建立销售、配送网络，建立自己的品牌。这一扩展过程一方面导致企业源源不断地获取国外的资源、技术和人力资本，而后者恰恰是影响我国产业结构升级和经济发展的关键要素；另一方面导致企业

① 姚枝仲、李众敏：《中国对外直接投资的发展趋势与政策展望》，载《国际经济评论》2011年第2期。

在全球价值链中的地位不断上升，促使中国从全球产业链的被动参与者逐步向主导者转变，进而促进国内产业结构转型升级。

2. 基于区域视角的对外直接投资的国内产业升级效应分析

从表5－8可以看出，我国对“一带一路”沿线国家直接投资的区位与产业升级关联度排名依次为西亚中东、中东欧、东南亚、南亚、蒙俄和中亚。也就是说，从对“一带一路”沿线国家的投资区位看，对我国国内产业升级促进作用大小依次为西亚中东、中东欧、东南亚、南亚、蒙俄和中亚。这说明我国对“一带一路”沿线不同国家直接投资在推动国内产业升级方面均发挥了明显的作用，但存在着一定的区域性差异。推动我国国内产业升级较为明显的西亚中东、中东欧和东南亚地区，有些国家自然资源非常丰富，有些国家经济较为发达，技术较为先进，产业结构较为高级化，这些地区在中国对“一带一路”沿线国家的直接投资存量中规模较大，我国对这些地区的直接投资，一可以获取较为丰富的资源以解决国内某些产业发展中面临的资源瓶颈问题，二可以通过直接投资发挥贸易带动效应以扩大国内出口份额，三可以对国内产生逆向技术溢出效应。这些诸多效应都有助于促进国内产业升级。相对而言，中国对南亚、蒙俄和中亚地区的直接投资在推动国内产业升级方面推动作用较弱，这可能与中国对这些地区的直接投资规模较小以及对这些地区直接投资的产业较为单一等因素有关。

3. 基于经济发展水平视角的对外直接投资的国内产业升级效应分析

从表5－9可以看出，我国对“一带一路”沿线不同经济发展水平国家的直接投资与产业升级关联度排名依次为发达国家、发展中国家和转轨经济国家，也就是说，从我国对“一带一路”沿线不同经济发展水平国家的直接投资看，对我国国内产业升级促进作用最大的是发达国家，其次是发展中国家，最后是转轨经济国家。我国对“一带一路”沿线发达国家的投资属于“逆梯度”型直接投资，一方面，这种类型的直接投资可使我国企业通过并购发达国家的企业而获取先进技术，即我国企业通过与发达国家企业组建战略技术联盟可以较低的成本与东道国企业进行技术联合开发，并通过一定的渠道如内部化使用的方式传回母国，促进国内产业升级。另一方面，这种类型的直接投资可以刺激东道国政府或企业分担某些研发任务并分摊部分研发费用，这样，我国便能将部分资源集中用于某些核心技术的研发，从而促进国内技术进步。此外，这种类型的对外直接投资使我国企业接近发达国家的研发资源，获得发达国家向我国的技术外溢，即反向技术外溢效应，并最终推动我国的技术进步，促进国内产业结构的优化与升级。

我国对“一带一路”沿线广大发展中国家的直接投资属于“顺梯度”型直接投资，这种类型的对外直接投资，一方面有助于我国边际产业的对外转移，这不仅可以为国内具有竞争优势的产业发展让渡出资源，而且还可利用相对优势获取收益，从而带动相关产业的发展，使原有产业结构优化升级。与此同时，这种类型的对外直接投资可以产生出口规模和出口结构效应，有助于带动相关产品及服务出口使贸易结构得到优化，从而促进国内产业结构的升级。另一方面，这种类型的对外直接投资有助于生产要素向国内新兴产业转移，以培育和扶持新兴产业的发展。由于生产要素从传统产业向新兴产业转移是生产要素的重组过程，如果要素不能及时从传统产业转移出来，必定会影响新兴产业成长的物质基础，阻碍产业升级。但由于各种矛盾的存在，传统产业的退出会遇到一定的阻碍。而通过对外直接投资方式向相对落后国家转移尚可利用的传统产业，则可在不引发各种矛盾的前提下顺利实现传统产业向海外转移，从而释放出新兴产业发展所需的生产要素，促进国内产业结构优化升级。

相对而言，我国在“一带一路”沿线转轨经济国家的直接投资对国内产业升级促进作用较弱。这可能与中国对转轨经济国家直接投资规模偏小、投资领域相对单一以及转轨国家市场机制不完善、投资便利化程度较低、一些国家市场规模较小等因素有关。

4. 基于动机视角的对外直接投资的国内产业升级效应分析

从表 5 - 10 可以看出，我国对“一带一路”沿线国家不同类型的直接投资和产业升级的关联度排名依次为资源寻求型 OFDI、市场寻求型 OFDI 和技术寻求型 OFDI，说明对我国国内产业升级促进作用最大的是资源寻求型 OFDI，其次是市场寻求型 OFDI，最后是技术寻求型 OFDI。资源寻求型 OFDI 促进国内产业发挥重要作用，这符合我国对外直接投资和国内产业发展实际。随着我国经济的发展，国内自然资源供应量已难以满足经济社会发展的需要，资源的相对匮乏已经成为国内一些产业发展的“瓶颈”，因此，为了获得稳定的自然资源供给，在实施“走出去”战略的过程中，国家一直积极鼓励和支持一些企业对海外自然资源行业进行投资。而“一带一路”沿线国家拥有丰富的自然资源，能满足我国对自然资源的需求。所以，我国对“一带一路”沿线国家资源寻求型的直接投资有助于获取东道国资源，在很大程度上缓解了国内相关产业发展的资源“瓶颈”，有利于相关产业的改造和提升增值活动，并通过竞争效应、资源配置效应、关联效应等渠道促进其他产业的发展，从而促进了国内的产业升级。因此，对“一带一路”沿线国家市场寻求型OFDI成为又一促进我国产业升级的重要因素。“一带一路”沿线涉及64个国家，覆盖约44亿人口，占全球总人口的63%，经济总量约为21万亿美元，占全球经济总量的29%。对“一带一路”沿线一些市场规模和需求较大国家的直接投资，有助于国内过剩产能的转移和改善进出口贸易条件，达到促进产业升级的目的。对于技术寻求型OFDI而言，虽然其对国内产业升级有积极的影响，但相对而言并不明显，即中国企业在“一带一路”沿线国家的投资能否促进国内产业升级，东道国的技术禀赋并非重要因素。

5.2.4 趋势预测

为了更好地反映对外直接投资对国内产业升级影响的动态变化，接下来我们再通过GM（1，1）模型对我国在“一带一路”沿线国家直接投资与国内产业升级的关联度进行预测。按照上述GM（1，1）模型的步骤，我们对产业升级、中国在“一带一路”沿线国家直接投资以及基于区域、经济发展水平、投资动机三个角度的对外直接投资等指标序列进行往后5年的预测。其结果如表5-11、表5-12、表5-13和表5-14所示。同样，对预测的对外直接投资与产业升级的关联性进行邓氏关联度计算，计算结果如表5-15、表5-16、表5-17和表5-18所示。

表5-11 2016~2020年产业升级和“一带一路”沿线国家直接投资变量预测值

年份		2016	2017	2018	2019	2020
参考序列	产业升级	91.7	92	92.3	92.6	92.9
比较序列	对外直接投资	164945061	213533568	276434979	357865502	463283330

资料来源：笔者根据灰色系统理论建模软件计算整理。

表 5-12 区域选择中 2016~2020 年参考数列和比较数列各变量预测值

年份		2016	2017	2018	2019	2020
参考序列	产业升级	91.7	92	92.3	92.6	92.9
比较序列	东南亚	13330128	18097094	24568768	33354766	45282711
	中亚	2025609	2548497	3206360	4034043	5075383
	蒙俄	2770242	3661432	4839319	6396133	8453777
	西亚及中东	2372057	3140116	4156868	5502839	7284629
	中东欧	433367	556662	715037	918470	1179782
	南亚	1774740	2336164	3075189	4047998	5328548

资料来源：笔者根据灰色系统理论建模软件计算整理。

表 5-13 经济发展水平选择中 2016~2020 年参考数列和比较数列各变量预测值

年份		2016	2017	2018	2019	2020
参考序列	产业升级	91.7	92	92.3	92.6	92.9
比较序列	发达经济体	367645	466147	591041	749397	950182
	发展中经济体	17707345	23709087	31745065	42504765	56911367
	转轨经济体	4610746	6040806	7914411	10369129	13585198

资料来源：笔者根据灰色系统理论建模软件计算整理。

表 5-14 投资动机选择中 2016~2020 年参考数列和比较数列各变量预测值

年份		2016	2017	2018	2019	2020
参考序列	产业升级	91.7	92	92.3	92.6	92.9
比较序列	资源寻求型 OFDI	7740439	10077618	13120495	17082149	22240003
	市场寻求型 OFDI	7209856	9521058	12573142	16603607	21926084
	技术寻求型 OFDI	8131974	11287405	15667232	21746553	30184820

资料来源：笔者根据灰色系统理论建模软件计算整理。

表5－15 2016～2020年产业升级和“一带一路”沿线OFDI的灰色关联度预测值

年份		2016	2017	2018	2019	2020
参考序列	产业升级	91.7	92	92.3	92.6	92.9
比较序列	OFDI	164945061	213533568	276434979	357865502	463283330
邓氏关联度	0.6195					

资料来源：笔者根据灰色系统理论建模软件计算整理。

表5－16 2016～2020年产业升级和各区域OFDI的灰色关联度预测值

项目	东南亚	中亚	蒙俄	西亚中东	中东欧	南亚
邓氏关联度	0.6272	0.6981	0.6507	0.6493	0.6775	0.6544
排名	6	1	4	5	2	3

资料来源：笔者根据灰色系统理论建模软件计算整理。

表5－17 2016～2020年产业升级和不同类型国家OFDI的灰色关联度预测值

项目	发达经济体	发展中经济体	转轨经济体
邓氏关联度	0.6763	0.6249	0.6446
排名	1	3	2

资料来源：笔者根据灰色系统理论建模软件计算整理。

表5－18 2016～2020年产业升级和不同动机OFDI的灰色关联度预测值

项目	资源寻求型OFDI	市场寻求型OFDI	技术寻求型OFDI
邓氏关联度	0.6863	0.6733	0.6308
排名	1	2	3

资料来源：笔者根据灰色系统理论建模软件计算整理。

从表5－15可以看出，2016～2020年中国对“一带一路”沿线国家的直接投资与国内产业升级的邓氏关联度值为0.6195，这说明随着我国对“一带一路”沿线国家的直接投资的持续增加，其对国内产业结构调整和升级仍发挥着重要的推动作用。但值得注意的是，相对于前述的中国在“一带一路”沿线国家直接投资与国内产业升级的邓氏关联度值0.7017而言，二者的关联程度有所下降，这意味着未来的一个时期中国在“一带一路”沿线国家直接投资对国内产业升级的推动作用可能有所减弱。造成这种局面的可能原因在于：①随着中国在“一带一路”沿线国家直接投资的持续增加，尽管在东道国投资的行业越来越多元化，但整体上看，对采矿业、低加工、低附加值等领域的行业投资布局难以在短期内发生根本性改变，而这种投资布局和结构的产业关联性较小，对国内产业结构层次的提高影响不明显，从而在整体上约束了对国内产业升级的推动作用。②在对“一带一路”沿线国家直接投资的发展过程中，我国企业投资领域的选择虽然明显受国家境外投资产业导向政策的约束，但从市场经济活动中的微观主体角度来看，企业的战略目标和理性经济人的投资决策行为不一定与国家的宏观目标相一致，企业对外直接投资有时甚至背离国家的境外投资产业目标，特别是随着对“一带一路”沿线国家投资主体的多元化以及非国有企业数量的增加和投资规模的扩大，这种情况会更加明显。这会在很大程度上影响对外直接投资对国内产业结构调整和升级的推动作用。③如前所述，“一带一路”倡议是新形势下我国的重大开放战略，对外直接投资既是“一带一路”建设的重点，同时又是“走出去”战略的重要内容。在“一带一路”背景下，“走出去”战略被赋予更多的目标和内容。以往“走出去”战略只是为了开拓国内和国外两个市场、利用国内和国外两种资源，促进国际收支平衡；而在“一带一路”背景下，中国企业“走出去”战略不仅要追求以往的目标，还要有更多的追求和目标，既要体现互利共赢，增加中国企业对外投资的东道国福利，又要构建自主的跨国生产经营价值链、整合全球资源等。因此，在“一带一路”背景下，我国企业“走出去”，开展对“一带一路”沿线国家的直接投资，主观上不是为国内过剩产能找出路而设计，也不是为国内产业结构调整和升级而安排，而是企业根据国家宏观政策导向，结合“一带一路”建设规划，积极履行社会责任，促进东道国经济发展，改善和增加东道国人民福利。同时，通过打造有国际影响力的民生工程，扩大国家影响力，发挥产能优势，整合全球资源，构筑企业核心竞争力，培育国内产品和产业的国际竞争新优势。因此，中国企业作为“一带一路”倡议的重要实施者，其对“一带一路”沿线国家的直接投资肩负着国家的、政府的、行业的以及东道国的更多的目标和任务，国内产业升级只是其中的一个方面，而且多多少少地具有客观性的因素，在这种情况下，其对国内产业升级的推动作用不可避免地会受到影响，会由于多“目标”、多“任务”而受到牵制。

表 5 - 16 显示 2016 ~ 2020 年不同区域对外直接投资与产业升级的关

联度排序。前三位是中亚、中东欧、南亚，后面依次为蒙俄、西亚中东、东南亚。这里我们注意到，中亚的关联度由原来的第6位跃升至第1位，中东欧仍为第2位，南亚由原来的第4位升至第3位，蒙俄由原来的第5位升至第4位，而西亚中东和东南亚则分别由原来的第1位、第3位下降到第5位、第6位。这种变化预示着，我国在中亚五国、中东欧等发达国家以及南亚国家的直接投资对国内产业升级将发挥愈益明显的作用。具体而言：①如前所述，中亚地区是中国对“一带一路”沿线直接投资增长最快的地区[①]，这与中亚各国市场经济自由度较高、利用外资的政策较宽松、把利用外资作为发展本国经济的重要方式等因素有关。随着中国企业对中亚各国的进一步熟悉和中亚各国投资环境的进一步改善，中国对该地区直接投资快速增长的势头将持续下去，投资规模将进一步扩大，而且尤为重要的是，在中亚各国优先发展的领域中，制造业利用外资在各国均占有重要的地位，各国在制造业利用外资方面均采取了一系列的鼓励和优惠政策，这预示着中国在今后一个时期对中亚各国的直接投资中，对制造业的直接投资比重将进一步上升，对中亚各国投资的行业结构将会更加合理化，发挥中国产业的比较优势，使制造业等产能转移效应在国内得以充分体现，由于这些因素，企业在该地区的直接投资推动国内产业升级的作用将会更加明显。②对于中东欧地区来说，中东欧国家拥有高度开放成熟的市场，人力、资本、产业等投资基础较好，并且中东欧地区是欧亚大陆的地缘枢纽，获取欧盟技术和市场也较为便利。借助投资将产业链整体迁移到中东欧，把中东欧作为产品升级、销售（分销）中心，实现中国产品生产、流动和销售在中东欧的本土化，借此打入欧盟、俄罗斯和土耳其市场，这是未来一个时期中国在中东欧投资的主要特点之一。因而，对中东欧地区直接投资成为中国实现产业升级和价值链延伸的重要平台[②]。未来一个时期，随着对中东欧地区直接投资规模的不断扩大，目前处于初步发展阶段的对装备制造业、清洁能源、通信技术、电子、汽车等行业的投资将会进一步发展，投资规模的扩大和投资产业结构的变化无疑会极大地释放出对外直接投资的外溢效应，促进国内产业的升级。③对于南亚地区来说，随着中巴经济走廊和孟中印缅经济走廊持续推进以及中印关系的改善，中国对南亚地区的直接投资规模将会不断扩大，投资的行业结构更加

① 见第4章。

② 刘作奎：《新形势下中国对中东欧国家投资问题分析》，载《国际问题研究》2013年第1期。

合理，中国对南亚国家的比较优势和竞争优势将持续体现，这都会在很大程度上提升中国企业对南亚直接投资的国内产业升级效应。④值得警惕的是，在未来一个时期，中国对东南亚地区的直接投资在推动国内产业升级方面的作用有所下降。究其原因，这与中国对该地区直接投资的产业结构不无关系。毫无疑问，未来中国对东南亚的直接投资仍会保持快速增长，投资规模会持续扩大，但投资的行业结构整体上难以发生根本性变化，即仍以对租赁和商务服务业，批发和零售业，制造业，电力、热力、燃气及水的生产和供应业，采矿业等行业的直接投资为主。虽然租赁和商务服务业、批发和零售业的投资数量居于所有行业的重要地位，但是由于在营销网络、市场渠道、售后服务方面与像新加坡这样国家的服务业还存在一定的差距，进入东道国流通渠道的终端非常困难，只在整个供应链中第一、二个环节徘徊，因此行业的大部分附加值基本被东道国的代理商和销售商获取，因而投资这种类型的产业收获较少，对于国内产业升级的促进作用也较小。对东南亚制造业的直接投资虽然也占有重要的地位，但在制造业的投资中，有些项目竞争激烈，有层次较低（都是一些劳动密集型和低附加值的产品的加工和生产），这种制造业投资结构同样不利于对国内产业升级的推动。

表5－17显示2016～2020年我国在不同类型国家的对外直接投资与产业升级的关联度排序。值得注意的是，发达经济体的关联度和原来一样排在第1位，这预示我国在“一带一路”发达经济体的直接投资对国内产业升级的作用越来越明显，始终居于首位。转轨经济体由原来的第3位升至第2位，发展中经济体由原来的第2位下降1位，排在第3位。由前述可知，发达经济体主要由中东欧地区的国家构成，转轨经济体涵盖中亚地区的国家和经济规模较大的俄罗斯，发展中经济体主要由东南亚和西亚中东地区的国家构成。仔细观察不难发现，2016～2020年我国对发达经济体、转轨经济体和发展中经济体的直接投资与国内产业升级的关联度排序与对不同区域直接投资与产业升级的关联度排序实际上是一致的，因此关于我国在不同类型国家的直接投资对产业升级影响的前后变化的原因在此不再赘述。

表5－18显示2016～2020年不同动机的对外直接投资与产业升级的关联度排序。可以看出，排序与以前相比没有什么变化，资源寻求型对外直接投资的关联度仍然居于第一位，其后依次为市场寻求型和技术寻求型。这预示着资源寻求型对外直接投资在促进国内产业升级方面将发挥着

非常重要的作用。随着我国经济的发展，对于资源类生产要素的供给要求会越来越高，中国的铁、铜和石油等资源的人均占有量大大低于世界平均水平，单纯依靠国内供给或者从国外高价进口都不能切实解决这种供需矛盾，为了改善国内资源供给，避免国家经济发展受到国际经济形势的影响，进行资源寻求型的对外直接投资可以解决国内瓶颈产业发展遇到的供给矛盾，有效地促进国内产业升级。同时，由于“一带一路”沿线大多是新兴经济体和发展中国家，经济发展普遍处于上升期，其巨大的市场需求潜力会慢慢释放出来，将为我国对外直接投资进一步提供机会，使市场寻求型对外直接投资促进国内产业升级的作用进一步提高。此外，对技术寻求型对外直接投资而言，其促进国内产业升级的作用排在最后，说明“一带一路”沿线国家技术禀赋对我国企业直接投资的有限性。

5.2.5 主要研究结论

1. 我国在“一带一路”沿线国家的直接投资对国内产业升级起着明显的促进作用

这是因为“一带一路”沿线国家大多数和我国地理上相毗邻、经济发展水平、产业结构、消费偏好都有非常相近或相似之处，心理距离和地理距离都比较近，而且这些国家对外开放程度较高，也有优惠的投资政策，我国对这些国家的直接投资或者可以带动中国设备、技术的出口，或者可以利用这个区域某些国家或地区享有的贸易优惠条件与第三国进行贸易以扩大出口份额，或者可以解决中国某些产业资源瓶颈的问题，所有这些因素均可以不同程度地辐射到中国国内的产业和企业中来，促进产业优化和升级。然而，在未来一个时期，由于投资的行业结构、投资企业的逐利性以及对外直接投资服务于国家战略目标的多样性等因素的影响，我国在“一带一路”沿线国家的直接投资对国内产业升级的推动作用有所减弱。

2. 我国在“一带一路”沿线国家直接投资的产业升级效应具有明显的区域差异性

目前，我国在“一带一路”沿线直接投资对国内产业升级作用较为明显的地区主要是西亚中东、中东欧和东南亚地区，然后依次是南亚、蒙俄和中亚地区。然而，随着对外直接投资的发展，这种区域差异性不断发生变化，在未来一个时期，在中亚、中东欧和南亚地区的直接投资对推动国内产业升级作用明显，然后依次是蒙俄、西亚中东和东南亚地区。

3. 我国对“一带一路”沿线国家直接投资的产业升级效应因东道国经济发展水平的不同而存在差异

我国对“一带一路”沿线发达国家的直接投资在目前以及今后相当长一个时期在推动国内产业方面将一直发挥重要的作用；对“一带一路”沿线发展中国家直接投资的产业升级效应随着时间的推移可能减弱，而对转轨经济体的直接投资其产业升级效应会逐步增强。

4. 我国在“一带一路”沿线国家直接投资的产业升级效应因投资动机的不同而存在差异

目前及未来的一个时期，我国对“一带一路”沿线国家资源寻求型的对外直接投资在推动国内产业升级方面一直发挥着重要的作用，这与我国由于经济发展对资源类生产要素的需求越来越高具有直接关系。同时，由于“一带一路”沿线大多是新兴经济体和发展中国家，经济发展普遍处于上升期，其巨大的市场需求潜力会慢慢释放，将为我国的对外直接投资进一步提供机会，使市场寻求型直接投资在促进国内产业升级的作用方面也发挥愈益显著的作用。值得注意的是，在“一带一路”沿线国家的技术寻求型直接投资对促进国内产业升级非常有限。

第 6 章

“一带一路”倡议下利用对外直接投资促进中国产业升级的对策

为更好利用中国对“一带一路”沿线国家直接投资服务于国内产业升级，需要政府和对外直接投资企业做好一系列相关工作。其中，政府方面，应从加强对外直接投资顶层设计，完善对外直接投资的促进和保障体系，加强企业对“一带一路”沿线国家投资的引导与监管，积极推动“一带一路”境外经贸合作区建设，积极推动“一带一路”沿线国家贸易投资便利化等方面着手推动企业对外直接投资服务于国内产业升级。企业方面，应制定明确的企业对外直接投资的战略规划，提高自身的自主创新能力和品牌整合力度，建设高端人才队伍，开展跨国并购加强企业公共外交，积极应对海外投资风险，积极履行企业社会责任等方面着手。

6.1 政府层面

政府应从加强对外直接投资顶层设计，完善对外直接投资的促进和保障体系，加强企业对“一带一路”沿线国家投资的引导与监管，积极推动“一带一路”境外经贸合作区建设，积极推动“一带一路”沿线国家贸易投资便利化等方面着手推动企业对外直接投资服务于国内产业升级。

6.1.1 加强对外直接投资顶层设计，进行合理战略规划并稳步推进

1. 积极贯彻落实“走出去”战略，做好投资行业布局

自从“走出去”战略实施以来，我国对外开放局面得到了较大幅度地

改善，国内企业纷纷着眼全球市场，展开跨国经营，对外直接投资规模连年攀升。实践证明，我国对外直接投资企业通过跨国经营转移了国内落后产业，有效地实现了产业资源的国际优化配置，对国内产业结构调整和升级起到了引致效应。当前，在我国已步入经济新常态的情势之下，经济增长方式由要素驱动向创新驱动转变、产业结构优化升级、国内要素资源整合和优化配置都将是我国目前以及未来一段时间亟待完成的重要任务，为此国内经济各领域应在加强自主能力建设和优化内部体系结构的基础上开创对外开放新格局，充分释放对外直接投资对国内经济调整特别是对产业升级的带动效应。“一带一路”倡议作为我国通过新一轮对外开放实现中国经济转型升级和引领经济新常态的重大举措①，为我国企业对外直接投资带来了巨大机遇，为充分发挥其对国内产业升级的推动作用，国家应积极贯彻落实“走出去”战略，合理规划对外直接投资的产业布局，大力推动与“一带一路”沿线国家的产能合作。为此，要做好以下几个方面的工作：①继续积极稳妥地贯彻落实“走出去”发展战略，新形势下的“走出去”战略要体现合作共赢的发展理念，增加中国企业对外投资的东道国福利；要构建自主的跨国生产经营价值链、整合全球资源；要鼓励国内多类型企业主体，特别是民营企业主体开展海外直接投资，转移要素资源，获取外部研发要素和技术资源，形成对国内技术水平和产业整体实力的积极带动。②在积极推进“走出去”战略的过程中要合理规划和布局投资产业、主体和区域结构，使之与国内经济转型和结构调整的总体目标相契合，有效形成对国内经济改革的促进。要根据国家发展和改革委员会、外交部、商务部联合发布的《推动共建“丝绸之路经济带”和“21 世纪海上丝绸之路”的愿景与行动》、国务院发布的《关于推进国际产能和装备制造合作的指导意见》等纲领性文件对产能合作重点领域和“走出去”的指导、规范和部署，重点推动对“一带一路”沿线国家在建筑及基础设施工程、设备及配套类装备制造业以及建材、钢材、矿物石、有色金属等基建材料业的直接投资，推动在公路铁路运输、港口运输、航空运输和物流以及与通路通航相关的设备、整机生产等交通运输产业的投资，推动在资源能源以及通信基础设施、信息技术及网络安全、电子信息产品制造、软件和信息服务等电子信息产业的直接投资。在对“一带一路”沿线国家直接投资行业选择时，一方面，既要稳步推进轻工家电、纺织服装

① 裴长洪、于燕：《“一带一路”建设与我国扩大开放》，载于《国际经贸探索》2015 年第 10 期，第 4～17 页。

为主的传统优势产业的对外直接投资和以电力设备、工程机械、通信设备、高铁和轨道交通为主的装备制造优势产业的对外直接投资，又要推动对以钢铁、电解铝、水泥、平板玻璃为主的富余产能优势产业的对外直接投资，从而释放国内产业生产要素，优化资源配置，推进资源整合，扩大国内产业结构升级空间；另一方面，要契合国内产业调整和升级的实际情况，大力倡导技术密集型行业对外直接投资，并将其放在显著的位置。要鼓励国内高新技术企业开展面向“一带一路”技术领先国的对外直接投资，同时提供信贷、东道国文化和外资政策信息咨询等多方面的服务，做好技术研发、吸纳和知识产权保护等后续工作，夯实产业升级技术基础；要结合国内经济转型和产业结构升级的宏观目标，在充分考证的基础上，有针对性、分步骤地培育和扶持一批战略性新兴产业，积极引导其开展对外直接投资和广泛的国际合作，抢占技术、研发资本等关键资源的战略高地，不断提升自有国际竞争力，带动国内整体产业实力的增强和效率水平的上升，从而为产业升级转型创造良好的内外部条件；要依托国内产业升级的现实背景和“一带一路”沿线国家产业发展状况，进行针对性产业投资，以有利于对国内产业升级的推动。

2. 实施差异化投资策略，找准产业投资区位，服务国内产业升级

中国对“一带一路”沿线投资应该在尊重历史文化联系、现实产业合作基础上，根据中国国内产业调整的需求和沿线地区资源禀赋、产业结构、经济发展水平等实际情况，按照“开放合作、互利共赢”原则，实施差异化的空间和产业投资战略，在沿线六大区域实施不同的直接投资策略，以更好地服务国内产业升级。

（1）对东南亚地区的直接投资选择。东南亚历来与中国经济关系密切，也一直是中国对外直接投资的重点。中国与东南亚拥有良好的经济合作基础与平台，如中国—东盟“10＋3”合作框架，因此应积极探索推动在更多合作框架内加强对外直接投资。应重点加强对马来西亚和文莱的南海油气开发后期补给基地建设，积极推动石油化工、机械装备、建材等重大产业项目对接，加快对东南亚传统能源领域投资，有序推动水能、风能、太阳能和潮汐能等新能源投资，加快在印度尼西亚和菲律宾等国建立服装和制鞋产业转移基地，加强海洋渔业和海洋科技领域投资与合作。除了加强对东南亚以上领域的投资外，也要抓住中国对东南亚地区直接投资的新机遇。东南亚地区快速的城市化以及人口增长将带动对电力、公路、铁路、港口、城市建设等基础设施领域的需求。高盛公司研究报告显示，2013~2020年仅仅马来西亚、泰国、印度尼西亚、菲律宾四国的基础设施需求就高达5000亿美元，这些都给中国企业带来了难得的投资机遇。此外，随着移动互联网络的普及，东南亚的消费者越来越青睐电子商务，再加上该地区人口众多，具有电商发展所需的广阔市场潜力，近年来中国电子商务发展迅速，拥有先进的计算机技术和电商发展经验，因此中国企业也应加快对东南亚的电商行业投资及产业布局。

（2）对南亚地区的直接投资选择。南亚与中国毗邻且人力资源丰富，巴基斯坦、印度、孟加拉国和斯里兰卡又处于“21世纪海上丝绸之路”沿线，对该地区投资有助于转移国内部分劳动密集型产业。应积极建设中巴走廊，扩大对巴基斯坦基础设施、能源、汽车、机械、电子、通信和金融等领域投资，促进巴基斯坦经济发展；加快对印度高科技领域投资，加强对缅甸、巴基斯坦、孟加拉国农业领域投资；积极参与巴基斯坦建设海尔鲁巴经济区、信德工业园区、瓜德尔港和缅甸实兑与皎漂港建设，扩大在南亚承包工程，带动工程机械合作。

（3）对西亚中东地区的直接投资选择。西亚中东地区既是陆上“丝绸之路经济带”的重要组成部分，又有许多“21世纪海上丝绸之路”沿线港口，是“一带一路”的交汇之地。该地区油气资源丰富，是整个世界石油的重要供应地，沙特阿拉伯、伊朗、伊拉克、阿联酋等都是重要的石油产出国与出口国。中国应该加强对西亚油气资源深加工投资，探索以资源入股，共同发展石油化工产业。发挥中国能源装备制造、技术研发等优势，积极加大对能源设备产品投资。与西亚中东地区合作建立农业示范园区，带动节水灌溉技术与设备、旱作农业、设施农业领域投资。

（4）对中东欧地区的直接投资选择。中东欧靠近欧洲大市场，地理位置优越，劳动力素质高，工业基础和技术积淀雄厚，对该地区直接投资有助于转移国内具有相对优势的过剩产能，刺激国内经济增长。为此，需要将中国装备制造业、基础设施建设等领域的优势与中东欧迫切需要发展经济和改善民生的需求相结合，以波兰、罗马尼亚、匈牙利和白俄罗斯为重点，加强与这些国家在装备制造、高铁、汽车及零部件、通用航空和高端装备制造、新能源等领域的投资合作。

（5）对中亚地区的直接投资选择。中亚与中国山水相连，是亚欧大陆桥必经之地，与中国经济合作基础良好。其中，哈萨克斯坦在中国提出“一带一路”倡议的过程中一直是率先合作的典范。当前中国在哈萨克斯坦直接投资的行业分布十分广泛，应不断拓宽投资领域，对农业、畜牧业、种植业、建筑业、采矿业、运输通讯业、服务业、酒店和餐饮业以及贸易和汽车维修业等领域继续加强投资。与中亚国家的合作以保障中国战略资源安全、促进中亚社会经济发展和中国边疆地区稳定为目的，扩大和巩固在整个中亚地区的投资，特别是对能源资源等领域的投资，提高资源就地加工转化比重，拓展在冶金、建材、机械装备、新能源等领域的投资，以工程承包带动工程装备和劳务出口，深化农业领域合作，积极加强棉花、畜产品等优势农产品深加工。

（6）对蒙俄地区的直接投资选择。蒙古国拥有丰富的自然资源，有世界上紧缺煤种和超大型优质铜矿，其他矿产资源如萤石、铝、锡、金、银等蕴藏量都比较高，但是由于蒙古国缺乏充足的资金和先进的开采技术，这些自然资源的产量相比其存储量来说都不算高。因此，中国重点加强对矿产资源、农牧业、旅游和电力等领域的投资，加强与“草原之路”规划衔接，利用蒙古国贸易便利政策，在当地投资出口欧洲和俄罗斯的轻纺、食品等加工业，同时也应加强对铁路、公路等基础设施建设领域的直接投资，打通蒙古国国内及其连接中亚、东亚的道路，从而进一步加强“一带一路”区域内互联互通。对于俄罗斯而言，俄罗斯拥有丰富的资源，其国土和自然资源居世界首位，煤、石油、天然气等能源储量，铁、镍、铜、锌等矿产资源以及森林、木材等资源蕴含量均居世界前列。此外，俄罗斯工业发达，重工业和军事工业世界首屈一指，在科研、设计方面也具有优势。而中国与其相比能源等自然资源比较匮乏，但中国是制造业大国、工业生产能力强，双方产业互补性优势明显，因此中国应抓住俄罗斯推进欧亚经济联盟和“向东看”战略机遇，积极扩大对俄油气资源和农业领域投资规模，加强与俄罗斯在航空航天、空间技术、资源精深加工等领域合作，加强与俄罗斯重大区域规划衔接，积极参与俄罗斯东西伯利亚、远东地区的经济开发和基础设施建设。

3. 以点带线，稳步推进

中国对“一带一路”沿线国家直接投资战略是一个长期发展战略，在发展过程中要做到稳抓稳打，循序渐进，忌讳舍近求远，要有长远的发展眼光，遵循“以点带线”的发展理念。从周边国家的投资入手，对周边国家进行直接投资有利于风险掌控，投资双方地理位置越近，越利于发展问题的解决，也利于国内企业对投资企业的管理，还能有效加快产品运输效率，除此之外，遵循以点带线发展理念还能形成良好的示范效应，让更多国家看到“一带一路”经济模式的益处，看到双方经济发展成绩，更利于“一带一路”沿线国家对外直接投资产业的持续化发展。为此，中国政府需积极探索对“一带一路”沿线国家的投资模式。可以在两国政府的支持下，联合双方具备互补优势的产业，在东道国境内建立工业园区，并且可以在示范园区内探索各项产能合作的具体实施模式，为中国企业对外直接投资、加强产能合作提供示范样本。然后在成功对外投资项目的基础上继续推动其他领域以及对其他地区的直接投资，以此形成以点带线的扩展模式，稳步推进中国企业“走出去”。同时，也要加强对企业对外直接投资行为的指导，一方面指导企业投资配合国家的对外直接投资战略，另一方面也要科学、合理指导企业“集群式”对外直接投资，以产业集团的方式争取更多当地优惠政策，但是也要避免企业“扎堆式”投资于同一地区、同一行业，彼此竞争过于激烈而导致整体收益降低。

6.1.2 完善对外直接投资的促进和保障体系

要想推动企业加强对“一带一路”沿线国家的直接投资，仅有战略是不够的，还需要具体的政策支持和保障，应尽快完善对外直接投资的促进和保障体系。

1. 建立对外直接投资的统一领导管理

针对目前中国对外直接投资的管理机构不同一、职能分散、权责不明晰的问题，应加快建立对外直接投资的统一领导管理机构，加强宏观管理与指导。同时通过简化对外直接投资的审批和备案程序、加强对“走出去”投资企业的融资支持、降低对外直接投资企业税率等方式鼓励中国企业积极“走出去”。

2. 建立健全对外直接投资的法律法规体系

目前，虽然中国对外直接投资存在一些部门法规，但存在政出多门、执行力低的问题，中国尚未出台规范和保障对外直接投资行为的专门法律，致使我国企业在进行对外直接投资时没有权威的法律依据。国家对外直接投资法律的缺失，导致中国企业海外直接投资无法获取在国际协调、区域选择和风险补偿等方面的政策支持，以帮助企业规避风险①。对外投资法律制度不完善，在一定程度上阻碍了中国企业在“一带一路”地区的投资步伐，也制约了中国对外直接投资的世界空间格局调整②。因此，我国政府为鼓励和促进中国企业对外直接投资，应借鉴美欧等发达国家的成功经验加强对企业的保护和规范，建立健全对外直接投资的法律法规体系。应尽快整合现有规章制度，制定专门的《海外投资法》，规范对外投资的管理和服务。《海外投资法》应具备协调性和系统性，不仅要与国际法律和国际惯例接轨，以避免海外投资风险，还要与国内相关配套的专门政策法规相联系，形成功能互补、结构统一的对外直接投资法律体系。《海外投资法》应立足于维护国家经济安全和经济利益，以海外投资权益保护为重点，以加快企业海外投资为目的，规范中国企业的海外投资行为，避免无序竞争和无谓的资源消耗，提高中国海外投资的国际竞争力。海外投资还涉及知识产权保护、外派人员利益维护、税收支持、国有企业资产流失责任追究、国有企业海外人员腐败贿赂等法律问题，这些法律法规需要随着中国企业海外投资的发展不断完善，避免法律监管的空白。

3. 搭建对外投资信息平台

针对中国企业海外投资的信息需求，应综合社会各方面力量，尽快搭建专门的对外直接投资相关信息平台，为企业开展国际化经营提供市场化、专业化、国际化的完整投资服务体系。各部委应通力合作，完善海外投资数据库建设，搭建海外投资环境权威信息平台，加强国别环境指导，细化国别风险评估和项目安全预警。鼓励民间机构，如工商联、行业协会等发挥作用，在对外投资的规则制定、标准修改方面，给商会、行会留出更多的作为空间。积极与境内外其他商会和学会组织开展机制性合作，及时发布“一带一路”沿线有关国家和地区的外资进入、市场竞争、行业动态等方面信息，向会员和其他企业提供国际交流、行业合作、法律咨询、市场信息、会展策划、项目招商和业务培训等服务，提高中国企业“走出去”的市场竞争力和风险应对能力。成立专业的投资安全咨询机构，为企业“走出去”提供专业化、定制化的服务，降低企业对外投资的风险和成

---

① 太平、李姣：《开放型经济新体制下中国对外直接投资风险防范体系构建》，载《亚太经济》2015年第4期。

② 丁志帆、孙根紧：《“一带一路”背景下中国对外直接投资空间格局重塑》，载《四川师范大学学报（社会科学版）》2016年第2期。

本。发挥高校、研究所等研究机构的智库作用，以专项课题研究的形式，推动专家学者进行针对性研究，以提供中国对外投资所需的信息服务。

4. 完善和构建多元化的“一带一路”投资财税金融支持体系

（1）加大对外直接投资的财政支持力度。

借鉴国外积极利用国家财政推动企业对外投资的成功经验，我国应快速建立并完善企业对外投资财政支持政策体系。要继续完善财政补贴制度，加大对外投资企业前期调研的补贴力度。目前，我国针对企业境外投资的财政补贴只有对外经济技术合作专项资金一种，主要是资助企业获取投资项目过程中发生的相关费用，且力度相比发达国家要小。因此，应加大对企业境外投资的调研补贴力度，帮助企业在“走出去”的前期获取更多有效信息，降低前期成本，避免盲目投资。

要成立以财政资金为种子资金的对外投资发展资金，资助企业的对外投资活动；国家要支持企业对外投资国家战略性、资源性项目的有关研发、可行性研究、专家考察评估等前期费用；要参考其他国家的对外投资损失准备金制度理念，将企业在涉及我国经济发展的重要资源性项目、重要领域的开拓和战略性项目等投资过程中遭受的损失按一定比例列入财政支出范围给予资助；要进一步加大对中小企业对外投资的开拓资金、中央外贸发展基金等优惠政策性支持基金的支持力度，拓宽符合政府鼓励政策的各类企业（国有和民营企业）使用政策性支持基金的广度；要简化政策性支持资金的审批手续。在财政支持资金的发放上，也可以借鉴国外经验，以保险公司、投资促进中介委托代管的形式间接补贴给企业。

我国以政府财政拨款支持企业对外投资取得了一定实效，但是由于资金来源缺乏稳定性，还没有形成对企业的持续支持政策体系。要借鉴美国的经验，由政府指定有关政策性银行或商业银行专门负责组织、资助社会力量建立各种自负盈亏的对外直接投资基金，政府根据领域、区域、战略等重要性的不同提供不同比例的种子资金，再吸收民间资本形成行业或项目的对外投资专项基金。在企业对外直接投资的起步阶段提供资金支持，企业对外投资经营顺利开展获得利润后按一定比例向基金返还，不断充实基金池，便可以保持长期、连续地向企业提供资金援助。

（2）通过差异化的税收激励和优惠支持对外直接投资企业的发展。

第一，进一步完善和优化国内税收制度以提供税收激励与保障。一是要完善境外税收抵免制度，减轻境外投资企业税负。建议实行多数发达国家普遍采用的综合限额抵免法，并允许企业向前结转抵免限额，提高企业境外所得税的实际抵免额；完善间接抵免法，把20%以上持股比例降低为10%以上，增加税收抵免层级，扩大税收抵免范围；明确境外收入、成本的确认细则，增强简易方法计算抵免的可操作性，提高境外承包工程项目的税收政策确定性；在国内税法中落实税收饶让，将境外享受的税收优惠视同已缴税款，允许计入抵免限额；提取海外投资损失准备金，依照国家“一带一路”倡议和产业导向，允许对外直接投资的境内投资者提取一定比例的海外投资损失准备金，计入当期费用税前扣除，减少“走出去”企业投资的风险。完善现有境内外公司亏损弥补制度，允许从事实际经营的分公司汇总缴纳集团内企业的境外亏损，可以在一定限额内用境内利润弥补。特别是对那些技术创新型的中小规模对外投资企业，要加大优惠力度。应借鉴加拿大、英国和日本等国家的经验，对中小型对外投资企业的技术创新给予优于大企业的特殊税收优惠，包括更高比例的扣除限额和一定额度的税收返还，增加小规模企业研发费用加计扣除比例，鼓励小规模企业增加研发投入，以提高其技术创新能力。二是要引导资金投入。减少企业的资金成本，加快营业税改征增值税进程，允许企业从金融机构借款支付的利息作为进项税额抵扣；引导保险机构积极参与，对于金融机构向企业境外投资公司提供融资、担保取得的收入，免征所得税；加大对高端装备制造业的引导，对于金融租赁公司开展的向境外提供高端装备融资租赁业务的，一定时期内免征流转税。三是要完善人才激励机制。进一步放宽境外企业员工的教育培训费列支标准，允许境外承包工程等项目的境外培训费用据实税前列支；对科技人才境外所得实行减免个人所得税优惠，对研发人员以技术入股取得的股权收益包括红利以及股票期权转让收入免征个人所得税，提高科技人员进行科技研发的积极性；对知识产权转让收入和特许权使用费收入，建议享受至少与稿酬同等的税收待遇。

第二，实施导向性的税收优惠政策。为更好地利用企业对“一带一路”沿线国家直接投资服务于国内产业升级，税收优惠政策应从产业的角度出发，重视高新技术产业、先进制造业和现代服务业，对这些企业对外投资提供更多的优惠，以达到促进国内产业结构调整、产业转型升级的目的。由于高新技术产业、先进制造业和现代服务业等产业内部分门别类，各门类产业特征也不尽相同。所以，实施税收优惠政策时，必须对各产业进行仔细研判而采用差异化的优惠政策，应当尽可能地和每个具体产业政策对接，以谋求在统一性原则下的差异性方案。同时，税收优惠应当与投资企业所涉及的产业发展阶段相衔接。在产业发展初期，应侧重通过直接税收优惠进行扶持；在产业发展中期，通过税基式的间接税优惠引导资源合理配置；在产业发展的成熟期，应当积极探索税收优惠政策的退出机制。

第三，要继续实施优惠关税以鼓励对外投资。我国在已与多个国家或地区签署关税优惠协定基础上，应加大谈判力度，给予更多不发达国家零关税待遇，进一步扩大零关税商品范围，使我国企业在更多的国家可以享受到关税优惠。我国也应借鉴其他国家在国内税收法规中明确给予企业减免国内税收的成功经验，企业凡以自有技术、国产机械设备、半成品以及原材料实施对外投资的，可以享受低于普通贸易出口的出口关税，其项目的中方工作人员可享受个人所得税减免优惠。对于中小企业对外投资的出口关税也应给予特别优惠。

第四，要继续完善国际税收协定以创造良好的税收环境。税收协定是对外投资活动中各国征税权划分的依据，为维护国家税收权益和对外投资企业利益提供重要的法律保障。我国政府应在已经与多国签订税收协定的基础上，继续与更多国家谈判，为我国企业对外投资争取东道国的国民待遇，避免双重征税。

第五，加强区域税收协调，优化对外投资企业税收环境。“一带一路”沿线国家存在税制差异，税收待遇有很大的差别，使我国对外投资企业面临着复杂多变的税收环境，因此，加强我国与“一带一路”沿线国家的区域合作和协调，通过税收协调削减或取消关税壁垒，签订税收协定解决税收分配，避免重复征税，进一步协调各国间税收制度，减少差异与税收歧视，强化税收管理合作，有效地降低或消除制约各国商品和生产要素自由流动的税收障碍，降低企业投资风险，优化投资环境。我国政府与“一带一路”沿线国家进行税收协调，做好以下工作：一要推进国际税收合作。在“一带一路”倡议实施中，要积极参与全球税收论坛，增强在国际规则制定中的话语权。加强税基侵蚀和利润转移（BEPS）研究，加强与沿线国家对话交流，推动双边或多边税收合作机制，建立国际税收问题与争议协调解决机制，积极推动国际税收新秩序形成。二要完善和修订税收协定。税收协定在处理国际税收关系和促进国际税收合作具有重要作用，也是有效解决避免双重征税，推进国际投资贸易发展，维护跨国投资企业合法权益的重要手段。当前要着手推动修订完善已签署的税收协定，增加税收饶让和权益保护条款，进一步降低跨境投资企业税收负担。同时对未签署的“一带一路”沿线国家，加快与其谈签进程，加强涉税争议双边磋商，帮助“走出去”企业了解税收协定，享受税收协定的优惠和保护。三要建立争议解决机制。在推进“一带一路”倡议的实施中，我国“走出去”企业遇到的税收纠纷将不可避免。税务部门要与沿线国家建立双边或多边磋商机制，建立税收协调的专门机构，开通纠纷受理专门通道，帮助解决跨境纳税人的双重征税或税收争议问题。建立税收争议案例库，帮助辅导“走出去”企业提起税收争议协商申请，税务部门要加强与东道国税务主管机关的协商沟通，最大限度保护“走出去”企业的合法权益。

（3）继续完善对外投资的金融支持体系。

第一，尽快制定沿线金融支持战略框架。金融支持“一带一路”的总体战略思路是：以“规划先行、金融先导”为基本原则，以规划整合各方资源，使人民币以及金融“走出去”，统筹带动中国企业、技术、装备、标准等中国因素“走出去”。充分发挥好多边开发性金融的主导作用，拓展“一带一路”金融服务布局。不断创新“一带一路”金融体系，服务沿线国家经济建设以及实体经济的发展。

第二，构建多元化的对外投资金融支持体系。我国对对外直接投资企业的金融支持不能仅局限于中国进出口银行、国家开发银行等政策性银行的参与，还应当包括一些在运作模式上类似、在功能上互补的金融市场主体，如保险和担保机构、产业投资基金、股权投资基金（PE）、主权财富基金等金融机构。事实上，这些机构都可以在国际市场上实现相同的功能。因此，我国需要构建一个多元化的支持对外直接投资的金融体系，引导各类保险和担保机构、产业投资基金、股权投资基金、主权财富基金等市场主体进入这一金融体系的范畴，鼓励多方资本参与国际化创业投资，扩大对外直接投资企业的支持范围。为此，要继续完善金融体系，增加为企业对外直接投资服务的银行种类和数量，更多引进竞争机制为企业提供优质服务；以商业银行为代表的金融机构应主动增加企业海外投资的信贷额度，增强金融工具的创新能力，提供多样化的融资、避险和增值产品，完善跨境金融服务体系建设，加强境内外机构联动，同时海外分支机构选址还应与中国企业“走出去”的区域相配合，以更好地为投资企业服务；要建立和完善服务于企业对外直接投资的各类金融咨询服务、保险和担保机构，帮助企业获得融资和贷款信用保险；要统筹协调政策性金融和保险与商业性金融与保险，形成互补并存的良好格局；要建立和完善产业投资基金、股权投资基金（PE）、主权财富基金等各类基金组织为企业对外投资提供资助；要组建政策性中小企业金融机构解决其对外投资融资困难的问题，及时提供低息贷款或特别贷款，作为对已有融资方式的补充。

第三，延伸境外服务。2011 年 1 月中国人民银行发布《境外直接投资人民币结算试点管理办法》等一系列人民币跨境使用政策，在其已取得实效的基础上，鼓励我国金融企业对外扩大业务，有利于金融企业跨国运作的同时，还可以对非金融类境外企业提供金融支持。批准更多的国内金融机构在境外增设分支机构，设立人民币境外中心，或对外投资扩展其在国外的金融网络，进一步扩大其境外金融服务范围，方便企业使用人民币开展结算和融资业务，更加积极推进对外直接投资人民币结算和境外项目人民币贷款业务的自由化和便利化。

第四，放宽外汇管制。尽管已经极大地放松了外汇管理，但是应进一步推进向完全可自由兑换对外直接投资资金的方向发展。而且，要实现外汇和资本丰裕后的要素最有效配置，就需要从全球视野出发，加快推进企业对外投资战略，打造国际合作与竞争的新优势。政府应统筹协调国家利益和企业的需求，适当放松对企业的金融控制和外汇管制，尽快调整和完善企业对外投资外汇管理制度与市场经济和对外投资战略不适应的部分，实现企业对外投资外汇使用和管理更加自由化和便利化。研究有选择地拓宽我国大量外汇储备资本的多种利用渠道，将外汇储备更多转化为实体经济投资，促进外汇增值，同时也是维护国际收支平衡，加强对跨境资本流动的管理，稳步推进资本账户可兑换的需要。在我国企业对外投资初期，不存在利润再投资的潜在失控风险的时候，就要放松对其外汇管制允许企业的外汇资金在内部调整，并自主决策追加投资。还要进一步简化对外投资外汇风险和外汇资金来源审查程序，给予企业更多便利。在能够通过担保方式或加强监控等手段来保证对外投资的利润不致流失的情况下，应当允许对外投资企业将合法来源于各种渠道的外汇资金用于对外投资，包括其向国内外金融机构借贷的外汇资金或在国际金融市场上通过发行股票和债券而筹集的外汇资金等。

第五，加快人民币国际化步伐，通过人民币结算投资企业融资成本。积极推进人民币国际化，扩大人民币跨境使用，是对投资企业提供金融支持的重要基础。使用人民币进行海外投资结算是企业规避风险、降低成本的迫切需求。为此，要加快人民币资本项目可兑换，主要包括促使境内外的个人投资更加便利化；逐步放松资本项目下证券投资管理；基于人民币变成可自由使用的货币的要求，积极进行新一轮的《外汇管理条例》修改工作；力促人民币跨境支付系统（CIPS）尽早就能够推出和运行，以提高人民币在国际支付中的使用程度。要扩大沿线国家双边本币互换、结算的范围和规模。目前，中国已与多家沿线国家签订双边本币互换协议，部分国家也建立了境外人民币清算银行。随着“一带一路”建设的推进，可以预计中国金融机构在相关地区的分支机构将进一步增加，境外人民币结算网络将一步拓展。还要进一步扩大人民币在境外市场的循环规模，拓宽人民币跨境流动的渠道。这一过程的实现可以借力于国家战略，通过人民币对外信贷、ODI 等方式加快人民币输出过程，逐步建立起人民币境外循环体系，推动人民币离岸市场的繁荣。

第六，将自贸区金融支持战略复制或辐射至“一带一路”沿线国家。随着自贸区战略与“一带一路”倡议的逐步对接，可考虑推动上海自贸区人民币资本项目可兑换以及“1 +4”自贸区金融制度创新（即自由贸易体系 FT 系列账户，和在这个账户体系下面建立四大创新的制度安排：探索投融资的汇兑便利、扩大人民币的跨境使用、稳步推进利率市场化、深化外汇管理的改革创新），并将这些先行先试的经验迅速向第二批津闽粤三个自贸区复制，随后再向第三批成立的自贸区复制。更重要的是，同时，中国可以通过其牵头主导的地位和身份，鼓励和引导其他国家的自贸区甚至“一带一路”沿线多边自贸区也能实行中国国内自贸区的金融制度和政策。换言之，可以将上海自贸区金融创新制度与政策在跨境多边自贸区进行复制和推广，然后，借助跨境多边自贸区的辐射和渗透作用，使中国自贸区金融支持体系最终在“一带一路”沿线国家的经济区实现。如此一来，可以确保“一带一路”金融支持设想的一体化，进而提高“一带一路”沿线国家金融支持效率。

第七，进一步深化与沿线国家的金融监管合作。一是要进一步加强与沿线国家各监管当局间的沟通协调，扩大信息共享范围，提升在重大问题上的政策协调和监管一致性，逐步在区域内建立高效监管协调机制。二是要督促在“一带一路”区域内构建协调一致的投融资机制，确保投融资具体方案的制定、承包商的认定、材料物资的选购等环节都能坚持公开、公平、公正原则。还要建立科学高效的投融资决策流程，尽量避免资金的调度和使用在所在国政府转手。同时，建立项目专用账户，强化资金使用监管，提高资金使用效率，杜绝腐败或资金浪费，防范项目信贷资金风险。三是要构建“一带一路”区域性金融风险预警系统，实现对区域内各类金融风险的有效分析、监测和预警，及时发现风险隐患，确保区域金融安全稳健运行。四是要推动签署双边监管合作谅解备忘录，逐步在区域内建立高效监管协调机制。完善风险应对和危机处置制度安排，构建区域性金融风险预警系统，形成应对跨境风险和危机处置的交流合作机制。加强征信管理部门、征信机构和评级机构之间的跨境交流与合作。充分发挥丝路基金以及各国主权基金的作用，引导商业性股权投资基金和社会资金共同参与“一带一路”重点项目建设。形成应对跨境风险和危机处置的交流合作机制，完善风险应对和危机处置的制度安排，协调各方的处置行动，共同维护“一带一路”区域的金融稳定。

（4）创新融资方式实现多渠道资金来源支持企业对外投资。

企业参与“一带一路”建设面临巨大的资金需求，为更好地促进企业对“一带一路”沿线投资，在融资问题上，我国政府应在努力发挥亚投行、丝路基金的投融资作用，同时积极探索新的融资方式，构建多元化、多层次、多主体的投融资机制。

第一，努力发挥亚投行在“一带一路”建设和企业对外投资中的融资作用。亚投行作为“一带一路”的投融资平台，可以解决亚洲区域的资源错配问题，实现其储蓄和投资的有效配置，并在全球进行融资和投资，支持亚洲和世界其他区域的基础设施发展，这也将改善“一带一路”沿线国家的投资环境。通过亚投行发挥其投融资作用，有利于引导中国民间资本、国家资本等对“一带一路”沿线基础设施建设的项目承接和工程建设投资，亚投行在项目投资引进、基础设施建设及配套产业投资中的金融引导作用有助于我国加强与“一带一路”沿线国家的产能合作，实现中国的产业转移和产业升级。因此，国家应充分依托亚投行的融资扶持，积极推动“一带一路”建设，促进我国企业对“一带一路”沿线国家的直接投资。

第二，利用 PPP 创新模式动员社会资本参与“一带一路”基础设施投资。PPP，即公私合作伙伴关系机制，或意译为政府与社会资本、企业合作机制，是指政府公共部门为提供某种公共物品与服务而与私人部门结合，在特许经营协议框架约束下，建立的一种伙伴式的合作建设关系。在项目建设运行过程中，私人部门以其所掌握的资源进入公共物品与服务供给领域，帮助政府部门完成其职能，同时也满足自身的盈利需要。合作双方权责利的分割与确认，要遵守契约精神，通过签订合同保障项目的顺利完成，最终达到比预期单独行动更为有利的共赢结果。PPP 模式的实质，是政府公共部门将部分公共责任以特许经营权的方式转移给私人部门等社会主体。这一模式近几十年间在欧美、澳洲和若干新兴市场经济体（如土耳其）应运而生、方兴未艾，但在我国总体上仍属初创、探索阶段。PPP对于缓解政府资金压力，提升建设和运营绩效，动员社会资本，培育市场主体，实现政府、公众和企业的共赢多赢具有重要的意义。PPP模式在“一带一路”基础设施建设投资方面将发挥重要作用，主要表现在：一是能极大地动员社会资本，增加投入。PPP模式则为社会资本打开创新的投资渠道，在以交通、能源、通信等基础设施建设项目为核心的“一带一路”建设上，通过政府与社会资本合作中利润分享与风险承担的合理设计，可有力撬动社会资本的进入。二是它具有融资模式灵活多样的优点。根据不同的项目特征，政府与社会资本方可以结合自身的资金状况选择不同的PPP融资模式，如BOT、BOO、TOT等多种方式，使得资金链正常运行，资金也可以在时间和空间获得自由转换，满足资金的最优配置需求。当政府确定合作伙伴之后，合作伙伴方会设立一个项目公司（SPV）（我国规定政府可持股比例不超过50%），并由该公司负责项目的再融资、建设和运营。在项目公司的再融资过程中，可以选择权益融资、债权融资等多种渠道，并且由于融资方式的选择，降低了期限错配的风险，其再融资成本也较直接债务融资等模式的成本低。三是它是由政府与社会资本共担风险的融资方式。区别于传统的融资模式，PPP模式的特点在于可以使社会资本能够与政府进行全程合作，共同对整个项目负责。社会资本通过参与到公共基础设施项目的可行性分析、项目确认与设计等前期工作环节，可以较好地管控投资风险；政府与社会资本，可以根据不同参与方风险承受能力的差异，合理配置风险承担方，从而降低社会资本承担的风险；除了政府与社会资本共同承担项目周期中存在的各种风险，还可以通过保险等手段转移部分风险。因此，在“一带一路”倡议推进过程中，从构建多元化的投融资体系促进企业对外投资的角度出发，应该积极推进PPP模式，增强基础设施项目对社会资本的吸引力，必须实现更多的模式创新和安全保障。为此要做到以下几点：一要充分发挥亚洲基础设施投资银行的先导作用，设计出盈利性的项目和产品，供私人资本参与跨境基础设施建设。根据《推动共建“丝绸之路经济带”和“21世纪海上丝绸之路”的愿景与行动》，结合沿线国家的实际需要，确定优先发展的基础设施领域，建立包括项目可行性报告等在内的项目库。二要实施跨境基础设施资产证券化。具体是以跨境基础设施的收益作为对象，发行债券来融资。对于建成的跨境基础设施而言，实施资产证券化，可以成为投资者退出的渠道；对于没有建成的跨境基础设施，其可成为私人小额资本参与基础设施建设的重要途径。三要建立“一带一路”跨境基础设施证券交易所，为国内乃至沿线私人资本参与“一带一路”跨境基础设施投资提供平台。四是在跨区域层面，沿线国家需要制定“一带一路”相应投资计划与重点项目清单，并出台与之对接的 PPP 项目库，为 PPP 项目的开展营造更好的环境。同时，应协调各国积极开展 PPP 重点项目推介活动，建立政府、社会资本、金融机构的交流桥梁，采取多种途径与渠道构建全方位、多层次、辐射式的 PPP 项目推广平台，发布政策法规、社会资本投资意向、社会政策建议及公众意见等信息。

第三，利用各种基金融资推动企业对外投资。“一带一路”融资框架体系中，基金融资优于银行融资模式，用好包括国际合作基金、产业投资基金、国家专项基金等在内的多类型基金推进资金融通，有助于促进企业对外投资。要充分发挥“一带一路”专项基金的融资作用：丝路基金定位于中长期开发性投资基金，通过股权、债权、贷款、基金等多元化投融资方式，为“一带一路”多边、双边互联互通和企业投资提供投融资支持。丝路基金不仅要重视对接项目，加速“一带一路”建设，更要对接人民币资本项目可兑换等各项金融改革，同时要加强亚洲债券基金建设，引导亚洲债券市场的开放和发展。要吸引产业投资基金参与“一带一路”建设：产业投资基金是引导社会资金投向实体经济的主要手段和平台载体。近年来，我国以 VC/PE 为主要代表的产业投资基金发展迅速，特别是人民币基金募资和投资规模不断扩大，有关部门应设立产业投资引导基金，并以国家引导基金为发起人，联合地方政府和社保、保险等其他投资机构共同设立各行业子基金。要利用好各类国家专项基金：专项基金一般由国家出资（外储资金、财政资金或政策性银行资金），同时还能吸收其他资金，并由政策性银行管理。我国已有专项基金管理机构的运作经验，如此前国开行已经设有中非发展基金，目前资金规模达到 50 亿美元，实际投资为 24 亿美元，已带动中国企业对非投资 150 亿美元。要引导各类地方政府及机构配套基金向“一带一路”投资：“一带一路”沿线省份或将推出地方版丝路基金及其他类型基金，例如，广东省政府正酝酿设立的“21 世纪海上丝绸之路”建设基金。同时，要动员一些金融机构设立配套基金参与“一带一路”投资建设。如中信银行成立的“一带一路”基金最主要的特点是以基金的形式来撬动社会资金，并通过 PPP、“走出去”、并购重组、产业投资等四类子基金，专项投资于基础设施互联互通、能源资源、生态环保、新能源、现代农业、文化教育等相关领域，力争在 5 年内使上述母基金规模达到1000亿元，撬动金融资本和社会资本5000亿元，为区域内重点项目拉动1万亿元融资。要成立政策性担保基金，主要用于境内中小企业开展针对“一带一路”沿线国家对外贸易融资担保：该资金作为政府公共服务的重要内容，可以利用一些有效的官方支持手段，提供一些优惠贷款，提供企业的贷款担保，提供更多的信用保险，通过这样的方式，对企业贸易和投资活动给予必要的支持。要鼓励各国主权基金参与共建“一带一路”。近年亚洲地区积累了大量金融资源，单从外汇储备资产规模看，约占全球的2/3；但从资产配置角度看，却配置了大量低收益美元资产。目前，亚洲乃至亚欧的主权基金规模庞大，未来需要改变投融资机制并不顺畅，疏通主权财富资金投融资渠道，促进跨境相互投资。

第四，利用股权投资基金支持境外企业投资。股权投资基金是体现金融资本与产业资本融合的一种投融资支持体系。对于企业来说，股权投资基金不仅是积极的资金提供者，而且是具有职业精神的忠诚合作伙伴，其自身特征集中体现出金融资本与产业资本的融合。除了股权投资之外，股权投资基金还通过参与目标企业董事会决议过程及选派高层管理人员与原企业管理团队合作，持续改善企业的生产、经营、研发、营销、公共关系等各方面活动，提高企业的市场竞争力和盈利能力，以战略投资者的身份与合作伙伴一起分享企业成功的硕果，同时也承担企业经营失败的风险，体现的是“价值创造”的核心投资理念。利用股权投资基金在支持对外直接投资企业尤其是民营企业对外直接投资方面不失为一种有效的方式①。一方面，股权投资基金支持模式能够为民营企业的对外直接投资提供资金保障。由于历史和现实的因素，中国的金融资源更多地向国有经济部门配置，融资困难是长期以来制约民营企业发展的主要因素之一。在中国现有的金融环境下，民营中小企业的发展受到金融瓶颈的约束：商业银行短期贷款需要抵押品且不提供中长期贷款，资本市场只接受符合一定标准的企业发行股票或债券，民间融资有“非法集资”之嫌，而企业间的借贷形成了复杂而脆弱的债务链条。股权投资基金支持模式使该基金通过股权投资的方式、以资本为纽带与民营企业建立战略伙伴关系，并以资本市场为运作平台扶持民营企业海内外上市或并购，从而为民营企业的对外直接投资提供充分的资金来源，解决金融瓶颈问题。在这样一个金融资本与产业资本融合的模式中，股权投资基金是民营企业的战略投资者，因而它必须为

① 黄人杰：《支持民营企业对外直接投资金融体系研究》，载《国际贸易》2014年第7期。

民营企业吸纳民间投资并使其进入专业化运作，必须帮助民营企业通过资本运作在国际资本市场上市或并购，实现与民营企业的共赢。另一方面，股权投资基金支持模式有利于企业技术升级和国内产业升级。随着对外直接投资的发展，我国企业对外直接投资的目的越来越多元化，很多企业为获取先进技术和战略性资源对发达国家和地区进行越来越多的直接投资，但为了应对发达国家东道国投资市场和企业的激烈竞争，我国企业面临着产业整合、产品升级和市场转向等问题，其中关键的推动力就是技术创新能力。同时，我国国内经济发展面临着“转方式、调结构”和实现产业转型升级的艰巨任务。而股权投资基金支持模式作为产业资本与金融资本的一种结合，如果股权投资基金选择国内高新技术产业或产业关联性明显的企业作为合作伙伴一起“走出去”，则有助于企业对发达国家和地区的技术寻求型和战略资产寻求型直接投资，并通过对外直接投资的“学习效应”和逆向“技术溢出效应”促进国内产业升级。例如，2012 年国内上市公司“三一重工”借助中信产业投资基金这家 PE 机构的力量，完成了对德国普茨迈斯特公司的收购。这种股权投资基金和国内民营企业一起“走出去”，帮助国内企业提升市场拓展能力，完成海外并购业务的“搭船出海”模式，可以成为金融资本和产业资本“联合出海”的重要方式之一。

5. 构建“一带一路”沿线国家风险评估体系与风险防控机制

政府要按照市场导向和自主决策原则，切实加强对境外投资的宏观指导，建立国家风险评估体系与风险防控机制，为境外投资企业提供风险评估和防范服务。具体措施包括：

（1）重视和强化风险防范意识，建立多元化的风险防范咨询服务体系。

政府要将风险评估纳入“一带一路”的顶层设计，要从保障“一带一路”顺利实施、保护中国海外投资企业利益安全的高度来认识和理解构建“一带一路”沿线国家风险评估体系的重要意义，将相关内容纳入“一带一路”顶层设计，为有关工作的开展提供人、财、物等方面的基本保障，抓紧制定沿线国家风险评估体系建设的总体要求和指导意见。

建立政府主导型的多主体共建风险防范咨询服务体系。政府部门主导搭建对外投资风险公共信息平台，使企业能及时获取并应用这些信息，对企业规避海外投资风险有重要意义。政府应鼓励和支持驻外机构、境外商会为中国企业海外投资提供风险信息收集服务。由商务部、外交部、国家发展和改革委员会等相关部门和国际商会共同建立工作机制，以主管业务为基础，以分工合作的形式搭建“网上一带一路”境外投资公共信息网络共享平台，分专题具体展示我国企业投资东道国的政治、经济、文化、自然状况，并设置风险热点提示，实时引导企业规避对外投资东道国的国家风险。要发挥各类国际商会、行业协会在投资风险公共信息平台中的重要作用，可充分发挥其作为企业组织对风险信息更敏锐的特点，与政府部门宏观信息相互补充，形成更为有效的风险信息共享体系。对于全面、系统的行业风险信息，可设置专门主题予以发布。

要鼓励支持建立国际化、市场化的中介服务机构和中间组织，为境外企业提供信息和权益保护服务。构建国际化、市场化的中介服务机构和中间组织，发挥商会协会等中间组织“承上启下”与“合纵连横”的重要作用，推动商会、协会与海外华人华商组织加强合作，为海外企业提供信息沟通、商业指导、权益保护等服务，提高企业海外拓展的组织化程度。要加快培育国际化的咨询公司与律师事务所等中介服务机构，为企业提供专业化的投资咨询和维权服务，协助企业打开国际市场，形成建设“一带一路”的强大支撑。要从政策、财政上积极支持中介服务机构和中间组织。加大对中介服务机构和中间组织人员的培训力度，提高其专业化水平，使中介服务机构和中间组织为中国对外投资企业提供信息共享、投资指导、技能培训、政策咨询、中介协商等多样化服务。

要强化对外投资领域智库建设，发挥智库在投资风险咨询服务中的重要作用。智库作为咨政建言、舆论引导、人文交流的重要力量，在各国社会经济发展和国际事务中发挥着越来越重要的作用。我国应充分调动政府、学界、民间力量，鼓励成立“一带一路”智库，进行“一带一路”沿线国家投资风险问题的研究，发挥智库的中介咨询作用，实现“一带一路”倡议的有效推进以及中国企业对外直接投资的顺利进行。一方面，政府可以通过专门智库建设来资助高等院校、研究机构对我国主要对外投资东道国的投资风险进行长期研究，特别要深入研究这些国家的政治、经济、文化、外交、法律法规、商业习惯、安全等情况，形成对外投资风险防范咨询的专业智囊团。国内研究机构要根据中国特殊背景设置国家风险评估指标，建立国别风险评估体系，定期发布报告，供海外投资参考。另一方面，政府可以鼓励支持商业对外投资风险咨询机构的发展，因为由专业机构提供海外投资风险的分析、评估和应对服务，可以提升对外投资企业防范和应对风险的能力。智库研究要注重对“一带一路”沿线国家宗教文化、风俗习惯的研究，要通过人文交流、消除分歧，增进民心相通，为企业开展和推进投资项目合作奠定坚实的舆论和民意基础。智库应注重对策建议的专业性、建设性、可行性，努力提高研究成果的政策转化率，降低投资盲目性。要鼓励加强智库间的交流合作，减少重复性研究，有针对性地为政府外资政策献策进言，为中国企业对外投资提供合理建议。加强智库间的交流合作，不仅包括国内智库间的交流合作，也包括与国际智库尤其是沿线国家智库的交流合作。通过建立“一带一路”智库联盟、开展“一带一路”国际论坛、成立“一带一路”国际网站、共建“一带一路”相关数据库、开展“一带一路”主题互访等推动交流合作，即可以实现资源共享，也有利于沿线国家分享发展经验，还可以增强政治互信，推动政策协调，减少风险，为中国企业参与“一带一路”建设的顺利开展营造和谐共赢的环境。

要充分发挥广大海外华人华商的重要作用。我国约有2/3的海外华人华商分布在“一带一路”沿线各国，他们都受过良好教育，活跃在高新技术、教育、金融等领域，经济实力雄厚，政商人脉广泛，社团规模大等多方面优势，是推动“一带一路”建设和促进我国企业对外投资的重要力量。因此，要充分发挥华人华商在当地政治、经济、文化等领域的资源和影响力，调动其积极性，使其成为中国与“一带一路”沿线各国的重要沟通“桥梁”，成为中国企业了解东道国的一个“窗口”，通过外华侨华人华商扩大与东道国的民间外交，增加互信，创造良好投资舆论和氛围，从而有利于中国企业对“一带一路”沿线各国的投资。

（2）注重风险评估，建立并完善风险预警和风险防范制度。

“一带一路”风险预警系统是对境外投资活动中的风险进行实时评估与监控的重要手段。在风险管理理论的指导下，应对风险因素进行科学的定性、定量分析，按照“理论基础分析—风险指标框架设计—投资风险评估”的流程对风险进行识别、评价，同时，根据风险因子的实际情况及风险管理经验，合理划分风险的预警区间，判断风险的级别状态，从而采取相应的对策。由于对沿线国家进行风险评估不仅任务繁重，而且要求熟悉相关国家的国情并掌握科学的评价方法，因此这项工作必须依托有较强研究基础的专业机构开展。专业机构对沿线国家进行风险评估时要力求评估结果科学、公正、实用，为企业更好地进行“走出去”提供风险评估服务。

建立评估结果使用和管理制度。作为共建“一带一路”国际倡议的发起国和主导国，我国政府对于沿线国家的任何官方表态或评价都可能影响相关国家参与“一带一路”的积极性。为了保护相关国家的积极性，需要强化评估结果的非官方立场特性，努力探索一种既能满足决策咨询需要，又能兼顾保密性、权威性、非官方等多层次要求的评估结果管理与使用制度。

健全境外投资保险制度，构筑“一带一路”境外投资企业保护体系。一个健全高效的海外投资保险制度能有效地分散、转移境外投资企业的风险损失，为投资者提供更充分、有效的资产保护。一是建立明确的代位求偿权制度。海外投资保险代位求偿权是国际保险制度的核心，而我国无论法律还是法规都没有明确规定。以双边投资协定为依据的美国模式，风险预期明确，便于政治风险通过法律手段解决。中国需要继续推动双边投资协定的签署和生效，加强承保机构和审批机构的独立化改革，建立双边模式为主、外交保护为辅的保险代位求偿权制度。二是调整保险范围。现阶段政治暴力风险已不仅仅局限于战争、内战、恐怖行为，由贸易保护主义驱动的、由劳工权益问题引起的非传统政治暴力风险也应纳入保险范围。同时鉴于征收风险已转向间接征收，也需考虑将间接征收明确纳入保险范围。三是改善保险业的服务水平，提高资源配置效率，切实发挥保险的对外投资风险保障功能。四是增加中国企业海外投资担保服务。海外投资担保服务在中国尚属空白，我国可借鉴美国的做法，成立专门机构，以政府信誉向海外投资企业提供政治风险的保障。因其也以包含代位求偿权的双边投资协定为前提，所以还需我国的双边投资协定不断完善。五是增加对外投资保险资金。除增加国家财政投入外，要与商业保险机构加强合作，还可考虑吸引民间资本参股，增强资金实力，才能更好地为企业规避风险服务。

加强“一带一路”沿线国家监管协调机制的推进，充分发挥各个国家的主权作用，引导相关机构和部门积极参与到协调机制中，完善对经济风险的防范和预警，促进政治、经济稳定。

（3）构建投资安全保障体系。

构建投资安全保障体系是一个国家保障本国企业和公民海外投资利益的重要手段。司法救济是投资纠纷发生之后的一种救济方法，属于事后救济，而构建投资安全保障体系则处在纠纷发生之前，要通过军事或其他武装手段来预防东道国境内可能发生的动乱、恐怖袭击甚至武装冲突。我国在“一带一路”沿线国家直接投资面临着东道国严峻的战乱、恐怖活动、武装冲突、种族冲突等安全挑战，为应对这些挑战，迫切需要建立一支适应海外投资保障需求的安全保障力量。第一，积极参与联合国维和行动。我国企业海外投资的区域不乏局势动荡的国家和地区，单纯依靠这些国家和地区当地的执法力量难以保障我国员工和企业的安全。作为联合国安全理事会常任理事国，我国应积极参与联合国维和行动，这不仅是以身作则的表现，也可借助维和部队来达到稳定当地治安、震慑当地不法分子、保障中资企业与投资项目安全的目的。2014 年 9 月，由于南苏丹局势动荡，我国应联合国邀请派出 700 名步兵营士兵参与联合国在南苏丹的维和任务，这不仅在一定程度上维持了南苏丹局势的和平稳定，也保护了我国员工的安全和石油开采的顺利进行。对于在“一带一路”沿线国家的直接投资，我国政府也应该借助联合国维和部队来保护中资企业的正常生产经营活动。第二，中国安保公司积极参与中资企业海外安保工作。雇用安保人员对局势动荡地区的企业和员工进行安全保护是欧美国家的一贯做法①。相比较而言，我国涉外安保行业起步较晚，发展还不够成熟。非洲是我国企业投资的重点地区，而涉足非洲的国际安保机构不多，这为我国安保公司提供了很大的市场。海外安保业并不是简单的“以暴制暴”，不仅提供军事力量的支持，还进行安全风险评估、识别、预防和解除等，具体包括海外安全情报收集和分析、海外安全评估调查、安全培训、危险营救等一系列服务②。中国安保公司参与中资企业海外安保工作具有一定优势，不仅在语言沟通和文化认同方面完全没有障碍，而且可大大降低中资企业雇用安保人员的成本支出。当然，由于安保行业的特殊性，中国安保公司应重视与东道国安保机构的合作，遵守东道国法律法规。第三，维护海外投资建设安全必须加强国际军事合作。我国企业在“一带一路”倡议下“走出去”，其安全保障仅仅依赖联合国维和部队或安保公司是远远不够的，应当在建立命运共同体政治主张的前提下，完善军事安全领域的合作，通过“一带一路”背景下利益各方的团结合作，充分发挥各国安全保障力量在风土人情、地形、文化认同等方面的优势，排除恐怖组织、极端势力、海盗、自然灾害等对经济合作的影响，构建真正的安全保障体系。

---

① P. W. Singer, Corporate Warriors: The Rise of the Privatized Military Industry. New York: Cornell University Press, 2003, pp. 81 – 82.

② Lauren Groth, Transforming Accountability: A Proposal for Reconsidering How Human Rights Obligations are Applied to Private Military Security Firms. Hasting International and Comparative Law Review, No. 4, 2012, pp. 29 – 89.

6.1.3 政府要加强企业对“一带一路”沿线国家投资的引导与监管

1. 要推动投资主体多元化，加快民营企业“走出去”步伐，推进产业跨国转移

“一带一路”建设在很大程度上是国家行为，毫无疑问，在建设“一带一路”过程中中国企业的对外直接投资都承担着一定的国家责任和义务。要利用国有企业和民营企业海外投资的不同特点，让不同市场主体互为补充、形成合力，实现投资主体的多元化。我国国有企业一般控制着石油、天然气、水、电等国民经济的重要行业和关键领域，产业类型以资源密集型行业为主，国有企业在要素供给、资金来源、保护力度、风险担保以及行业准入等方面比民营企业具备优势，而且更能代表国家行为，更好地贯彻国家的战略意图。而对于目标市场国家来说，对国有企业的诚信度基本等同于对国家的诚信度。因此，国有企业应成为“一带一路”建设的中坚力量，积极参与对“一带一路”沿线国家的直接投资。相对国有企业，我国民营企业由于政策原因在资金周转、风险分摊和预警机制以及投资信息咨询等方面存在着明显不足和缺失，导致其在海外投资规划和决策时存有投资风险顾虑，不愿将大批资金投入海外市场，往往展开小规模的跨国经营以规避东道国各种风险。但民营企业的行业覆盖广阔，涉及劳动密集型、技术密集型甚至资源密集型等多领域。因此，鼓励和推进我国民营企业开展海外直接投资对国内产业升级换代更有重要引导意义。为此，应鼓励和扶持民营企业加快对“一带一路”沿线直接投资，推动产业跨国转移。①加快民营企业“走出去”步伐。要鼓励国内有实力的私营主体开展跨国经营，转移国内过剩产能，释放“夕阳产业”内部的生产要素，推进要素资源的行业间流动和优化配置，夯实产业结构升级基础。②积极制定针对民营企业的海外投资扶持政策，构建投资预警机制，搭建海外投资信息咨询和争议处理平台，优化民营企业海外投融资环境，运用信托、信贷等多种手段消除民营企业的投融资顾虑，保障私有企业海外投资的顺利展开。③合理规划民营企业对“一带一路”沿线投资布局结构，有效对接国内产业结构升级，此外还要着力培育和扶持新兴战略性行业的民营企业，积极引导它们开展海外投资，并在投资政策方面予以倾斜，两种路径合力推动产业结构升级，逐步提升产业国际竞争力。④国有企业应作为“领头羊”，运用市场机制带动中小民营企业快速高效地“走出去”，发挥政府公共投资和国企投资对民间资本的引导和带动作用，鼓励民间资本参与企业海外拓展，推进民营企业更好地“走出去”“走进去”“走上去”。

2. 政府应加强对外直接投资企业的绩效评价和管理

自2000年“走出去”战略实施以来，我国政府采取了一系列政策和措施促进中国企业“走出去”，特别是“一带一路”为中国企业“走出去”创造了前所未有的机遇，企业对外直接投资步伐加快。在这种情况下，政府应加强对外直接投资企业的绩效考核，不应单独以数量来衡量投资效果的高低，应该将对外直接投资作为动态和变化的过程来考察，注重企业的持续性投资。理论和实践均显示，在对外直接投资数量基本相当的前提下，由于投资的节奏和不规则度的差异，对国家和地区产业升级的影响程度存在很大差别。快节奏、不连续、无计划地投资会对产业升级带来负面影响。相反，慢节奏、有步骤、有计划地投资，却对产业升级带来显著正向效应。在当前及今后一个相当长的时期，政府尤其要注重对直接投资企业的逆向技术溢出效果的评价和管理。从理论上说，对外直接投资，特别是对发达国家的投资，可以通过研发费用分摊、研发成果反馈、逆向技术转移以及外围研发剥离等机制，增强中国企业自主创新和技术升级，促进国内产业升级。然而，由于这些机制及其企业经营所处制度环境的复杂性，海外研发人员努力程度的不可契约性，逆向技术溢出的效果也存在诸多不确定因素。特别是一些对外投资企业在“走出去”并逐渐取得了当地合法居留权之后，企业发展战略就以发达国家为重点，将技术和品牌等高附加值环节保留在发达国家，把一些低附加值环节配置在中国市场，这种做法与传统发达国家跨国公司的对外投资战略如出一辙。其结果是，中国向发达国家贡献了资本，却未能把获取的品牌、技术等战略资产转移回中国，从而大大地削弱了对外投资促进我国产业结构升级的效果。因此，政府应加强对外直接投资企业的逆向技术溢出效果评估。同时，在评估对外直接投资逆向技术溢出效果的基础上，政府还应针对相关知识产权进行相应的税收减免。因为从技术外部性角度来说，无论企业通过国内自主研发还是从海外投资中获得的技术，都可能会对本国生产链上其他企业产生技术溢出效应，因此政府应对相关的专利、品牌等知识产权所得给予税收优惠，以促进海外投资企业向国内转移技术和品牌，提升国内知识存量和研发能力。从逆向技术溢出的激励角度来说，母公司在加大海外研发投入的同时，还应采取股权、晋职等创新管理机制，激励海外子公司研发人员加强对东道国先进技术和品牌培育的学习、消化、吸收和再创新，同时加快先进技术在母公司及其母国的推广和应用。具体来说，中国政府可以借鉴欧盟一些国家的“专利盒子”和“创新盒子”政策。“专利盒子”是指对企业来自某种特定类型的符合条件的知识产权（IP）所得，尤其是来自专利所得，给予减免公司所得税的待遇。“创新盒子”适用的知识产权范围比“专利盒子”更广，分为对创新产品、创新企业提供税收优惠两种类型。在欧盟，荷兰、比利时、塞浦路斯、西班牙、法国、匈牙利、卢森堡、马耳他、葡萄牙等国都实施了“创新盒子”政策。其中，荷兰所设计的“创新盒子”对创新产品的所得税率优惠幅度较大，从10%降低到5%，而瑞士的“创新盒子”范围较小，主要对知识产权许可费提供优惠税率①。

3. 积极推动境外企业履行社会责任

当前，在企业社会责任运动席卷全球的背景下，企业社会责任正深刻地影响着全球的贸易和投资格局，逐渐成为企业竞争的制高点和不可或缺的软实力。国家社会责任运动对中国对外投资产生着愈益明显的影响，它推动着中国对外投资的社会责任逐步与国际标准接轨，提高了我国企业进入国际市场的门槛，我国对外投资越来越面临着一些行业性的贸易保护②。因此，随着对外直接投资的发展，我国境外企业履行社会责任越来越迫切和必要。随着“一带一路”建设的推进与深化，中国与“一带一路”沿线国家的经济和社会交往也变得日益密切。在此过程中，中国企业在沿线国家的直接投资成为“一带一路”的建设的重点。企业诚实履行社会责任日渐成为与当地民众和谐共处、促进当地经济长期和可持续发展、推动东道国社会全面进步以及我国企业对沿线直接投资顺利进行的一大重要因素。同时，更是促进中国企业积极承担全球社会责任、打造中国企业品牌、构建“美丽海外中国”的重要措施。因此，我国企业在对“一带一路”直接投资的过程中，政府有必要加强采取措施，积极推动对外投资企业履行社会责任。

---

① 知识产权战略研究课题组：《欧盟到处搞“专利盒子”“创新盒子”“知识发展盒子”是怎么回事?》，载《知识产权竞争动态》2016年第1期。

② 黎友焕：《国际新趋势与中资企业的社会责任》，载《国际经济合作》2014年第12期。

第一，要加强企业社会责任培训，提高企业社会责任意识。目前，不少企业对企业社会责任相关理论、标准、国际规范以及做法都一知半解，这势必影响企业社会责任的履行。因此，政府相关职能部门应加强对企业履行社会责任进行指引和监督，可以通过举行座谈会、培训班、研讨会、论坛等方式帮助企业了解和熟悉企业社会责任相关理论、国际通行规范与标准等，对企业社会责任有更全面的理解和掌握，提高其社会责任意识，促进其科学履行企业社会责任。

第二，结合“一带一路”倡议，制定企业社会责任国家战略。企业积极承担社会责任不仅仅有助于企业在国际竞争中立于不败之地，也是在国际上提升国家良好形象的重要手段①。在这方面，欧洲国家一直走在世界前列，一些国家制定了企业社会责任国家战略，另一些则是将企业社会任融合于国家可持续发展战略中，得到国家层面的支持和履行②。2010 年 10 月 6 日德国发布《企业社会责任国家战略》，该国为欧盟率先出台企业社会责任国家战略的国家。将企业社会责任上升至国家战略层面，不但可以提升企业社会责任在社会公众心目中的认知程度，进而在国内外突出企业社会责任的特色，而且为实现全球化背景下生态环境保护与经济社会协调发展作出贡献。我们应该借鉴欧美发达国家的经验，结合“一带一路”倡议，制定我国的企业社会责任国家战略。这是因为，一方面，制定和实施企业社会责任国家战略能够更好地体现我国“一带一路”倡议中的“开放、包容、共赢”合作理念；另一方面，我国企业社会责任的健康发展需要政府积极支持和倡导，政府的任务是拟定社会发展目标和为企业积极履行社会责任奠定坚实的基础，而企业社会任国家战略的制定和实施则充分体现政府对企业社会责任的重视和倡导，有助于为企业社会责任的履行创造良好的外部环境。同时，企业履行社会责任需要全社会的参与，不但需要企业将社会责任融入其战略体系中建立健全企业内外部管理机制，同时，社会各方，包括消费者、投资者、非政府组织等都要求企业遵守社会道德，并对积极履行社会责任的企业给予切实支持。因而，中国企业社会责任国家战略的制定和实施能够借助政府的力量积极动员各方力量推进和支持企业切实履行社会责任。

---

① Holme C., Corporate Social Responsibility: a Strategic Issue or a Wasteful Distraction? Industrial and Commercial Training, No. 4, 2010, pp. 179 - 185.

② 林波、殷格非：《欧洲：企业社会责任国家战略及意义》，载于《WTO 经济导刊》2012 年第 4 期。

第三，加强制度建设，完善相关法律法规，发布指导性文件，督导企业社会责任在国外的实施。近年来，随着我国对外直接投资的快速发展，我国政府各部门逐步重视境外企业的社会责任问题，商务部、国家发展和改革委员会、财政部、外汇管理局等相关部门出台了一系列规章制度或指导文件以规范企业社会责任行为。商务部2005年发布的《境外投资开办企业核准工作细则》制定了有关环境条款，体现出对东道国环境问题的关注。2006年，国务院发布条例，敦促中国投资者在海外“注重环境资源的保护”和“维持当地社会和人民的生计”。2006年7月，财政部、国家发展和改革委员会、商务部联合发布《关于促进我国纺织行业转变外贸企业“走出去”相关政策的通知》，提出“支持在纺织行业开展企业社会责任管理体系建设，制定和完善纺织企业社会责任标准，并开展在国内外的推广、实施。”2008年7月国务院颁布《对外承包工程管理条例》，明确规定对外承包工程的单位应当加强对工程质量和安全生产的管理，建立、健全并严格执行工程质量和安全生产管理的规章制度。2011年10月，国务国有资产监督管理委员会颁布《中央企业“十二五”和谐发展战略实施纲要》，要求中央企业在跨国经营中积极履行社会责任，培育具有国际竞争力的世界一流企业。2012年4月商务部等七部门印发《中国境外企业文化建设若干意见》，鼓励境外企业认真研究和熟悉当地法律法规，严格履行合同规定，主动依法纳税，自觉保护劳工合法权利，认真执行环境法规，确保国际化经营合法、合规，建立健全规章制度，严格规范企业经营管理行为和员工行为，对外树立中国企业诚实、守信的形象。2013年2月18日，中华人民共和国商务部和环境保护部（现生态环境部）联合发布《对外投资合作环境保护指南》，这是我国政府在对外投资合作领域针对企业环境保护行为发布的第一个专门性环保指南，是引导我国企业在海外履行环境社会责任的一次有益尝试，改写了我国没有对外投资环境保护问题专项法律法规的历史。2014年9月，商务部重新修订《境外投资管理办法》，在明确政府继续为企业提供服务的同时，加大了对企业境外投资行为进行指导和规范的力度，要求对外投资企业遵守境内外法律法规，尊重当地风俗习惯，履行社会责任，做好环境、劳工保护、员工培训、企业文化建设等工作，加快与当地社会的融合。2015年3月28日，国家发展改革委员会、外交部、商务部联合发布的《推动共建“丝绸之路经济带”和“21世纪海上丝绸之路”的愿景与行动》指出：“鼓励本国企业参与沿线国家基础设施建设和产业投资……积极帮助当地发展经济、增加就业、改善民生，主动承担社会责任”。以上这些规章制度的制定和实施在一定程度上对我国企业在境外履行社会责任起到很好的监督和指导作用，但随着对外投资的快速发展，出现一些新形势和新问题，如国际投资环境日趋复杂，境外投资主体和行业日益多元化，部分企业社会责任、风险意识不强等，客观上迫切需要对现行管理制度进行调整和完善。特别是现有的关于海外社会责任的规章制度大多是部门或行业协会的社会责任指南，多属于非强制性的指导文件，约束力较弱，缺少国家层面的立法，也缺少切实可行、具体有效的执行和评估方案，更缺少针对中小企业的具体措施。因此，为了更好地引导和鼓励企业积极履行企业社会责任，实现与投资东道国互利共赢、共同发展，我国政府应完善与对外投资企业社会责任有关的法律法规，积极推进企业社会责任建设，完善对外投资的法律法规，确保对外投资企业社会责任监管有法可依，促进跨国企业社会责任法制化建设，可以引导企业把履行社会责任的义务写进公司章程，成为一种制度，以利于实施。应定期发布行业性的企业社会责任指导性文件，为企业在员工管理、环境保护等社会责任行为方面提供明确的方向性指导和监督，引导和鼓励企业积极履行企业社会责任。针对现有的指导意见、指引、指南等政府部门或行业协会的法规或章程，尽快配套制定出台具体的执行和监管措施，将这些规章制度切实贯彻到对外投资企业海外投资的监管实践和行政执法过程中。同时，还可以考虑建立社会责任评估体系，配合适当的奖惩措施加以协调管理。

第四，设立对外投资企业社会责任专门机构，统一协调、推进企业履行社会责任。由于企业社会责任的内涵外延较为丰富，从政府管理角度而言，涉及的职能部门较多，如果要从宏观层面上推进我国“走出去”企业的社会责任战略，协调政府各部门的企业社会责任管理工作并形成工作合力，更好地统一协调推进国家企业社会责任战略，就需要在国内联合一定的权威部门设立海外企业社会责任专门机构，专门指引和帮助对外投资企业履行社会责任，实现企业社会责任管理制度化、规范化。在国外，通过在热点投资国设置驻外机构，协调国际合作中出现的社会责任问题，并为企业提供各种服务。

第五，增强我国在国际社会责任体系中的话语权，提高企业宣传的话语权和制定标准的自主权。在中国对外投资的过程中，一旦由于投资环境、政策法规以及社会文化等方面的差异而出现一些问题，容易被国际媒体放大，被视为不负责任的企业。事实上，完全按照国际社会责任体系评估中国企业并不完全合适。企业社会责任运动起源于西方，西方发达国家在国际社会责任体系中占据主导地位，无论是企业社会责任的标准和规则、还是企业社会责任的实践，几乎都是应西方国家企业的发展和需要而生，因此根植于西方社会文化语境下的企业社会责任国际标准并不完全适用于我国。为了维护我国企业的利益，政府除了鼓励企业在海外对自己履行社会责任进行宣传，还应积极关注社会责任标准的演进，在世贸组织的协商机制和框架下，组织专家积极加入国际组织，参与国际社会责任标准和指南的制定，为发展中国家特别是我国争取更多的利益。特别是要充分考虑包括我国在内的广大发展中国家所处的发展阶段和具体国情，妥善处理劳工、人权标准与贸易挂钩的问题，以增强中国企业在国际社会责任体系中的话语权，力争减轻国外行业标准对我国的实际影响。我国政府派出有关方面的专家全程参与了《社会责任国际标准指南 ISO26000》的起草制定和修改工作，提出的合理化建议得到 ISO 组织专家的认可和采纳。

第六，积极开展公共外交，为企业海外投资营造良好的国际环境。“一带一路”途经各国的国情和自然禀赋不同，对华合作态度各异。而且由于复杂的历史和地缘政治原因，加上缺乏海外经营经验和认识不足，我国企业在如何履行社会责任的问题上，特别是环境保护、劳资关系、本土化等方面，在沿线国家面临的挑战越来越大。这些挑战主要表现在①：一是沿线国家媒体和非政府组织的负面报道影响我国企业社会责任履行的效果和海外投资进度。在西方成熟舆论环境影响下，马来西亚、印度尼西亚、缅甸等国家国内媒体和非政府组织（NGO）发展迅速，其中一些热衷于报道负面新闻，颇具社会影响。有些沿线国家，如缅甸，一些民众尚未意识到我国企业投资项目给两国带来的共同利益及对当地经济社会发展的促进作用，片面渲染项目污染、环境破坏、资源掠夺等负面影响，并通过舆论和民意向政府施压，迫使当地政府采取措施限制项目开展。二是西方国家在沿线地区的影响力增加了我国企业在外舆论和竞争压力。美、日为代表的西方国家正向沿线国家输入发展理念和执行标准。如缅甸，多数上层领导和社会精英接受过西方教育，崇尚欧美文化和发展方式，推崇西方国家发展理念和模式。政府与欧、美、日、韩等国优先合作意识较强。西方媒体和 NGO 长期深入开展工作，对民意影响较大。相比中方项目，西方企业的经营方式更易被当地民众接受。相比而言，中方媒体在当地影响

① 许永权、王勋：《关于“一带一路”建设中企业“走出去”与开展公共外交的思考》，载《公共外交季刊》2014 年第 7 期。

甚微，难以有效宣传我国企业项目对当地社会发展的积极作用。三是我国企业习惯通过政府间渠道为对方政府提供资金、技术、服务的援助与支持，以保持良好的双边关系，确保企业在外项目得以顺利开展。但在沿线国家逐步进入社会转型期的新形势下，这些做法不能适应当地多变的社会环境。例如，民选政府上台后，我国企业在缅甸的经贸合作环境和社会舆论环境发生深刻变化，企业与原政府签署的项目受到周边民众的排挤，以宣泄对原政府的不满。在此形势下，密松电站、万宝矿产、有色镍矿等在缅项目均不同程度遭到政府搁置或当地民众的干扰。由于以上问题的存在，我国“走出去”企业的社会责任有些与东道国的需求相脱节，有些招致东道国的误解，企业履行社会责任的效果事倍功半，企业在东道国的生产经营受到影响。而公共外交有助于减少文化观念冲突，是跨国企业规避投资政治风险的重要防线，因此公共外交应成为我国企业在“一带一路”沿线国家顺利开展经营活动的有力保障。在“一带一路”沿线国家，我国的公共外交项目要突出中国特色，探索中国标准。沿线国家多为发展中国家，资源富裕，且对我国具有重要的经济和地缘政治意义。中国在沿线国家的项目多集中在基础设施建设和能源矿产等领域，这既取决于中国发展阶段和比较优势，也符合沿线国家工业化的实际需求。我国在沿线国家开展公共外交，要区别于发达国家开展公共外交的方式方法，强调中国的优势与沿线国家的契合度，突出中国项目“亲诚惠容”的理念和特色，并在互利共赢的基础上，探索实施公共外交项目的中国标准，以改进民意和加强沟通，为企业履行社会责任创造环境，有助于企业的投资经营。另外，应支持 NGO 等民间组织“走出去”，突出民间组织的灵活性，支持它们在沿线国家建立分支和常驻机构，使之逐渐成为公共外交项目实施的重要主体。国家要注重通过开展公益性调研、减贫、救助、培训等争议性小、政治敏感度低的公共外交项目与沿线地区民众加强沟通，与当地政府开展合作，与媒体及智库建立联系。深入了解当地民情舆情，及时发现问题，在舆论上采取措施，维护我国企业形象和国家声誉。此外，要加强与沿线国家 NGO、国际 NGO、国际智库、工商团体及协会的合作，吸引本地企业积极参与，营造共赢局面，为我国企业营造良好的社会舆论基础。

6.1.4 积极推动“一带一路”境外经贸合作区建设，助力企业加快对外直接投资步伐

按照中国商务部给出的境外经济贸易合作区业务定义，合作区是指在

中华人民共和国境内（不含香港、澳门和台湾地区）注册、具有独立法人资格的中资控股企业，通过在境外设立的中资控股的独立法人机构，投资建设的基础设施完备、主导产业明确、公共服务功能健全、具有集聚和辐射效应的产业园区。2005 年底，商务部提出建立境外经贸合作区的对外投资合作举措，并相继出台多项配套政策措施，鼓励企业抱团到境外建设经济贸易合作区。2006 年 6 月，商务部颁布《境外中国经济贸易合作区的基本要求和申办程序》，正式启动了扶助对象的申报和评标工作。此后，商务部宣布建立 50 个“国家级境外经贸合作区”，鼓励企业在境外建设或参与建设各类经济贸易合作区，为中国企业对外投资搭建平台，提供经济可靠的海外发展场所，形成贴近市场的产业链和产业集群，降低企业投资成本和经营风险。2008 年初，国务院发布《关于同意推进境外经济贸易合作区建设意见的批复》，全面推进境外经济贸易合作区建设。以“政府引导、企业为主、市场化运作”为原则，摸索和实践境外经贸合作区建设模式。当前，境外经贸合作区已经成为中国经贸合作合作的新方式①，成为我国企业“走出去”的集聚平台和我国对外投资的重要名片②，成为带动产业链企业和中小企业“走出去”实现集群式发展的助推器，是促进国际产能合作、提升“走出去”层次的重要海外载体和国际化发展平台③。随着“一带一路”倡议的提出，境外经贸合作区在“一带一路”建设中所具有的产业规模化运作优势、产业集约化运作优势、产业便利化运作优势、产业经营风险抗御优势对于拉动我国优势产能输出，加快企业“走出去”步伐意义重大④。因此，有必要通过境外经贸合作区建设更好地推动我国企业对“一带一路”沿线国家的直接投资，以服务于我国国内产业升级。当前，针对“一带一路”建设给境外经贸合作区所带来的发展契机以及境外经贸合作区所面临的问题，着重从以下几个方面推进境外经贸合作区的建设。

1. 明确“一带一路”境外经贸合作区的发展方向

与“一带一路”沿线国家进行经贸合作建设，主要目标在于获取投资

---

① 李嘉楠、龙小宁、张相伟：《中国经贸合作新方式——境外经贸合作区》，载《中国经济问题》2016 年第 6 期。

② 邹昊飞、杜贞利、段京新：《“一带一路”战略下境外经贸合作区发展研究》，载《国际经济合作》2016 年第 10 期。

③ 刘佳：《建设境外经贸合作区加速融入“一带一路”》，载《宏观经济管理》2016 年第 8 期。

④ 荀克宁：《“一带一路”时代背景下境外园区发展新契机》，载《理论学刊》2015 年第 10 期。

的规模扩张和效益优化，利用园区模式推动我国企业对外投资发展，更好地服务国内产业结构调整和升级，这就决定了园区建设首先要坚持正确的办园方向。一是坚持统筹规划在先的方向。根据国家“走出去”整体战略的要求，统筹考虑各地不同经济发展实力和“走出去”特色，设计境外园区整体布局与发展规划方案或指导性意见，坚持企业为主体的原则，同时运用政府的宏观调控政策，引导境外园区的发展始终居于科学、理性、有序的轨道内运行。二是坚持互利共赢的方向。“一带一路”沿线国家境外园区合作要秉持风险共担、利益均沾原则，这是保证园区合作顺利和可持续发展的核心原则。因此，要在规划中突出强调合作共赢，在合作中要顾及合作双方的切身利益，选择均能获利、均感兴趣的项目和产业作为园区合作重点，使彼此关切都能落到实处，夯实合作基础。三是坚持集约化发展方向。集约化发展是园区生命力所在，也是园区特色所在。为此，园区建设要坚持高起点和集约化发展，充分释放其产业对接、资源共享、风险同御的优点和长处，彰显园区的集约效应。四是突出园区辐射带动力。境外园区不仅要成为产业集聚地，还应具备辐射带动力，为我国境外投资合作的确立样板模式，为产业输出提供最佳选择。这就需要把握园区功能培育方向，在产业、技术、人才引进与整合做好文章，通过优质资源的有机整合，优化提升园区效能，使得园区不仅成为境内外产业的集结地，还能引领和带动合作双方国家经济的发展和产业实力的提升。

2. 做好对“一带一路”经贸合作区选址总体规划

选择在哪些国家优先建设境外经贸合作区是合作区成功率所要考量的重要因素，“一带一路”沿线国家境外经贸合作区建设也是如此。选址是否得当，则意味着经贸合作区的发展是否顺利。因此，“一带一路”境外经贸合作区建设首先要对目标国进行深入的了解与考察，并综合经济、政治、文化、资源禀赋等各种条件进行分析评价，充分考虑合作的优势与劣势，投资的前景与风险，合理选择合作区的地域布局。重点一是考察经贸合作区驻在国的产业环境，评判其产业发展水平与我国输出的优势产业对接程度。选择那些经济发展水平较高、承接我国产业转移能力较强的国家和地区率先建设园区。二是充分考察经贸合作区驻在国的人才环境，深入了解其劳动力的数量与质量状况，选择那些人力资源供给相对充足，劳动力素质整体较高的区域设立经贸合作区，保证合作区落地后能在当地顺利招收到价格适宜、技能适用的劳动力，获取一定的劳动成本优势。三是充分考察经贸合作区驻在国的政治环境，选择那些政治与社会治安状况良好、不会给合作区发展带来冲击和负面影响的国家的地区，将那些与我国交好的国家与地区列为首选，尽可能降低园区的风险成本，保证园区发展有一个稳定的社会环境。四是充分考虑经贸合作区驻在国地缘条件，实行先周边后外延策略，优先考虑与我国接壤的一些国家和地区进行合作，尽可能降低经贸合作区建设的物流成本和文化沟通成本，通过周边国家经贸合作区的发展壮大，不断向外扩展合作区发展空间。

3. 做好对“一带一路”经贸合作区产业投资布局规划

“一带一路”经贸合作区建设应契合国内产业结构升级的需要，统筹考虑“一带一路”沿线国家的资源禀赋、投资环境、产业基础条件等，体现产业衔接、产能互补的推进理念，按照因地制宜、分类施策、充分发挥所在国比较优势的基本思路，战略性布局规划境外合作区发展，明确合作区建设的重点国别和主导产业，引导园区合理布局、有序发展，避免恶性竞争和同质化发展。对“一带一路”6 大区域的产业投资具体规划为：①蒙俄地区。应结合俄罗斯远东及西伯利亚地区、蒙古国丰富的森林资源、矿产油气资源和农业资源条件，结合东北地区老工业基地振兴规划，重点布局资源加工利用型园区和农林产品加工园区，一方面建立稳定、可靠的资源（原料及半成品）供应渠道，保障我国战略资源供应安全，另一方面实现境内（中国东北地区）境外（蒙俄边境地区）产业互动，建立跨境国际产业链。②中亚、西亚中东地区。应结合能源资源条件和市场需求，重点布局建材、化工、轻纺、汽车等生产加工型园区，以煤炭、矿产、油气为主的资源利用型园区和围绕棉花种植加工、畜牧养殖等为主的农业产业型园区。③东南亚地区。应发挥东南亚国家劳动力成本低廉、投资环境相对较好、农业资源相对丰富的特点，结合工业化城镇化发展诉求，重点布局生产加工型园区和农业产业型园区，实现轻纺、建材、汽车、电子、通信、化工为主导的产业聚集，提高产业合作水平，推动铁、镍、钾盐、铝土、铜等为主的矿产资源开发，以及粮食作物和棕榈、橡胶等经济作物的开发。④南亚地区。应结合我国在南亚地区港口建设和运营的有利条件和当地相对低廉的劳动力成本，重点布局临港生产加工型园区，开发潜力市场，重点推动轻纺、建材、机械、电子、化工等国际产能合作。⑤中东欧地区。应结合中东欧地区区位优势和经济发展水平，一方面，重点布局装备制造和商贸物流型园区，积极推动“海外仓”模式，进一步推动与欧美地区的商贸合作；另一方面，以科技合作为突破口，探讨海外研发新模式，尝试建立科技研发园区，积极利用和引进中东欧国家先进的技术，通过技术合作推动产业合作。

4. 注重“一带一路”境外园区的特色培育

打造“一带一路”境外园区需要秉持特色价值观，培育鲜明的园区特色。一是培育产业特色。园区是产业集合和运营的平台，因此，要增强园区竞争力就必须彰显园区的产业特色，培育唯我独有、唯我独尊的特色产业。这就要求园区首先要有明确的产业发展定位，根据园区条件和企业特点，选择具有发展优势与潜力的产业作为目标支柱产业给予扶持与推动，并为主业配套完整的产业环境和上下游环节，在做专、做大、做强主业的同时带动关联性产业的共同发展，形成园区既特又强的产业体系和产业集群，从而造就园区产业的规模效应和竞争实力。二是培育技术特色。技术是产业发展的支撑，技术特色的培育就成为产业特色培育的核心条件。因此，境外园区在发展中要以技术创新、技术特色培育为目标，抢占产业技术制高点，通过技术创新人才的吸引与整合，激发园区优秀产业人才的积极性与创造性，保持产业技术的不断开发与更新，争取在园区主导产业技术上始终保持领先地位。同时，还需要增强园区整体学习能力与创新能力，为园区产业优势创新提供不竭的动力源。三是培育品牌特色。品牌是园区的无形财富，也是产业集约化的集中体现，在产业定位明确与技术创新的条件下，园区以特色立区还需要打得出、叫得响的企业品牌和产品品牌。重点是一方面注重品牌的积极引进，对于拥有产业影响力和技术优势的品牌加大进园优惠力度，给予宽松的政策环境和积极的资源倾斜，使得品牌成长发展的土壤更肥沃，增强园区吸引力；另一方面注重品牌的积极培养，选择园区具有发展潜质和一定市场影响力的年轻品牌，在品牌的技术、性能、信誉等内在质量和装潢设计、推介宣传等外在质量上加大重点培育，尽快形成园区的品牌特色和品牌形象。

5. 打造“一带一路”境外园区的综合环境竞争力

园区作为投资合作的平台，环境建设是基础和先行条件。境外园区环境建设一是要打造现代化的基础环境。基础设施是园区承载力和发展力的重要标志，因此园区要引入先进的开发规划思路，高定位、高起点建设，打造技术领先、功能多样的园区环境，在园区道路、管道、厂房、水气电、信息化设施等建设中融入更多的先进理念和现代技术，为产业发展提供现代化、便利化、高档次的商务环境。二是要打造“绿色化”的生态环境。当今“绿色”潮流汹涌，生产消费的安全性和环境的清洁性成为全球关注的问题。因此，境外园区建设也要以“绿色化”为导向，坚持生态立区、环保为先的正确理念，在开发中兼顾生态保护，在产业引进中谋求经济与生态两个效益，形成环境建设的“绿色化”可持续模式。三是打造便利化的产业配套环境。产业配套环境是园区产业发展的基本条件，没有产业发展相应的资源、人力、设备以及上下游条件，产业将孤掌难鸣。因此，园区建设要充分考虑驻在国的产业发展水平与对接能力，打造适宜当地企业进入的配套环境，而不是一味追求高大上而罔顾当地实际。四是打造国际化的仿生制度环境。要设立一套与国际接轨的先进制度体系，消除主观意志和不规范制度的生长土壤，为国际产业投资提供适宜、优越的制度环境。

6. 利用“一带一路”建设中的政策沟通，建立健全政府间合作沟通机制，争取尽可能多的政策支持

境外经贸合作区建设需要中国政府和东道国政府之间的协作，加强与东道国政府沟通才能推动当地政府尽快完善合作区内金融、货运代理与清关代理等公共服务条件，进一步明确对入区企业优惠政策实施细则，积极争取更优惠的经济特区政策。一是争取优惠的土地政策。在土地位置、土地价格、土地使用面积、使用年限等方面进行积极的洽谈，减少园区在用地方面的困扰和限制，获得更多的土地使用权限和更低的用地成本，使得园区更容易落地和规模化扩展。二是争取便利的投资贸易条件。按照自由化便利化需求积极争取园区投资贸易的相关政策，寻求更多的政府政策支持。包括在准入门槛设置上争取更宽松的条件；在产品技术标准与社会责任标准设计上要求政府尽可能考虑企业对接力和承受力，视双方企业能力而定；在贸易通关上，要尽可能简化海关程序，建立绿色通道，给予方便性安排；在人员往来上，也要放宽限制，积极推进人员落地签或免签制度，方便园区劳务引进和人员交流。三是争取快捷的物流合作优惠。包括提高彼此物流合作开放度，在道路、堆场、物流范围、车船载重等方面尽可能减少限制，减少物流费用的支出；在物流方面尽快形成统一规范，便于合作顺利进行；在物流基础设施建设上，政府要给予最优惠的政策安排，为园区物流运输提供基础保障。四是争取优惠的金融合作政策。合作双方要尽可能放开金融合作限制，帮助园区企业积极开通境内外融资渠道，为园区创造更多的金融合作机会。同时积极探索区域性外汇结算制度，尝试园区范围内多货币结算的可行性和适用性。

7. 中国政府要执行好服务和扶持的职能

一是要为境外经贸合作区企业提供融资支持。我国对外贸易正在由商品输出转向资本输出的转型与升级阶段，而经贸合作区是资本输出的新模式，经贸合作区的发展壮大，会加快人民币国际化步伐，政府要通过完善双边金融合作机制，拓展跨境贸易人民币结算业务，降低贸易和投资的汇率风险和结算成本，为园区建设提供融资平台。2013 年 12 月，商务部、国家开发银行联合印发《商务部国家开发银行关于支持境外经济贸易合作区建设发展有关问题的通知》，支持境外经贸合作区建设，国家开发银行明确了合作区优先融资的基本条件，针对合作区的特点和需求为其提供融资服务，更好地发挥金融支持国内企业“走出去”的作用，积极、有序地推动合作区建设。2014 年 4 月，商务部举办境外经贸合作区实施企业与部分国内金融机构对接会，探讨以“外保外贷”形式解决企业在合作区建设中遇到的融资瓶颈问题。2015 年中国银行（泰国）与泰中罗勇工业园开发有限公司签署了《战略合作备忘录》，推出双方专门为入园企业共同新创、量身定制的金融产品“产融通”：即入园企业在购置土地阶段时，只需支付土地款的 30% ~55%，罗勇工业园随后向银行出具回购协议，银行贷款支付土地款尾款的 45% ~70% 部分，企业各种入驻手续同步办理，不影响企业的正常经营活动。“产融通”在开始阶段就可以为入园“走出来”中资企业提供信贷支持，为“走出去”中资企业带来实实在在的金融支持，为入园企业解决融资难题。二要帮助园区建设企业了解和熟悉东道国的有关情况和环境，为企业的投资决策提供指导和必要的建议。境外经贸合作区所在东道国大都为欠发达国家，其经济环境、基础设施环境、制度环境、信用环境等都存在一些缺陷，这些问题都会在一定程度上给投资增加风险。境外经贸合作区的开发主体是企业，面临的挑战和风险要远远大于中国的经济开发区，虽然当地政府给予了不少优惠政策，对东道国当地经济社会发展以及对中国和东道国之间的经贸合作具有非常大的促进作用，但有些国家还没有像中国那样把经济特区提高到国家发展战略层面，经济特区缺少法律地位以及各相关部门的认同。因此一旦投资企业的合法权益在东道国被侵害，就应该发挥政府强大的作用，通过各种方式维护企业的正当权益。

8. 利用我国对外援助项目，加强对合作区所在地区的援助，完善合作区内基础设施建设

许多发展中国家基础设施不完善，极大影响了合作区的发展，如受到中国领导人特别关注的埃塞俄比亚东方工业园，距最近的吉布提港800多公里，运输条件差、运输成本高，而中国援建的铁路和高速公路尚未最后完成，该园区原本计划招收80家企业，最后缩减到十几家。此外，园区内各种配套基础设施建设也给企业入驻带来很大影响，如入驻罗勇工业园的一些企业就因园区公共交通不便，导致物资采购困难；尼日利亚莱基工业园水、电、气配套问题给入驻企业造成困难，企业最终自己投资兴建电厂、拓展道路、疏通河道。据中国驻越南大使馆经商参处介绍，2014年越南全国各工业园区的平均入驻率仅为60%，具有较为完善基础设施系统的越南—新加坡工业园区、升龙工业园区、阿马塔工业园区等园区的入驻率较高；而基础设施差的工业园入驻率仅为30%左右。外国投资商投资兴建的工业园区入驻率高于越南投资兴建的工业园区，其原因为越南投资的工业园区和经济区在规划方面存在连接性不强、不能发挥当地特有优势等。我国对外援助中很大一部分是援建基础设施，如道路、电信等，因此要积极利用我国对外援助项目，加强对合作区所在地区的交通、水电、通信等基础设施的援助，便利我国企业的对外投资。

9. 坚持“一带一路”境外园区建设的本土化战略

本土化战略是企业走出国门并能立足国外的不可或缺的战略举措，境外园区作为“走出去”的领军，也必须是本土化的表率，在“一带一路”建设中率先做到入乡随俗，根植当地，获取更多的当地人脉和发展机遇。本土化战略的内容包括：一是行为的本土化。充分了解和尊重当地风俗民情，尊重驻在国法律与文化，使园区企业和个人行为符合当地规范，以消除偏见，融洽关系，消除来自当地人文和社会的诸多障碍。二是人才的本土化。园区企业要学会运用本土思维方式，根据当地经济、政治、法律、民俗等特点制定企业合作规划和管理方式，更多地培养和接纳本地员工，发挥本地员工的联通与人和优势，减少由于沟通障碍与文化差异造成的误解和摩擦。三是产品的本土化。根据当地习俗与消费偏好，有针对性地开发企业产品，在产品花色、外观、性能、包装等方面，充分融入当地元素与民族特色，并在产品的宣传与销售上，也充分尊重当地习惯与方式，是产品能顺利得到市场接纳与推崇。四是社会服务的本土化。在园区建设中要关注 SA8000 条款，担负起企业对当地的社会责任，将追求对社会有利的目标融入企业战略，在劳工利益维护、生态环境保护、社会公德守护等方面作出积极贡献，塑造良好的园区形象，为“一带一路”建设构筑更为宽畅的产业运行平台。

6.1.5 积极推动“一带一路”沿线贸易投资便利化

1. 深化政策沟通，增强互信互利

加强政策沟通是推进“一带一路”贸易投资便利化的重要保障。要从宏观经济政策领域消除“一带一路”沿线国家因不同贸易投资政策造成的政策壁垒。促进各国对便利化的深入理解，让“一带一路”沿线国家明白这是一条合作、共赢、开放、发展、和平之路；建立政府间便利化政策的长效沟通机制，使各国政府和相关管理机构可以就便利化的发展战略和关键领域进行交流与对接，共同制定促进便利化的规划和措施，协商解决推进便利化面临的问题，为贸易投资便利化提供政策支持。

2. 推进基础设施建设，促进互联互通

基础设施互联互通是“一带一路”建设的优先领域，也是贸易投资便利化的基础工程和硬件保障。交通基础设施和信息通信技术等硬件互联互通，对扩大贸易投资流量，提高贸易投资效率具有巨大推动作用。在建设内容上，各国需共同推进国际骨干通道建设，构建包括海运水运网络、公路网络、铁路网络以及航空网络在内的立体交通网络。建立统一的信息平台和实现无纸化通关，推动电子信息交换通道建设。共同推进跨境光缆等通信干线网络建设，联通空中（卫星）信息通道，完善互联网平台搭建，使信息交流快速和高效。在建设机制上，发挥亚洲基础设施投资银行、丝路基金和世界银行、亚洲开发银行等国际性金融机构作用，通过创新性的融资动员更多国家参与“一带一路”建设。

3. 加强贸易投资便利化的机制化与能力建设

第一，我国应倡议“一带一路”国家组建贸易投资便利化委员会。统一协调贸易投资便利化措施，落实相关领导人在各项国际会议上达成的有

关促进贸易投资便利化的决定，监督各国推进举措。

第二，构建与完善“一带一路”贸易投资争端解决机制。考虑到目前“一带一路”沿线国家较为松散的合作现状，应该在对接现有贸易争端解决机制的同时，强调用磋商的方式解决争端，并建立区域共同专家组，以仲裁的方式解决未能协商一致的贸易争端，未来随着“一带一路”沿线国家贸易合作的日益密切，可以考虑建立区域化的司法体系，将贸易争端、投资争端、金融争端纳入，并建立相配套的执行体系。

第三，要推动标准、规则、法规对接，构建并加快建立监管一体化机制。边境和通关管理是贸易投资的关键环节。安全的边境和一流的通关效率会极大地促进贸易投资便利化。因此首先应加强沿线各经济体的检验检疫交流与合作，制定统一的供应链安全标准、检验标准、开展 AEO 互认。促进“一带一路”各国加快“一站式”建设，制定便利的通关办法，参照跨境电子商务平台做法开发海关跨境合作平台。与“一带一路”沿线国家进行监管互认和信息交换，进行海关数据联网，搭建海关跨境合作平台和电子通关系统，互认海关监管数据，实现数据共享，提高通关效率。除海关之外，跨境贸易和投资合作还涉及知识产权、产品质量和技术标准、环保标准等众多领域的标准、规则的对接与统一。同时，由于“一带一路”沿线国家之间的经济合作还处于起步阶段，各方面的横向衔接和沟通还不够通畅，实现区域监管一体化将是一个十分重要的目标和领域。为促进“一带一路”区域贸易投资合作畅通，必须加强区域内各领域、各层次的密切合作，如国际间的双边和多边合作、国内各部门的横向合作等。在货物贸易、投资保护、原产地规则、海关手续、贸易救济、检疫措施、技术壁垒、知识产权、政府采购、劳工与环境、临时入境等不同领域做出合理的制度安排，推动贸易投资便利化。

第四，促进“一带一路”投资框架的形成。当今国际投资规则主要体现于双边投资保护协定（BIT）、RTA 中的投资规定、WTO 的《与贸易有关的投资措施协定》（TRIMS）和 GATS 有关商业存在的投资规定等。随着形势发展，应积极促进“一带一路”投资框架的形成，改革国际投资治理制度，如保障东道国管理权利、改进投资争端解决机制、促进与便利投资、保证负责任的投资、加强国际投资协定的体制协调性等，尤其应设立非歧视性待遇与“负面清单”的投资新规则。

中国应继续高度重视签订双边投资协定的投资便利化作用。随着我国企业“走出去”进入高速增长期，我国政府应对已经签订的双边投资协定进行清理，对不合时宜的内容进行调整和修订，同时积极与我国尚未签订协定的国家展开谈判，扩大投资协定的保护范围。资本输入、输出大国的双重身份使我们在考虑吸引外资、维护国家经济主权、避免跨国公司不正当竞争危害我国经济安全的同时，必须重视企业海外投资安全和合法利益。在今后的双边投资协定中，应有选择地确立较高的投资保护待遇标准：第一，在协定中明确承保机构的代位求偿权。将对外投资企业不能承受的政治风险，提升到两缔约国政府关系的高度予以保障。第二，将间接征收纳入保护范围，明确认定标准，避免缔约国应对金融危机的紧急措施损害我国海外投资企业的利益，同时征收赔偿标准应“及时、充分、有效”（赫尔原则），并注意补偿标准的可操作性和国内法的一致性。第三，接受全面国际仲裁。我国的对外投资目的地多为发展中国家，在投资保护协定中明确国际争端解决平台 ICSID（国际投资争端解决中心）的管辖权，可最大限度保护我国在发展中国家的投资。第四，不回避“竞争中立”。发达国家在国际投资协定中大力推行限制国有企业竞争优势的竞争中立框架，并把它作为攻击中国的重要手段。我们必须以开放的姿态研究“竞争中立”原则，尽可能在商签协定中体现中国企业海外投资利益，同时推进国有企业改革，才能在谈判中占据有利地位。第五，考虑逐步引入企业社会责任标准。投资协定中引入企业社会责任标准，促使跨国公司在中国合规经营的同时，也有利于中国海外投资企业积极履行社会责任，改善中国企业海外形象。

中国要积极参与多边投资协定的制定，把握制定全球经济治理规则的战略机遇。随着我国吸收外资和对外投资规模的迅速增长，建立一个稳定的国际投资体制对中国是有利的。现有全球投资治理体系中多边体系的缺失为中国的参与提供了机遇，而美国努力推进的 TPP（太平洋伙伴关系协定）和 TTIP（跨大西洋贸易与投资伙伴协议）投资谈判一旦达成，中国将处于被动地位。只有积极参与全球经济治理，才有可能影响全球经济治理的发展方向，改变现存不利于新兴发展中国家经济发展的国际经济制度。中国参与全球投资治理的最佳路径是积极推进中美、中欧双边投资谈判，并推动其成为多边投资框架的范本。

6.2 企业层面

对外直接投资企业应制定明确的企业对外直接投资的战略规划，提高自身的自主创新能力和品牌整合力度，建设高端人才队伍，开展跨国并购，加强企业公共外交，积极应对海外投资风险，积极履行企业社会责任。

6.2.1 制定明确的企业对外直接投资的战略规划

1. 企业要制定明确的对外直接投资战略

企业应当制定符合自身要求的对外直接投资战略规划，明确对外直接投资的目的、方式、区位等，编制企业对外直接投资的中长期发展规划。企业应该将对外直接投资的战略规划与企业的整体发展战略相结合，与企业的国际化发展方向相结合，以增强企业全球竞争力的价值链体系为目标，充分结合自身的实际。只有企业自己解决了为什么对外投资和怎样对外投资之后，才能做到对外投资的科学决策，才能避免盲目投资，才能提高投资成功率。此外，企业要在“一带一路”沿线国家开展对外直接投资，也应当实施国际化和本土化战略。“一带一路”沿线国家有丰富的自然资源和人力资源，我国企业应当充分利用沿线国家的资源，全面提高自身的国际化资源配置能力。同时，积极实施本土化战略，通过合资或合作经营的方式，将东道国企业的利益与我国企业的利益紧密联系在一起，也可以通过实行当地员工在公司持有股份的做法增强他们的归属感。还可以在原材料和零部件的采购上适当优先考虑当地企业，使东道国政府在对企业采取不利措施时会考虑到本国的利益而有所顾忌。

2. 实施产业集群战略，形成协作互补优势

我国对外投资合作企业应该加强优势互补，实现多方利益的平衡发展，推进企业集群的整体国际化进程。为积极面对机遇和风险，企业组成战略联盟、实现优势互补、开拓国际市场的可能性增加。境外自贸区是企业集群式对外投资的重要尝试，为产业链相关企业发挥各自优势、开拓国际市场提供了重要的舞台，随着现有自贸区基础设施建设的完成，企业投资的硬件设施更为成熟，有利于通过产业内配合降低投资的成本和风险，增强对我国企业投资的吸引力。

6.2.2 提高企业自主创新能力和品牌整合力度

创新要素、科技实力、自主品牌、自主研发核心技术是我国企业走出

国门、走向世界的基础。企业在国际化经营过程中，始终要坚持以品牌建设为核心，以技术创新为手段，不断增加企业的国际竞争力。目前，中国企业对“一带一路”沿线直接投资已取得初步成效，但是与世界发达国家，尤其是对外投资大国美国相比，中国对外直接投资企业在创新水平方面仍比较落后。为此，企业应制定内部激励机制来提高技术创新的积极性，加强技术投入和成果转化，加强和搭建促进与高校、研究所、企业合作的“产学研”联合平台，提高企业的自主创新能力，促进科技含量高、投资消耗少、环境污染少、投资回报高的企业进行对外投资。另外，企业要整合内部资源，通过技术创新和制度创新提高企业经营管理水平，提高企业的生产能力和效率，通过更新设备、改进工艺、开发新产品等多种途径提升产品质量，不断推动企业生产流程与产品升级。在尽可能短的时间内，企业要完成从全球产业价值链的低端向价值链高端的地位攀升，通过产品创新、技术创新、管理创新等连续性创新过程开发自主知识产权的核心技术，全面提升产品质量。

此外，要加强打造国内外著名品牌。基于国内中小企业贴牌生产多、自主品牌影响力弱的特点，整合、重组国内企业区域品牌的目标就是要将形象分散、涵盖性低的品牌结构打造成形象统一、涵盖性高的“金字塔”式品牌结构，打造区域重点企业或企业集群的旗舰品牌，如行业统一品牌、若干企业联合品牌等，提升品牌形象，将现有成功品牌复制到新的产品或扩展到新的市场。

6.2.3 建设对外直接投资的高端人才队伍

拥有一批优秀的跨国投资管理人才是我国企业进行对外直接投资的内在基础性条件。由于投资环境的复杂性和特殊性，跨国投资管理人员必须具备一定专业素质和综合能力，如跨国投资知识、跨国战略的实施能力、跨文化管理能力，能够增强企业凝聚力，能够与来自不同国家的管理人员配合工作。拥有一大批优秀的对外投资管理人才是企业对外投资成功的关键因素之一。很多中国企业仍缺少具有国际化管理水平和跨文化经营能力、了解国际经济运行规则、熟悉“一带一路”沿线国家政策和法律制度的复合型人才。因此，企业应加强这类人才的培养力度或引进力度。①企业要打造一批熟悉国际投资与经营、精通东道国投资法律、熟练使用外语、并且具备相关专业技能的高素质人才队伍。积极研究和创新人才培养和培训以及公开招聘和有效使用人才的方式，为企业发展对外投资奠定基础。②企业应建立有效的激励机制，制定严格的人才选择、任用、轮岗和淘汰制度。建立国外子公司人员的激励和约束机制，既要根据实际情况，尝试采用持股经营、期权激励等多种方式来激励员工努力工作，又要通过审计等手段建立完善的约束机制。③要大力提高驻外机构人员的本土化水平。在境外企业的驻外人员组成结构中应当尽量实现本土化。国内母公司只需要派驻少量的管理人员到国外子公司，而国外子公司的经营和管理任务基本由当地员工来完成，充分利用东道国的人才资源优势。当地人熟悉本地的法律、经济和社会情况，可以有效地规避问题，尽快为企业开辟当地市场。

6.2.4 开展跨国并购，增强企业实力

通过一系列的跨国并购重组，重点培养一批规模大、技术强、效率高的具有国际竞争力的大型跨国企业，提高我国企业的国际化经营水平。尤其要充分重视跨国并购后的整合，使并购资产与企业进行有效融合产生协同效应。同时，积极实施品牌本土化战略，广泛采用本地化销售方式、销售网络，推出适合当地的产品品牌。使被收购企业的国际竞争力转化为本企业的国际竞争力，要学会整合各种资源，包括建立共同的企业文化、配置人力资源、调整组织结构等，将双方的业务流程、生产布局、营销渠道等合二为一。进行跨国并购，必须为并购后的整合制定详细的计划。围绕公司整体发展战略，准确定位并购公司的职能，融入公司组织体系，发挥整合效应，以支撑公司的整体发展。同时，为了达到有效的管理和协调，必须选择好工作团队。成功的并购整合不仅仅是生产、市场、技术、财务等有形方面的整合，还有双方员工在价值观、行为规范和思维方式等无形方面的相互理解和融合，以达到彼此信任和能够为了共同的目标而奋斗。

6.2.5 加强企业公共外交，维护企业形象

开展高效的企业公共外交是中国“走出去”企业顺利开展相关经营活动的有力保障。基于“一带一路”的企业公共外交不仅可以为企业自身带来丰厚的经济效益，塑造良好的企业形象，而且还有助于提升中国国家形象。中国对外直接投资企业应做到以下几点：

首先，要加强企业公共外交意识。企业应深刻认识到自身所肩负的重任，增强公共外交意识。为此，中国“走出去”的企业要做到依法经营，主动履行企业的社会责任，积极开展有利于改善当地民生的合作项目，加强与当地各方的沟通与交流，妥善处理好与当地政府、国际非政府组织以及东道国民间机构、社会群体和民众的关系，争取理解和支持，塑造良好的企业形象。同时，应利用各种机会积极策划和组织各类型的公关活动，有针对性地传播企业的经营理念和企业文化，扩大企业在当地的影响。在“中国2010年上海世界博览会”场馆建设期间，美国百事公司和通用汽车公司等企业捐资建成了世博会的美国馆。它们的举动既帮助美国政府完成了这一公共外交项目，也提升了企业自身的形象，同时还获得了中国政府和民众的认可，可谓一举多得。

其次，要提升对外直接投资企业的公共外交能力。企业应深化对新时代国际环境的认知，加强对企业所在国的国情研究。“走出去”企业如何融入当地社会是一个非常复杂的问题。除做到管理层和员工的本土化外，中国企业还应尊重当地的宗教和风俗习惯，处理好与当地民众的关系，善于依靠当地人解决当地问题等。如为东道国培养人才，帮助其扩大就业；帮助当地建设和完善基础设施，积极为当地修路、建学校以及环境保护做贡献等，争取得到当地社会的广泛理解和大力支持，在当地塑造良好的企业形象。归根结底，企业要在海外生存与发展，就必须关注当地的社会发展和民生，积极融入当地社会。

最后，要建设对外直接投资企业的专业型人才队伍。缺乏熟悉国际市场规则规范与精通跨文化交流的专业型人才是制约中国企业开展公共外交的一个重要因素。中国企业要以更开阔的眼界、更新颖的思路做好人才的培养和使用。正如教育部学位与研究生教育发展中心主任李军所说：中国要致力于培养具有开阔国际视野，具有跨文化交际能力，能精确掌握国际经贸知识，并能熟练运用国际经贸法律法规的国际商务型人才。当然，企业也不能忽视当地人才队伍的培养，要组建一支对中国“走出去”企业忠诚和对中国友好的员工队伍。

6.2.6 积极应对海外投资风险

第一，要强化风险防范意识，重视境外投资调查，做好可行性分析。“一带一路”沿线国家之间的利益冲突较多，因此对外投资企业必须要强化风险防范意识，投资前要对企业资金能力、融资能力、经营管理能力以及技术优势等自身状况做详细评估，全面了解东道国的社会文化、政治经济以及投资行业的市场结构和规模、市场竞争状况等状况，研判投资机遇与挑战，合理制定投资方案，有效识别并规避各类风险；要借助海外投资咨询机构开展投资可行性分析与风险收益评估；要提高风险的应对和解决能力，设立境外安全责任制、境外安全联络员制度以及境外安全巡查制度，在风险初期及时控制。在投资实施过程中，建立和完善信息网络，通过各种渠道在海外子公司和各分支机构之间及时进行交换信息；在投资项目完成后，积极采取当地化战略，防范投资完成后所带来的经营、管理及文化整合风险。

第二，重视企业自身风险控制制度化建设。与发达国家企业海外投资经验相比，中国企业多缺乏经验积累，当企业面临风险时，多参考先行者行为模式或凭经验寻求相关社会资源帮助。企业内部缺乏独立海外投资部门与完善风险控制机制，致使部分中国企业在对外投资遭遇瓶颈或困境时更多倾向选择"非正式"或"非制度化"措施。所以，建立企业内部风险应对机制，不仅能有效提高企业在东道国的社会资源利用率，而且还能够通过该机制约束企业行为，实现企业利益保护有章可循，避免冲突升级，有效降低由各种风险导致的损失。要改善对外投资管理制度，借鉴发达国家跨国企业的先进管理经验，有效提升对外投资风险控制的水平；建立相应的海外投资保险制度，保障海外投资的顺利进行；需完善境外投资风险的财务控制流程。财务管理是风险内部控制的核心环节，因此跨境投资企业需要加强企业的信息系统建设，对企业财务指标进行实时跟踪测度，强化财务人员的独立性和操作规范性，降低境外投资财务风险。

第三，重视投资综合布局，适度有效化解经营风险。一方面，企业在对外直接投资过程中必须结合资源、技术利用的效率性、合理性，合理规划投资布局，最大限度地降低投资风险，提升投资效益。另一方面，在借鉴发达国家投资经验基础上，我国企业可采取与境外企业合作为主的投资组合、分散产业投资项目或投资目的地以降低经营风险。一则可以采取股权合作的方式来管控境外投资成本；二则中国对外投资企业应根据当地的生产经营环境等具体情况来制定适合企业在本地发展的本土化经营策略，与当地政府等部门建立良好的互动关系，树立企业的良好形象，形成互利共赢的局面。

第五，重视平衡东道国内各利益相关方。中国企业对"一带一路"沿线国家的直接投资行为会对东道国社会经济等各方面产生较大影响，不可避免地引起当地政府、工会组织、媒体、非政府组织等利益相关方的关注。同时低价竞争与同业竞争等商业行为使中国企业经常面临当地竞争者在行业协会领导下联合抵制中国企业或向政府施压的困境。对此，中国企业需平衡东道国各方利益，加强沟通和协调，注重企业形象，提高企业声誉，与各利益相关方建立良好互动的关系，而不是在东道国遭遇不公待遇后单纯地寄期望于中国政府、中国驻当地使馆，或片面依靠当地官员等第三方沟通渠道解决问题。

第六，重视东道国本土的社会资源。中国国际贸易促进委员会数据显示，长期以来加强与中国使馆、驻外商业机构或国内有关部门的联系仍是已向海外投资的中国企业应对风险的首选措施，其次才是寻求东道国法律保护。同时中国已投资境外企业普遍存在融入当地社会能力较差等问题。根据外交的当地救济原则，寻求外交保护并非企业在非极端政治风险或非战争动乱时的最优选择。一味依靠中国政府部门不仅加大潜在非经济风险，而且不利于企业融入当地社会。因此企业应该优先考虑借助东道国社会与法律资源维护自身利益。基于此，商务部投资报告反复强调，企业应重视东道国中央与地方政府的政企交往，尤其是决策者的公开支持。

6.2.7 积极履行企业社会责任

随着我国对外直接投资的快速发展，我国企业在海外践行社会责任愈益成为国内外关注的一个重要问题。近年来，虽然在投资东道国积极践行企业社会责任并赢得国际声誉和竞争优势的我国企业并不在少数，然而，在对外投资企业中仍然存在着社会责任缺失的问题，如一些境外投资企业忽视安全生产、劳动用工、环境保护等法律法规，导致各种环境污染问题、劳资纠纷问题时有发生，有的企业过分强调与当地政府的沟通和合作，而忽略了融入当地社区，引发各种矛盾和冲突，有的企业违反商业道德贿赂东道国政府等。可以说，这些企业社会责任问题的存在，不但恶化了境外企业的投资环境，损坏了企业在东道国的声誉和形象，而且已经影响到企业发展战略的实现，影响到企业的可持续发展，因此，境外投资企业必须重视和积极履行企业社会责任。在对“一带一路”沿线国家的直接投资中，我国企业应综合考量《推动共建丝绸之路经济带和 21 世纪海上丝绸之路的愿景与行动》以及社会责任国家标准的具体要求，应该从以下几个方面着手，积极履行企业社会责任。

1. 要强化和转变企业社会责任意识

缺乏理念必然导致行动上的滞后性，社会责任缺失最根本的原因就是缺乏理念。不少中国企业受限于发展阶段和经济实力，注重短期利益，环保意识缺失、安全生产意识淡薄，其生产经营忽视东道国相关者的利益，特别是一些东道国国内相关法律法规对逃责、避责行为的约束和处罚力度不够，使得这些“走出去”企业并未充分认识到履行企业社会责任的重要性，导致社会责任缺失，产生了一系列问题。还有好多“走出去”企业仍习惯于将履行社会责任与慈善捐助和开展公益活动划等号，对国际上比较领先的企业责任理念与做法不甚熟悉，尚未对国际化经营环境下自身的责任角色进行理性分析和界定，不能从企业发展战略的高度认识履行社会责任的问题。因此，“走出去”企业必须强化企业社会责任意识，要认识到企业社会责任不是简单的捐钱捐物，更不是企业额外背负的“包袱”，企业社会责任是企业进入全球市场必备的“通行证”。在复杂多变的国际环境下，“走出去”企业要有站在战略高度来认识和把握企业社会责任的意识，要有将责任管理与企业的长期可持续发展战略紧密结合的意识。企业要通过全方位培训和内外部沟通交流来培育、增强和深化全体员工的责任意识，帮助员工树立利益相关方视野、系统思考观、长远利益观、合作共赢发展观、节约环保意识和守法合规意识等。企业要把履行社会责任的理念融入生产经营的每一个环节，建立融合企业社会责任理念的生产经营体系、资产生命周期管理体系和企业日常运行机制①。在参与“一带一路”建设、对沿线国家投资时，企业应在兼顾实现经济利益、依法依规经营和履行社会责任的同时，应有优先践行社会责任的理念和意识，要把社会责任的理念渗透至“一带一路”建设的每个项目，使各项经营活动都体现社会责任理念和精神；企业要恪守“一带一路”共建原则，推进“一带一路”建设既是中国扩大和深化对外开放的需要，也是加强和亚欧非及世界各国互利合作的需要，因此，坚持和谐包容、互利共赢等基本原则是企业在对“一带一路”沿线直接投资中必须坚守的，把企业自身经济利益与当地国家经济社会发展目标融为一体是坚守共建原则的基础；坚守包容性发展的原则：企业应熟悉并严格遵守东道国的法律法规，了解税收、劳工、

---

① 李伟阳、肖红军：《全面社会责任管理：新的企业管理模式》，载《中国工业经济》2010年第1期。

环保等方面的法律法规，合法经营，公平竞争，杜绝商业贿赂；企业应关注当地社区的利益，处理好与社区的关系，化解利益纠纷和矛盾冲突；企业还应通过加强与当地企业的合作积极推进本土化经营，提高对当地经济增长的贡献，促进就业，以谋求双方互利共赢和共同发展。

2. 制定和实施企业社会责任战略，并把其纳入企业发展战略管理体系

只有在战略层面保障企业履行社会责任，有效管理企业运营对社会和环境的影响，才能确保企业发展方式的科学与有效。为此，要制定和实施企业社会责任战略，并把其纳入企业发展战略管理体系，企业发展战略目标的制定应充分考虑政府和社会的期望和可持续发展要求，综合平衡经济、社会和环境目标，考虑相关方利益；企业发展战略的实施应从关注企业财务实力转向关注企业核心能力，特别是要与政府、社会、伙伴与员工等利益相关方合作推进企业战略的实施，培育动态的企业能力优势。中国企业应将社会责任的理念与公司愿景、企业文化相融合，制定企业社会责任战略，并把其纳入企业发展战略体系之中。境外投资企业在制定和实施企业社会责任战略时，应对履行社会责任的重点领域和方向进行科学、严谨、全面、系统的统筹安排，既要制定服务于海外所有业务的整体企业社会责任战略，又要根据不同东道国的经济基础条件、宗教文化背景、自然环境条件、政治社会制度等，加强与东道国政府、部落、非政府组织、所在地社区和居民的沟通，了解当地实际需求和最强烈的关注点，因地制宜地制定和实施不同东道国的企业社会责任战略和策略，以提高企业社会责任履行的意义和效率。这在中国企业对“一带一路”沿线国家直接投资中尤为关键。由于文化、传统以及所处社会发展阶段的差异性，中国与“一带一路”沿线国家在企业社会责任方面往往存在不同的认知与理解，这为中资企业在海外履行社会责任带来了诸多困难与问题①。

3. 建立企业社会责任管理制度，主动适应国际惯例与标准

首先，企业应充分了解和熟悉企业社会责任的标准、惯例和做法等，在此基础上制定与之相适应的企业社会责任管理体系。其次，应定期编制和发布企业社会责任报告。编制社会责任报告是企业与“一带一路”上利益相关方沟通的一种方式，是定期或不定期向利益相关方展示自身社会责

---

① 邹伟康：《“一带一路”强化中企跨国社会责任》，载《国际商报》2016 年 10 月 31 日。

任理念、活动、绩效的一种特定形式。通过社会责任报告，企业可以梳理自身实践，进行企业社会责任信息披露，加强与东道国利益相关方的沟通，是塑造良好企业形象和获得更多的投资机会的重要途径。再次，建立企业社会责任绩效考核体系。企业社会责任绩效考核体系是指对企业整体、各部门或各单位以及员工个人履行社会责任的行为和结果符合职责要求和考核目标的程度进行具体评价与奖惩安排，旨在建立促进企业履行社会责任的激励与约束机制，由企业社会责任绩效考核制度、社会责任绩效考核组织体系、社会责任绩效考核程序等内容组成。国家颁布的《社会责任绩效分类指引》为企业评价社会责任绩效提供了技术、指标和方法。根据这个文件，企业可对其在“一带一路”建设中的社会责任绩效进行监测和评审，开展社会责任绩效评价。

4. 注重企业社会责任形象传播，加强与利益相关方沟通，提升企业声誉

中国企业在海外拓展中缺乏与利益相关方打交道的经验，不善于舆论宣传和引导，履行了相应的社会责任却不被知悉，以致很多情形下陷于被动。因此，我国“走出去”企业应该通过多种方式加强企业社会责任理念和履行业绩的传播，以提升透明度、增进利益相关方的信任和理解，进而提升企业的品牌价值。发布企业社会责任报告是近十几年来创造出来的一种有效沟通、传播方式。全球500强企业中已有超过400家发布了企业社会责任报告，它们所发布的地区或国别责任报告对推进其责任实践、增进沟通起到了积极的推动作用。我国中钢集团、中石油集团、中国五矿集团、中石化集团等也已率先发布了海外重点合作区的企业社会责任报告，值得借鉴。另外，“走出去”企业有必要与当地社区、民族部落、工会、政府、非政府组织、行业协会以及媒体等利益相关方建立起沟通交流的渠道，建立和保持良好关系，通过社会回应审视自己、改进提高，并在交流中赢得广泛理解和支持。此外，互联网以其迅捷、广泛的传播特点正在成为跨国公司形象宣传的重要途径，公司网站、博客等无不成为“走出去”企业社会责任形象传播的重要载体，发挥穿透时空的沟通作用。以上这些举措都有利于企业社会责任形象的传播，为企业海外经营创造和谐氛围，降低经营风险，对于对外投资合作的顺利开展十分有益。

5. 完善组织架构，提高社会责任管理的专业性

（1）建立企业社会责任组织管理体系。企业社会责任组织管理体系指为服务和促进企业全方位履行社会责任而建立的组织机构与运行程序。建立健全社会责任组织管理体系是企业推行全面社会责任管理的组织保障和强劲动力。

（2）构建企业社会责任职能管理体系。企业履行社会责任要求企业把社会责任体现在各个组织职能管理体系之中，要把履行社会责任的要求融入人力资源管理、财务资源管理、科技资源管理、信息资源管理、企业文化建设和风险控制体系等企业职能管理体系，形成完整的社会责任管理体系，为企业推进经济、社会、环境可持续发展提供制度、资源和员工能力素质的全面支持。

（3）构建利益相关方参与组织职能支持体系。利益相关方参与机制是企业推行社会责任全面管理的核心内容，它是指企业为保障利益相关方的知情权、监督权和参与权，促进利益相关方参与推进可持续发展而作出的制度安排、资源保障和行动部署，旨在提高利益相关方满意度，实现企业发展的综合价值最大化。为此，企业应根据利益相关方参与议题重要性的不同，分别构建战略型利益相关方参与机制和业务型利益相关方参与机制的职能部门。

6. 注重了解和熟悉东道国的社会文化差异，因地制宜践行企业社会责任

由于中西方文化差异较大，制度环境和法律环境迥异，中国与东道国在企业社会责任方面存在不同的认知与理解，进而影响企业社会责任的履行。在中国与“一带一路”沿线国家中，就存在着在企业社会责任方面不同的认知与理解，主要表现在①：

（1）中国与“一带一路”沿线国家就企业社会责任的制度框架、具体范畴，以及实施标准等往往存在许多不同的理解与认知。这使得中国企业在东道国履行其社会责任时往往存在诸多困惑及迷茫，影响企业社会责任履行的最终成果与良好“溢出”效应，亦难以在社会责任方面实现最优的投入产出比。同时，不同国际规范的引入、国别的差异性、文化的多元性，以及宗教、传统等要素的存在也直接影响不同国家对企业社会责任的理解与认知，这为中国企业在东道国正确履行社会责任增加了额外的困难与障碍。

---

① 邹伟康：《“一带一路”强化中企跨国社会责任》，载《国际商报》2016年10月31日。

（2）“一带一路”沿线国家企业社会责任的履行方式及最终目标往往与我国存在一定的差异，如对企业促进当地就业问题的理解及其在企业社会责任中的核心地位。作为我国企业社会责任的一个核心目标，为社会提供更多的就业机会、促进当地就业是有效实现企业社会责任的一个重要衡量标准，但“一带一路”沿线某些国家和地区却认为这是中国企业为降低劳动力成本，在该国维系生产和运营活动的最经济的选择。同时，低廉的工资水平以及与当地不同的劳动时间也会进一步影响我国企业社会责任的履行效果。例如，在“一带一路”沿线一些国家和地区，长期历史形成的松散的劳动习惯和较为随意的工作习俗使得当地员工在工作时间以及工作纪律方面表现出“习俗性”散漫。这往往与中国企业较长的工作时间、严格的工作纪律以及常态化的加班制度产生严重的冲突，并进而引发东道国民众对中国企业的负面印象，认为中国企业对其实施劳动剥削和压榨。这些差异性认知在很大程度上直接降低，甚至抹杀了中国企业对当地的就业和经济发展作出的贡献，否定了中国企业意图达到的社会责任目标。

（3）中国企业社会责任所涵盖的内容与“一带一路”沿线国家当地民众需求的差异也直接影响中国企业社会责任履行的效率及社会影响。中国企业社会责任往往聚焦于对企业员工的培训、为贫困家庭的学生提供奖学金与助学金，以及为学校捐赠相关电子设备等。但是在许多欠发达国家和地区，结合该国所处的社会发展阶段、自然环境以及其他条件，当地民众可能更加需要国际企业帮助他们改善基本的生存、生活条件，如干净可靠的水源、基本的卫生消毒设备与设施，基础的医疗设施、装备和药物。同时，考虑到当地的自然资源与条件，当地居民通常也期望企业在农、林、牧、渔这些领域为其提供初级扫盲培训以及基本技术的普及，解决温饱问题、保障基本的生活水平。这些供需间的“错位”可能会在很大程度上影响中国企业在东道国社会责任的履行绩效以及在民众间的良好反响。以上这些问题在很大程度上由于社会文化传统的差异而导致，因此，中国企业在东道国践行企业社会责任时，不仅要遵守我国的法律法规，熟悉并适应国际惯例和国际运营规则，更要了解和熟悉不同东道国的历史传统、社会文化以及宗教传承，从而真正理解企业社会责任在当地制度语境中的真正内涵。只有这样，中国企业才能把握东道国对公司社会责任的特定需求，从而因地制宜地设计其社会责任的内容、投入重点以及履行方式，从而实现最佳的公司社会责任效果。

参考文献

[1] 安虎森、李瑞林：《区域经济一体化效应和实现途径》，载于《湖南社会科学》2007年第5期。

[2] 陈波：《西亚投资法律风险与典型案例》，中国法制出版社2016年版。

[3] 陈波：《中亚投资法律风险与典型案例》，中国法制出版社2016年版。

[4] 陈继勇：《美国对外直接投资研究》，武汉大学出版社1993年版。

[5] 陈坚副：《基于企业竞争力分析视角对中国企业"走出去"战略的思考》，载于《国际贸易》2010年第3期。

[6] 陈丽娟：《关于服务"一带一路"战略的税收思考》，载于《税收经济研究》2015年第5期。

[7] 陈利君、杨凯：《"一带一路"背景下的中印产能合作》，载于《学术探索》2016年第10期。

[8] 陈琳、朱明瑞：《对外直接投资对中国产业结构升级的实证研究：基于产业间和产业内升级的检验》，载于《当代经济科学》2015年第6期。

[9] 陈淑梅：《全民责任时代与一带一路建设》，载于《南京财经大学学报》2015年第12期。

[10] 陈衍泰、范彦成、李欠强：《"一带一路"国家国际产能合作中东道国选址研究——基于国家距离的视角》，载于《浙江工业大学学报》(社会科学版) 2016年第3期。

[11] 程文、张建华：《中国模块化技术发展与产业结构升级》，载于《中国科技论坛》2011年第3期。

[12] 崔日明、黄英婉：《"一带一路"沿线国家贸易投资便利化评价指标体系研究》，载于《国际贸易问题》2016年第9期。

[13] 崔日明、俞佳根：《基于空间视角的中国对外直接投资与产业结

构升级水平研究》，载于《福建论坛》(人文社会科学版) 2015 年第 2 期。

[14] 党兴华、郑登攀：《模块化技术创新网络的自组织演化模型研究》，载于《研究与发展管理》2010 年第 4 期。

[15] 丁晓强、葛秋颖：《产业升级内涵及研究思路的文献综述》，载于《长春理工大学学报》(社会科学版) 2015 年第 6 期。

[16] 丁志帆、孙根紧：《“一带一路”背景下中国对外直接投资空间格局重塑》，载于《四川师范大学学报》(社会科学版) 2016 年第 2 期。

[17] 东艳、李国学：《区域经济一体化与跨国公司的区位选择：基于国际生产折衷范式的分析》，载于《中央财经大学学报》2006 年第 10 期。

[18] 董小君：《通过国际转移化解过剩产能：全球五次浪潮、两种模式及中国探索》，载于《经济研究参考》2014 年第 55 期。

[19] 杜传忠、郭树龙：《中国产业结构升级的影响因素分析——兼论后金融危机时代中国产业结构升级的思路》，载于《广东社会科学》2011 年第 4 期。

[20] 杜贵阳：《斯密定理、产业集聚与区域经济一体化》，载于《世界经济与政治论坛》2005 年第 1 期。

[21] 敦忆岚：《新时期中国企业对外投资问题及对策研究》，中国社会科学院研究生院博士学位论文 2014 年。

[22] 方旖旎：《中国企业对“一带一路”沿线国家基建投资的特征与风险分析》，载于《西安财经学院学报》2016 年第 1 期。

[23] 冯宗宪、李刚：《“一带一路”建设与周边区域经济合作推进路径》，载于《西安交通大学学报》(社会科学版) 2015 年第 6 期。

[24] 高臣、马成志：《“一带一路”战略下中国企业“走出去”的跨文化管理》，载于《中国人力资源开发》2015 年第 19 期。

[25] 高燕：《产业升级的测定及制约因素分析》，载于《统计研究》2006 年第 4 期。

[26] 高煜：《丝绸之路经济带产业一体化：问题、障碍与对策》，载于《开发研究》2015 年第 3 期。

[27] 谷永芬、温耀庆：《一带一路战略下中国与俄罗斯和印度经贸合作研究》，经济管理出版社 2016 年版。

[28] 郭朝先、刘芳、皮思明：《“一带一路”倡议与中国国际产能合作》，载于《国际展望》2016 年第 3 期。

[29] 郭朝先、皮思明、邓雪莹：《“一带一路”产能合作进展与建

议》，载于《中国国情国力》2016 年第 4 期。

[30] 郭朝先、皮思明、邓雪莹：《“一带一路”产能合作现状、问题与对策》，载于《中国发展观察》2016 年第 6 期。

[31] 韩红丽、刘晓君：《产业升级再解构：由三个角度观照》，载于《改革》2011 年第 1 期。

[32] 韩庆潇、杨晨、陈潇潇：《中国制造业集聚与产业升级的关系——基于创新的中介效应分析》，载于《研究与发展管理》2015 年第 6 期。

[33] 何茂春、田斌：《“一带一路”战略的实施难点及应对思路——基于对中亚、西亚、南亚、东南亚、中东欧诸国实地考察的研究》，载于《人民论坛》2015 年第 3 期。

[34] 何新易、杨凤华：《中国对外直接投资动因分析：基于“一带一路”战略的国家样本》，载于《贵州财经大学学报》2016 年第 5 期。

[35] 何新易：《中国发展对外直接投资的战略因素》，载于《管理世界》2016 年第 1 期。

[36] [美] 赫希曼著，曹征海、潘照东译：《经济发展战略》，经济科学出版社 1991 年版。

[37] 洪银兴：《产业结构转型升级的方向和动力》，载于《求是学刊》2014 年第 1 期。

[38] 胡颖：《“一带一路”倡议下中亚区域经贸合作机制比较与对接研究》，载于《北京工商大学学报》（社会科学版）2016 年第 5 期。

[39] 黄河、Starostin Nikita：《中国企业海外投资的政治风险及其管控——以“一带一路”沿线国家为例》，载于《深圳大学学报》（人文社会科学版）2016 年第 1 期。

[40] 黄健英：《蒙古国经济》，中国经济出版社 2016 年版。

[41] 黄人杰：《支持民营企业对外直接投资金融体系研究》，载于《国际贸易》2014 年第 7 期。

[42] 黄卫平：《“一带一路”倡议下的中国对欧投资研究》，载于《中国流通经济》2016 年第 1 期。

[43] 黄永明：《全球价值链视角下中国纺织服装企业的升级路径选择》，载于《中国工业经济》2006 年第 5 期。

[44] 霍忻：《中国对外直接投资逆向技术溢出的产业结构升级效应研究》，首都经济贸易大学博士论文 2016 年。

[45] 霍忻：《中国转型期 OFDI 产业结构调整效应分析——基于行业面板数据模型》，载于《贵州财经大学学报》2014 年第 6 期。

[46] 贾妮莎、申晨：《中国对外直接投资的制造业产业升级效应研究》，载于《国际贸易问题》2016 年第 8 期。

[47] 江东：《对外直接投资与母国产业升级：机理分析与实证研究》，浙江大学博士论文 2010 年。

[48] 姜甘伟：《中国对外直接投资的产业结构升级效应研究》，暨南大学硕士学位论文 2013 年。

[49] 姜泽华、白艳：《产业结构升级的内涵与影响因素分析》，载于《当代经济研究》2006 年第 10 期。

[50] 蒋健才：《布局："一带一路"战略下的中国区域产业经济路线图》，中国财富出版社 2016 年版。

[51] 金芳：《"一带一路"倡议与中国对外直接投资的新格局》，载于《国际关系研究》2016 年第 2 期。

[52] 金明玉、王大超：《韩国对外直接投资与产业结构优化研究》，载于《东北亚论坛》2009 年第 3 期。

[53] 景丽娜：《浅谈基于"一带一路"的企业公共外交》，载于《公共外交季刊》2016 年第 3 期。

[54] 课题组：《"一带一路"战略实施与国际金融支持战略构想》，载于《国际贸易》2015 年第 4 期。

[55] 赖磊：《全球价值链、知识转移与代工企业升级——以珠三角地区为例》，载于《国际经贸探索》2012 年第 4 期。

[56] 黎友焕：《国际新趋势与中资企业的社会责任》，载于《国际经济合作》2014 年第 12 期。

[57] 李春梅、李晓敏：《"一带一路"战略下的中国与中亚产能合作研究》，载于《兰州财经大学学报》2016 年第 3 期。

[58] 李春梅、李翼宏：《"一带一路"沿线直接投资产业的升级战略》，载于《人民论坛》2016 年第 6 期。

[59] 李董林、张应武：《中国与"一带一路"沿线国家的 FTA 选择研究》，载于《东南亚纵横》2016 年第 2 期。

[60] 李逢春：《对外直接投资的母国产业升级效应——来自中国省际面板的实证研究》，载于《国际贸易问题》2012 年第 6 期。

[61] 李逢春：《中国对外直接投资推动产业升级的区位和产业选

择》，载于《国际经贸探索》2013 年第 2 期。

[62] 李国平：《日本对外直接投资的发展与结构变化研究》，载于《现代日本经济》2001 年第 3 期。

[63] 李国学：《“一带一路”倡议下中国对外投资促进国际竞争力提升的路径选择》，载于《学海》2016 年第 5 期。

[64] 李郇、殷江滨：《国外区域一体化对产业影响研究综述》，载于《城市规划》2012 年第 5 期。

[65] 李嘉楠、龙小宁、张相伟：《中国经贸合作新方式——境外经贸合作区》，载于《中国经济问题》2016 年第 6 期。

[66] 李克强：《巴基斯坦经济》，中国经济出版社 2016 年版。

[67] 李玲霞：《“一带一路”倡议与中国对外直接投资新战略研究》，外交学院硕士研究生学位论文 2016 年。

[68] 李瑞林、骆华松：《区域经济一体化：内涵、效应与实现途径》，载于《经济问题探索》2007 年第 1 期。

[69] 李瑞林：《区域经济一体化与产业集聚、产业分工：新经济地理视角》，载于《经济问题探索》2009 年第 5 期。

[70] 李伟阳、肖红军：《全面社会责任管理：新的企业管理模式》，载于《中国工业经济》2010 年第 1 期。

[71] 李向阳：《论海上丝绸之路的多元化合作机制》，载于《世界经济与政治》2014 年第 11 期。

[72] 李晓：《“一带一路”战略实施中的“印度困局”——中国企业投资印度的困境与对策》，载于《国际经济评论》2015 年第 5 期。

[73] 李宇、郑吉等：《“一带一路”投资环境综合评估及对策》，载于《中国科学院院刊》2016 年第 6 期。

[74] 李媛、倪志刚：《中国对“一带一路”沿线国家直接投资策略分析》，载于《沈阳工业大学学报》（社会科学版）2016 年第 10 期。

[75] 李悦、杨殿中：《中国对中亚五国直接投资的现状、存在的问题及对策建议》，载于《经济研究参考》2014 年第 21 期。

[76] 廖萌：《“一带一路”建设背景下我国企业“走出去”的机遇与挑战》，载于《经济纵横》2015 年第 9 期。

[77] 林波、殷格非：《欧洲：企业社会责任国家战略及意义》，载于《WTO 经济导刊》2012 年第 4 期。

[78] 林江、曹越：《推进“一带一路”建设的财税协调机制探讨》，

载于《税务研究》2016 年第 3 期。

[79] 刘国斌:《论亚投行在推进“一带一路”建设中的金融支撑作用》，载于《东北亚论坛》2016 年第 2 期。

[80] 刘佳:《建设境外经贸合作区加速融入“一带一路”》，载于《宏观经济管理》2016 年第 8 期。

[81] 刘佳骏:《“21 世纪海上丝绸之路”沿线产能合作路径探析》，载于《国际经济合作》2016 年第 8 期。

[82] 刘建江、罗双成、凌四立:《化解产能过剩的国际经验及启示》，载于《经济纵横》2015 年第 6 期。

[83] 刘宁、龚新蜀:《中国对丝绸之路经济带重点国家 OFDI 环境及效应研究——基于我国对上合组织国家的投资分析》，载于《经济问题探索》2015 年第 8 期。

[84] 刘瑞、高峰:《“一带一路”战略的区位路径选择与化解传统产业产能过剩》，载于《社会科学研究》2016 年第 1 期。

[85] 刘仕国、吴海英等:《利用全球价值链促进产业升级》，载于《国际经济评论》2015 年第 1 期。

[86] 刘曙光、杨华:《关于全球价值链与区域产业升级的研究综述》，载于《中国海洋大学学报》(社会科学版) 2004 年第 5 期。

[87] 刘思峰、党耀国、方志耕、谢乃明等:《灰色系统理论及其应用》，科学出版社 2010 年版。

[88] 刘伟、郭濂:《一带一路——全球价值双环流下的区域互惠共赢》，北京大学出版社 2015 年版。

[89] 刘志彪:《全球化背景下中国制造业升级的路径与品牌战略》，载于《财经问题研究》2005 年第 5 期。

[90] 刘志彪、石奇:《产业经济学的研究方法和流派》，载于《产业经济研究》2003 年第 3 期。

[91] 刘志彪、张杰:《从融入全球价值链到构建国家价值链:中国产业升级的战略思考》，载于《学术月刊》2009 年第 9 期。

[92] 刘志云:《论全球化时代国际经济立法的公平价值取向——兼论发展中国家及我国的角色定位与战略选择》，载于《法律科学》2007 年第 5 期。

[93] 柳思思:《“一带一路”:跨境次区域合作理论研究的新进路》，载于《南亚研究》2014 年第 2 期。

[94] 卢国学:《中国企业“走出去”的风险与控制——从综合安全视角审视中国的“一带一路”建设》，载于《东南亚研究》2015 年第 6 期。

[95] 卢进勇、冯涌:《国际直接投资便利化的动因、形式与效益分析》，载于《国际贸易》2006 年第 9 期。

[96] 吕儒红、王贺猛:《“一带一路”建设背景下中国企业在发展中东道国承担社会责任问题探讨》，载于《对外经贸》2015 年第 12 期。

[97] 罗清和、曾婧:《“一带一路”与中国自由贸易区建设》，载于《区域经济评论》2016 年第 1 期。

[98] [美] 罗斯托著，郭熙保、王松茂译:《经济增长的阶段：非共产党宣言》，中国社会科学出版社 2001 年版。

[99] 马静、郑晶:《FDI、区域经济一体化与区域经济增长》，中国经济出版社 2009 年版。

[100] 马述忠、刘梦恒:《中国在“一带一路”沿线国家 OFDI 的第三国效应研究：基于空间计量方法》，载于《国际贸易问题》2016 年第 7 期。

[101] 马昀:《中国企业跨国并购与风险控制》，经济科学出版社 2013 年版。

[102] [美] 迈克尔·波特著，陈小悦译:《竞争优势》，华夏出版社 2005 年版。

[103] [美] 迈克尔·波特著，李明轩、邱如美译:《国家竞争优势》，华夏出版社 2002 年版。

[104] 毛艳华:《珠三角产业集群成长与区域经济一体化》，载于《学术研究》2009 年第 8 期。

[105] 孟祺:《基于“一带一路”的制造业全球价值链构建》，载于《财经科学》2016 年第 2 期。

[106] 孟庆强:《中国对“一带一路”沿线国家直接投资动机的实证研究》，载于《工业经济论坛》2016 年第 2 期。

[107] 慕怀琴、王俊:《“一带一路”战略框架下国际产能合作路径探析》，载于《人民论坛》2016 年第 3 期。

[108] 倪沙、王永兴、景维民:《中国对“一带一路”沿线国家直接投资的引力分析》，载于《现代财经》2016 年第 5 期。

[109] 聂娜:《中国参与共建“一带一路”的对外投资风险来源及防范机制》，载于《当代经济管理》2016 年第 9 期。

[110] 宁丹虹、乔元波:《“一带一路”沿线国家吸引 FDI 的时空演

变研究》，载于《投资研究》2016 年第 6 期。

[111] 潘素昆、袁然：《不同投资动机 OFDI 促进产业升级的理论与实证研究》，载于《经济学家》2014 年第 9 期。

[112] 潘颖、刘辉煌：《中国对外直接投资与产业结构升级关系的实证研究》，载于《统计与决策》2010 年第 2 期。

[113] 潘悦：《在全球化产业链中加速升级换代——我国加工贸易的产业升级状况分析》，载于《中国工业经济》2002 年第 6 期。

[114] 裴长洪、于燕：《“一带一路”建设与我国扩大开放》，载于《国际经贸探索》2015 年第 10 期。

[115] 潜旭明：《“一带一路”战略背景下与中东的能源合作》，时事出版社 2016 年版。

[116] [日] 青木昌彦、安藤晴彦著，周国荣译：《模块时代：新产业结构的本质》，上海远东出版社 2003 年版。

[117] 邱立成、马如静、唐雪松：《欧盟区域经济一体化的投资效应研究》，载于《南开学报》（哲学社会科学版）2009 年第 1 期。

[118] 屈子力：《内生交易费用与区域经济一体化》，载于《南开经济研究》2003 年第 2 期。

[119] 芮明杰：《产业经济学》，上海财经大学出版社 2005 年版。

[120] 沈铭辉、张中元：《中国境外经贸合作区：“一带一路”上的产能合作平台》，载于《新视野》2016 年第 3 期。

[121] 沈铭辉、张中元：《中国企业海外投资的企业社会责任——基于案例分析的研究》，载于《中国社会科学院研究生院学报》2016 年第 2 期。

[122] 盛朝迅：《比较优势动态化与我国产业结构调整——兼论中国产业升级的方向与路径》，载于《当代经济研究》2012 年第 9 期。

[123] 石泽：《“一带一路”与理念和实践创新》，载于《中国投资》2014 年第 10 期。

[124] 宋大勇：《外商直接投资与区域产业结构升级——基于省级区域面板数据的实证研究》，载于《经济体制改革》2008 年第 3 期。

[125] 苏东水：《产业经济学》（第三版），高等教育出版社 2010 年版。

[126] 苏杭：《“一带一路”战略下我国制造业海外转移问题研究》，载于《国际贸易》2015 年第 3 期。

[127] 苏敬勤、吕一搏、傅宇：《模块化背景下后发国家产业技术追赶机理研究》，载于《研究与发展管理》2008 年第 3 期。

[128] 隋广军、黄亮雄、黄兴：《中国对外直接投资、基础设施建设与“一带一路”沿线国家经济增长》，载于《广东财经大学学报》2017 年第 1 期。

[129] 孙海泳：《中外产能合作：指导理念与支持路径》，载于《国际问题研究》2016 年第 3 期。

[130] 孙久文、顾梦琛：《“一带一路”战略的国际区域合作重点方向探讨》，载于《华南师范大学学报》（社会科学版）2015 年第 5 期。

[131] 孙娟娟：《区域一体化的产业聚集经济——浅议中国—东盟自由贸易区》，载于《开发研究》2004 年第 2 期。

[132] 孙军、梁东黎：《全球价值链、市场规模与发展中国家产业升级激励分析》，载于《经济评论》2010 年第 4 期。

[133] 孙军：《需求因素、技术创新与产业结构演变》，载于《南开经济研究》2008 年第 5 期。

[134] 太平、李姣：《开放型经济新体制下中国对外直接投资风险防范体系构建》，载于《亚太经济》2015 年第 4 期。

[135] 谭畅：《“一带一路”战略下中国企业海外投资风险及对策》，载于《中国流通经济》2015 年第 7 期。

[136] 谭黎阳：《论科技进步对产业结构变迁的作用》，载于《产业经济研究》2002 年创刊号。

[137] 汤婧、于立新：《我国对外直接投资与产业结构调整的关联分析》，载于《国际贸易问题》2012 年第 11 期。

[138] 唐德祥、孟卫东：《R&D 与产业结构优化升级——基于我国面板数据模型的经验研究》，载于《科技管理研究》2008 年第 5 期。

[139] 唐清泉、李海威：《我国产业结构转型升级的内在机制研究》，载于《中山大学学报》（社会科学版）2011 年第 5 期。

[140] 唐彦林、贡杨、韩佶：《实施“一带一路”倡议面临的风险挑战及其治理研究综述》，载于《当代世界与社会主义》2015 年第 6 期。

[141] 田泽、许东梅：《我国对“一带一路”重点国家 OFDI 效率综合评价——基于超效率 DEA 和 Malmquist 指数》，载于《经济问题探索》2016 年第 6 期。

[142] 王凡一：《“一带一路”战略下我国对外投资的前景与风险防范》，载于《经济纵横》2016 年第 7 期。

[143] 王晖：《区域经济一体化进程中的产业集聚与扩散》，载于

《上海经济研究》2008 年第 12 期。

[144] 王继源、陈璋、龙少波：《“一带一路”基础设施投资对我国经济拉动作用的实证分析——基于多部门投入产出视角》，载于《江西财经大学学报》2016 年第 2 期。

[145] 王珏、黄光灿：《中国对“丝路六国”直接投资便利化影响因素研究》，载于《兰州财经大学学报》2016 年第 3 期。

[146] 王西方、代瑞娟：《刍议区域经济一体化与产业经济结构演变》，载于《商业经济研究》2016 年第 9 期。

[147] 王义桅：《“一带一路”机遇与挑战》，人民出版社 2015 年版。

[148] 王义桅、郑栋：《“一带一路”战略的道德风险与应对措施》，载于《东北亚论坛》2015 年第 4 期。

[149] 王英、周蕾：《我国对外直接投资的产业结构升级效应——基于省际面板数据的实证研究》，载于《中国地质大学学报》（社会科学版）2013 年第 6 期。

[150] 王滢淇、阚大学：《对外直接投资的产业结构效应——基于省级动态面板数据的实证研究》，载于《湖北社会科学》2013 年第 5 期。

[151] 王永中、李曦晨：《中国对“一带一路”沿线国家投资风险评估》，载于《开放导报》2015 年第 8 期。

[152] 王玉主：《区域一体化视野中的互联互通经济学》，载于《人民论坛》2015 年第 3 期。

[153] 韦朝晖：《依法融入——“一带一路”战略下企业“走出去”的生存之道》，载于《东南亚纵横》2015 年第 9 期。

[154] 温来成、彭羽、王涛：《构建多元化投融资体系服务国家“一带一路”战略》，载于《税务研究》2016 年第 3 期。

[155] 吴进红：《对外贸易与江苏产业结构升级》，载于《南京社会科学》2006 年第 3 期。

[156] 吴进红：《开放经济与产业结构升级》，社会科学文献出版社 2007 年版。

[157] 武娜：《RTA 对 FDI 影响的第三国效应：基于知识—物质资本模型的研究》，南开大学博士学位论文 2009 年。

[158] [美] 西蒙·库兹涅茨著，常勋等译：《各国的经济增长》，商务印书馆 2018 年版。

[159] [日] 小岛清著，周宝康译：《对外贸易论》，南开大学出版社

1987 年版。

[160] 熊艾伦、蒲勇健、张勇:《“一带一路”与过剩产能转移》，载于《求索》2015 年第 12 期。

[161] 徐念沙:《“一带一路”战略下中国企业走出去的思考》，载于《经济科学》2015 年第 3 期。

[162] 徐绍史:《一带一路双向投资研究与案例分析》，机械工业出版社 2016 年版。

[163] 许永权、王勋:《关于“一带一路”建设中企业“走出去”与开展公共外交的思考》，载于《公共外交季刊》2014 年第 7 期。

[164] 许云霞、王颂尧:《中国对中亚五国直接投资的比较分析》，载于《新疆财经》2016 年第 4 期。

[165] 薛力:《中国“一带一路”战略面对的外交风险》，载于《国际经济评论》2015 年第 5 期。

[166] 薛伟贤、董维维:《我国外贸依存度影响因素的灰色关联度分析》，载于《国际经贸探索》2008 年第 5 期。

[167] 荀克宁:《“一带一路”时代背景下境外园区发展新契机》，载于《理论学刊》2015 年第 10 期。

[168] 燕敏:《我国对外直接投资与产业结构调整的关联性研究》，湖南大学硕士学位论文 2007 年。

[169] 杨柏:《中国“一带一路”建设对欧亚经济格局的影响——重庆内陆开放型经济发展机遇与路径》，经济管理出版社 2015 年版。

[170] 杨德勇、董左卉子:《资本市场发展与我国产业结构升级研究》，载于《中央财经大学学报》2007 年第 5 期。

[171] 杨飞虎、晏朝飞:《“一带一路”战略下我国对外直接投资实施机制研究》，载于《理论探讨》2015 年第 5 期。

[172] 杨海恩:《中国石油企业对外直接投资研究》，武汉大学博士学位论文 2013 年。

[173] 杨建清、陈思:《对外投资促进产业升级的机理与对策》，载于《经济纵横》2012 年第 6 期。

[174] 杨建清:《对外直接投资的产业升级效应研究综述》，载于《东莞理工学院学报》2014 年第 6 期。

[175] 杨思远:《哈萨克斯坦经济》，经济科学出版社 2016 年版。

[176] 杨仙丽:《浙江省对外直接投资与产业结构升级：机理分析与

实证研究》，载于《中共浙江省委党校学报》2013 年第 6 期。

［177］杨新、吉勒图等：《中俄蒙地区合作制度模式及战略研究》，经济科学出版社 2012 年版。

［178］杨英、刘彩霞：《“一带一路”背景下对外直接投资与中国产业升级的关系》，载于《华南师范大学学报》（社会科学版）2015 年第 5 期。

［179］叶洪涛：《基于模块化分工的中国产业升级研究》，载于《经济与管理》2010 年第 12 期。

［180］殷阿娜、王厚双：《中国开放型经济转型升级的路径研究》，载于《经济问题探索》2014 年第 4 期。

［181］尹小剑：《对外直接投资与产业结构优化的灰关联分析与趋势预测——来自中国 FDI 行业数据的证据》，载于《世界经济与政治论坛》2010 年第 5 期。

［182］尹忠明、李东坤：《中国对外直接投资对国内产业升级的作用机理——基于不同投资动机的探讨》，载于《北方民族大学学报》（哲学社会科学版）2015 年第 1 期。

［183］［印］思瑞坎：《印度对华对冲战略分析》，载于《当代亚太》2013 年第 4 期。

［184］于津平、顾威：《“一带一路”建设的利益、风险与策略》，载于《南开学报》（哲学社会科学版）2016 年第 1 期。

［185］遇芳：《中国对外直接投资的产业升级效应研究》，中国社会科学院研究生院博士论文 2013 年。

［186］袁荫贞：《珠三角地区工业区转型升级的紧迫性及路径选择》，载于《湖南社会科学》2014 年第 2 期。

［187］岳焱、应益荣：《“一带一路”战略推动区域经济一体化》，载于《重庆交通大学学报》（社会科学版）2016 年第 5 期。

［188］曾文革、党庶枫：《“一带一路”战略下的国际经济规则创新》，载于《国际商务研究》2016 年第 3 期。

［189］张春萍：《中国对外直接投资的产业升级效应研究》，载于《当代经济研究》2013 年第 3 期。

［190］张纯洪、吴迪：《模块化生产对汽车产业的影响及其后发优势分析》，载于《科学学研究》2008 年第 4 期。

［191］张翠菊、张宗益：《中国省域产业结构升级影响因素的空间计量分析》，载于《统计研究》2015 年第 10 期。

[192] 张国强、温军、汤向俊：《中国人力资本、人力资本结构与产业结构升级》，载于《中国人口·资源与环境》2011 年第 10 期。

[193] 张建平、樊子嫣：《“一带一路”国家贸易投资便利化状况及相关措施需求》，载于《国家行政学院学报》2016 年第 1 期。

[194] 张梅、陈喜强：《珠三角区域经济一体化影响广州产业集群创新路径初探》，载于《科技管理研究》2011 年第 20 期。

[195] 张梅：《对外产能合作：进展与挑战》，载于《国际问题研究》2016 年第 1 期。

[196] 张敏、朱雪燕：《“一带一路”背景下我国企业对外投资法律风险的防范》，载于《西安财经学院学报》2017 年第 1 期。

[197] 张茉楠：《PPP 之于“一带一路”不在于弥补融资缺口》，载于《金融与经济》2015 年第 7 期。

[198] 张茉楠：《全面推进“一带一路”贸易投资便利化战略》，载于《金融与经济》2016 年第 12 期。

[199] 张茉楠：《“一带一路”金融合作呼唤多层次融资体系》，载于《中国证券报》2016 年 12 月 14 日。

[200] 张其仔：《比较优势的演化与中国产业升级路径的选择》，载于《中国工业经济》2008 年第 9 期。

[201] 张其仔、李颢：《中国产业升级机会的甄别》，载于《中国工业经济》2013 年第 5 期。

[202] 张若雪：《人力资本、技术采用与产业结构升级》，载于《财经科学》2010 年第 2 期。

[203] 张亚斌：《“一带一路”投资便利化与中国对外直接投资选择——基于跨国面板数据及投资引力模型的实证研究》，载于《国际贸易问题》2016 年第 9 期。

[204] 张耀辉：《产业创新：新经济下的产业升级模式》，载于《数量经济技术经济研究》2002 年第 1 期。

[205] 张益丰、王淑云、孙文浩：《“一带一路”与“中心—外围”产业格局的重构——兼论山东省的产业发展定位》，载于《烟台大学学报》（哲学社会科学版）2016 年第 4 期。

[206] 张银银、邓玲：《创新驱动传统产业向战略性新兴产业转型升级：机理与路径》，载于《经济体制改革》2013 年第 5 期。

[207] 张中元：《中国海外投资企业社会责任：现状、规范与展望》，

载于《国际经济合作》2015 年第 12 期。

[208] 赵东麒、桑百川:《“一带一路”倡议下的国际产能合作——基于产业国际竞争力的实证分析》,载于《国际贸易问题》2016 年第 10 期。

[209] 赵欢欢、王相宁:《我国对外直接投资对国内产业结构的影响》,载于《科技管理研究》2006 年第 11 期。

[210] 赵晋平等:《聚焦“一带一路”——经济影响与政策举措》,中国发展出版社 2015 年版。

[211] 赵伟、古广东、何元庆:《外向 FDI 与中国技术进步:机理分析与尝试性实证》,载于《管理世界》2006 年第 7 期。

[212] 赵伟、江东:《ODI 与母国产业升级:先行大国的经历及其启示》,载于《浙江社会科学》2010 年第 6 期。

[213] 赵伟、江东:《ODI 与中国产业升级:机理分析与尝试性实证》,载于《浙江大学学报》(人文社会科学版)2010 年第 3 期。

[214] 赵霞:《区域经济一体化与国际直接投资》,载于《山东工商学院学报》2006 年第 5 期。

[215] 郑健壮、徐寅杰:《产业转型升级及其路径研究》,载于《浙江树人大学学报》2012 年第 4 期。

[216] 郑蕾、刘志高:《中国对“一带一路”沿线直接投资空间格局》,载于《地理科学进展》2015 年第 5 期。

[217] 钟春平、潘黎:《对外直接投资风险与一带一路战略》,载于《开放导报》2015 年第 4 期。

[218] 钟飞腾等:《对外投资新空间——“一带一路”国别投资价值排行榜》,社会科学文献出版社 2015 年版。

[219] 钟懿辉:《区域经济一体化对外商直接投资的影响》,载于《国际商务——对外经济贸易大学学报》2005 年第 2 期。

[220] 周端明:《中国产业升级研究:文献脉络与评价》,载于《管理学刊》2014 年第 1 期。

[221] 周升起:《OFDI 与投资国(地区)产业结构调整:文献综述》,载于《国际贸易问题》2011 年第 7 期。

[222] 周叔莲、王伟光:《科技创新与产业结构优化升级》,载于《管理世界》2001 年第 5 期。

[223] 周五七:《“一带一路”沿线直接投资分布与挑战应对》,载于《改革》2015 年第 8 期。

[224] 周振华:《经济增长中的结构效应》,上海人民出版社 1995 年版。

[225] 朱雅妮:《“一带一路”对外投资中的环境附属协定模式——以中国—东盟自由贸易区为例》,载于《江西社会科学》2015 年第 10 期。

[226] 朱壮:《区域经济一体化对 FDI 的影响效应分析——以 CAFTA 为例》,中国海洋大学硕士学位论文 2009 年。

[227] 竺彩华、韩剑夫:《“一带一路”沿线 FTA 现状与中国 FTA 战略》,载于《亚太经济》2015 年第 4 期。

[228] 卓丽洪、贺俊、黄阳华:《“一带一路”战略下中外产能合作新格局研究》,载于《东岳论丛》2015 年第 10 期。

[229] 邹昊飞、杜贞利、段京新:《“一带一路”战略下境外经贸合作区发展研究》,载于《国际经济合作》2016 年第 10 期。

[230] 邹伟康:《“一带一路”强化中企跨国社会责任》,载于《国际商报》2016 年 10 月 31 日。

[231] Antonio K. W. Lau, Richard C. M. Yam, Tang, Supply Chain Product Co-development, Product Modularity and Product Performance: Empirical Evidence from Hong Kong Manufactures [J]. *Industrial Management & Data Systems*, Vol. 107, No. 7, 2007, pp. 1036 - 1065.

[232] Baldwin, C. Y., Clark, K. B., Managing in an Age of Modularity [J]. *Harvard Business Review*, Vol. 75, No. 5, 1997, pp. 84 - 93.

[233] B. Kogut, S. J. Chang, Technological Capability and Japanese Foreign Direct Investment in the United States [J]. *Review of Economics and Statistics*, Vol. 73, No. 3, 1991, pp. 401 - 413.

[234] Blomstrom M, Kokko A., *Regional Integration and Foreign Direct Investment* [D]. NBER Working Paper, No. 6019, 1997.

[235] Buckley P J, Casson M C., *The Future of the Multinational Enterprise* [M]. London: Macmillan Press, 1976, pp. 33 - 34.

[236] Cantwell J., Tolentino P. E., Technological Accumulation and Third World Multinationals [J]. *International Investment and Business Studies*, Vol. 21, 1990, pp. 1 - 58.

[237] Carliss Y. Baldwin, Kim B. Clark, *The Power of Modularity* [M]. MA: MIT Press, 2001.

[238] Dunning. J. H., Location and the Multinational Enterprise: A Neg-

lected Factor? [J]. *Journal of International Bussiness Studies*, Vol. 29, No. 1, 2008, pp. 45 –66.

[239] Ethirag, S. K., Allocation of Inventive Effort in Complex Product System [J]. *Strategic Management Journal*, Vol. 28, No. 6, 2007, pp. 563 –584.

[240] Gary Gereffi, International Trade and Industrial Upgrading in the Apparel Commodity Chain [J]. *Journal of International Economics*, Vol. 48, 1999, pp. 37 –70.

[241] Gereffi Gary, Tam Tony, *The Industry Upgrading and Organizational Chains* [M]. Durham: Duke University Press, 1998.

[242] Hamel, G., C. K. Pralahad, *Competing for the Future* [M]. Cambridge: Harvard Business School Press, 1994.

[243] Holme C., Corporate Social Responsibility: a Strategic Issue or a Wasteful Distraction? [J]. *Industrial and Commercial Training*, No. 4, 2010, pp. 179 –185.

[244] Humphrey J., Schmitz, H., How does Insertion in Global Value Chains Upgrading in Industrial Cluster? [J]. *Regional Studies*, Vol. 9, 2002, pp. 33 –57.

[245] Hymer S., *International Operation of National Firms: A Study of Direct Foreign Investment* [M]. MA: MIT Press, 1976, pp. 13 –15.

[246] J. A. Mathews, Dragon Multinationals: New Players in 21st Century Globalization [J]. *Asia Pacific Journal of Management*, Vol. 23, 2006, pp. 5 –27.

[247] Kenneth J. Arrow, The Economic Implication of Learning by Doing [J]. *The Review of Economic Studies*, Vol. 29, No. 3, 1962, pp. 155 –173.

[248] Kindleberger C P., European in Integration and International Corporation [J]. *Columbia Journal of World Business*, Vol. 1, No. 1, 1966, pp. 65 –73.

[249] Kojima K., *Direct Foreign Investment: A Japanese Model of Multinational Business Operations* [M]. London: Croom Helm, 1977, pp. 22 –33.

[250] Kojima, K. *Direct Foreign Investment: A Japanese Model of Multinational Business Operations* [M]. London: Croom Helm, 1978.

[251] Krugman P., Increasing Returns and Economic Geography [J]. *Journal of Political Economy*, Vol. 99, No. 3, 1991, pp. 483 –499.

[252] Krugman P. , Scale Economies, Product Differentiation and the Pattern of Trade [J]. *The American Economic Review*, Vol. 70, No. 5, 1980, pp. 950 -959.

[253] Lauren Groth, Transforming Accountability: A Proposal for Reconsidering How Human Rights Obligations are Applied to Private Military Security Firms [J]. *Hasting International and Comparative Law Review*, No. 4, 2012, pp. 29 -89.

[254] L. Branstetter, Are Knowledge Spillovers International or Intra-national in Scope? Microeconometric Evidence from the U. S. and Japan [J]. *Journal of Inter national Economics*, Vol. 53, No. 1, 2001, pp. 53 -79.

[255] Leonard - Barton, D. , *Wellsprings of Knowledge* [M]. Cambridge: Harvard Business School Press, 1995.

[256] Michael Peneder, Industrial Structure and Aggregate Growth [J]. *Structural Change and Economic Dynamics*, Vol. 14, 2003, pp. 427 -448.

[257] Nelson, R. R. , *National Innovation Systems: A Comparatives Analysis* [M]. Oxford: Oxford University Press, 1993.

[258] Ozawa T. , Foreign Direct Investment and Economic Development [J]. *Transnational Corporations*, No. 1, 1992, pp. 27 -54.

[259] Ozman Muge, Modularity, Industry Life Cycle and Open Innovation [J]. *Journal of Technology Management & Innovation*, Vol. 6, No. 1, 2011, pp. 26 -37.

[260] Pipkin, Seth, Local Means in Value Chain Ends: Dynamics of Product and Social Upgrading in Apparel Manufacturing in Guatemala and Colombia [J]. *World Development*, Vol. 39, No. 12, 2011, pp. 2119 -2131.

[261] P. W. Singer, *Corporate Warriors: The Rise of the Privatized Military Industry* [M]. New York: Cornell University Press, 2003, pp. 81 -82.

[262] Salvador B, Gorg H, Strob E. , Foreign Direct Investment, Competition and Industrial Development in the Host Country [J]. *European Economic Review*, No. 49, 2005, pp. 65 -68.

[263] Teece, D. , G. Pisano, The Dynamic Capabilities of Firms: An Introduction [J]. *Strategic Management Journal*, Vol. 7, 1986, pp. 537 -556.

[264] Tilman Altenburg et al. , Breakthrough? China's and India's Transition from Production to Innovation [J]. *World Development*, Vol. 36, No. 2,

2008, pp. 325 – 344.

[265] Venables A., Equilibrium Locations of Vertically Linked Industries [J]. *International Economic Review*, Vol. 37, No. 2, 1996, pp. 341 – 359.

[266] Vernon R., International Investment and International Trade in the Product Cycle [J]. *Quarterly Journal of Economics* No. 5, 1966, pp. 77 – 79.

[267] Vernon, R., International Investment and International Trade in the Product Cycle [J]. *Quarterly Journal of Economics*, Vol. 5, 1966, pp. 190 – 207.

[268] Voordijk, H. et al., Modularity in Supply Chains: a Multiple Case Study in the Construction Industry [J]. *International Journal of Operations & Production Management*, Vol. 26, No. 6, 2006, pp. 600 – 618.